出国留学工作

理论探索与实践创新

北京高教学会出国留学工作研究会

北京语言大学出版社
BEIJING LANGUAGE AND CULTURE
UNIVERSITY PRESS

编委会成员

序

伴随着中国经济发展和综合实力的不断提高，全国出国留学人数不断增长，出国留学工作也从摸索阶段走入成熟。北京高校出国留学工作研究会成立于 1991 年，是北京市高等教育学会下属的一个群众性学术团体。研究会的宗旨是通过研究、交流出国留学工作，贯彻我国的留学工作方针，充分利用国际教育资源，培养优秀人才，促进高等教育的发展，以达到人才强国、人才强校、提高师资队伍国际化水平的目的。自成立以来，研究会在教育部国际司、北京市教委的直接领导下，在国家留学基金委、中国留学服务中心和全国出国留学工作研究会的指导下，不仅积极支持、参与总会的活动，而且自身也在不断探索和创新中做了大量的、卓有成效的工作，认真开展学术研讨会、工作报告会、对口交流会、专家咨询会等各种形式的业务拓展活动，开展了丰富多彩的联欢联谊、异地考察、校际互访等活动，成为理事单位交流经验、开展工作研讨的平台。

2006 年，北京语言大学成为研究会的理事长单位。学校对研究会的工作十分重视，并以此为平台，积极推动出国留学研究工作。2006 年至今，组织会员单位围绕人才队伍建设发展目标和中心工作开展积极研讨，为不断完善出国留学政策提供科学依据，为鼓励和吸引海外人才回国工作提供政策依据。本文集的三十多篇文章，就是这一时期出国留学工作的成果总结。

本文集讨论的问题涉及留学工作与师资建设、学科建设、人才培养的关系，研究会的发展和建设，公派出国留学和校际交流，留学工作与人才流动以及新中国出国留学政策研究等各个方面，比较全面地描述了新时期出国留学的指导政策和工作成就，并对这些重要课题加以深入阐释，对今后的出国留学工作定会有切实的帮助。

这些文章有以下特点：

第一，深入解析留学政策。留学政策是政府留学工作的指向标，它的制定与一定的社会政治背景紧密联系，它的实施又对国家人才体系建设、文化建设、对外交流合作等诸多领域产生导向性作用。本文集试图将我国的出国留学政策放在历史发展（纵向）和国际对比（横向）的视角下作全面深入的探讨，总结我国出国留学政策的发展趋势及其对我国社会的影响，在此基础上对今后我国的出国留学工作提出切实可行的建议，为国家相关政策制定提供决策借鉴。例如，《我国出国留学政策的历史演变及思考》一文回顾了我国各个时期留学政策的演变，并揭示了留学政策对中国社会的影响。《试论主要发达国家的留学政策对我国的启示》一文，从发达国家的奖学金政策及导向、签证政策和居留政策的作用以及其他教育改革政策等入手，分析了其吸引留学生的目的、措施及成效，提出了我国扩大留学生规模与提高留学生层次的三条对策：一是加强与国外的教育合作，二是增强奖学金的引导力度和范围，三是推出相关政策，引导企业及其他机构设立奖学金。

第二，留学工作机制建设研究。完善的留学工作机制是留学工作顺利实施的保障，相关研究历来是出国留学工作研究的重点。本文集中有不少是关于留学工作机制建设的探讨，提出了一些制度方面的建议，例如：完善出国人员的申报、审批和财务审核制度；建立有效的出国激励机制，优化科研运作的保障体系，制定吸引留学归国人员的优惠政策，争取更多海外高水平人才归国效力；完善出国留学管理制度，使留学工作规范化和制度化；做好留学归国人员的跟踪服务工作，并加强留学人员学习监管和科研成果评估工作，等等。这些内容涵盖留学工作的各个阶段，且有较强的针对性和可行性，对具体的留学工作有直接的指导意义。

第三，概括提炼了留学工作及管理的经验。这些论文的作者都是高校国际合作交流工作和师资管理的一线人员，因此不少论文都是从实际工作出发，探讨工作的得失，为同行工作积攒了宝贵的经验。例如：创新国际合作交流形式，"引进来"吸引世界名校在北京设立分校，"走出去"发展学生海外实习项目，开展人才联合培养；完善出国留学工作管理，加强对出国留学工作的整体规划，建立长效的出国留学考核管理机制，建立并健全教师出国留学的激励机制，加大经费投入力度；进一步明确改革开放以来出国留学工作的基本思路、做法，促进出国留学工作为学科队伍建设服务。这些经验的总结，是出国留学管理工作队伍辛勤付出的智慧的结晶。

第四，当前留学工作热点问题探讨。从论文标题可以看出，"教师队伍建设"、"人才培养"、"学科建设"等主题受到格外的重视。相关论文传达了这样的工作理念：第一，师资队伍建设是高校发展的关键，而出国留学是教师队伍建设的重要途径，要实施大学国际化发展战略，必须做好高校教师出国留学工作。第二，人才培养是高校发展的根本，通过加强学生国际交流、扩大来华留学生规模、加强高层次人才国际联合培养力度等措施，可以培养学生的全球视野和国际竞争力。快出人才，出好人才，必须发挥国内、国际两个平台的作用。进一步推进人才培养国际化，是现代大学制度建设的主要内容。第三，高校学科建设也与留学工作密切相关。留学归国人员是高校学科建设的重要力量，培养一批具有国际水平的学科带头人，可以形成能够更好地适应和把握现代学术研究大项目、大协作特点的学术群体，能够推动学科整体水平的提高，保证学校在学科发展中占据优势地位，学校才能可持续发展。

期望本文集的出版能促进出国留学工作的研究和实际工作的开展，推动北京出国留学工作研究会的工作上一个新的台阶。

2013 年 5 月

目录

历史篇

理论篇

面向未来，开拓出国留学研究工作新局面

赵 旻

北京语言大学

提 要 高等教育的发展给出国留学工作提出了新要求。本文围绕
"提高出国留学工作效益，促进教师队伍建设"这一主题，探
讨如何在当今形势下开拓出国留学研究工作新局面。

关键词 出国留学 国际化管理 师资队伍 教师职业建设

党的十七大报告明确提出要提高自主创新能力，建设创新型国家。要建设创新型国家首先离不开培养和造就具有创新能力的建设者，这是国家对所有教育工作者提出的任务和要求。面对这一要求，高等学校都把建设高水平大学作为首要目标，把人才强校作为实现建设高水平大学的重要组成部分。出国留学工作也必须紧紧围绕建设高水平大学、培养创新型人才这个中心开展工作。

一、高等教育的发展给出国留学工作提出了新要求

随着国际交往的扩大，中国的大学被越来越多地置于世界大学行列中进行比较，人们也越来越关心世界大学排行榜，关心中国大学为什么培养不出诺贝尔奖获得者。这启发我们认真思考建设什么样的大学、怎样建设大学这个根本问题。目前，普遍来说，强调最多的是：建设有特色、高水平的大学，其中的"高水平"指的就是：办学水平高，学科水平高，人才水平高。

高水平实际上还体现在国际化水平高上。大学要特别注意适应国际、国内两个需要，使办学更加符合国际化要求，符合社会对学校的要求；要在国际上进行比较，研究世界一流大学的办学和人才的培养问题，学校应该用更有战略性的眼光和思维来考虑这些问题。只有办成高水平大学，才能培养出创新人才和创新团队。有特色，就是有自己的优势，有自己的大学品格。温家宝总理在谈到有特色大学的时候说，学校办得好不好，不在乎它的规模有多大，关键在于要办出自己的风格。大学应在特色上下功夫，在高水平上谋发展，用特色和优势增强竞争力。

有特色，高水平，关键问题是要围绕教师队伍建设来提升教育教学质量。人才的培养需要素质优良的教师队伍，没有一支好的师资队伍，不可能培养出优秀的学生。教师素质的培养，很重要的一方面是学习国外教师在教学研究过程中的一些先进经验，多交流、多学习，从而提升教师的国际化视野。教师水平的发挥也会进一步促进办学水平的提高，当教师得到了价值实现，有了激励的条件，就能更好地发挥他们的作用。

目前中国高等院校的发展模式比较固定，已形成了一定的人才培养方式和办学特色。但是，受应试教育的影响，重知识、轻能力，重模拟化批量化培养、轻个性化创新型教育等问题也越来越显现出来，影响了人才培养的质量。未来世界的竞争主要是教育的竞争，也就是人才的竞争，中国高等教育的发展必须创新人才培养的理念和方式。人才培养，教师是关键，教师的学业水平、道德品格和国际化思维决定着教育水平和办学水平。加强教师的出国留学工作正是沟通国内外优秀教育教学资源的桥梁，是中国高等教育与世界接轨、与世界通话的有效助推器。

二、出国留学工作要从提升教师队伍整体素质上来布局

为了提高人才的培养质量，大学要注重教师队伍的结构建设。美国大学教师的培养选拔方式、聘任方式以及在用人上的多元选择等，有很多是值得我们借鉴的。中国在教师管理、聘任制改革方面，也进行过有益的大胆的探索，如曾经影响全国的北大方案、中大方案，吸纳了美国"非升即走"和"终身教职"的理念，实施能进能出的教师制度改革。但是可惜的是，这些改革在中国还没有形成

成熟的土壤，大学人事分配体制改革只得一步一步做起。有意义的是，这些尝试提示我们，教师结构必须改革。

美国的大学教师制度有很多可资借鉴的地方。美国大学实行分级教职的制度，包括终身教职、终身教职轨、非终身教职。这套制度的突出特点是适应学术职业的特殊要求，强调以终身教职制度维护学术自由，同时重视聘任程序的法制化。近几年，为了降低成本、激励终身教职人员的积极性，多数高校改革教师终身制度，改革的核心就是在保留终身教职制度的前提下，对传统教师聘任制度进行改革，适度弱化终身聘任以增强效率和效能，推行终身教职聘后的评议制度。

三、加强出国留学工作是教师职业建设的有益补充

我们正处于一个信息化的时代，知识的密集传播给教师提出了更高的要求。目前，在教学管理实践中有两个明显的不足。一是对教学规定内容的考问，程序化的、规范化的要求多，而充分调动教师主动性、创造性的要求不多；教学督导也更多的是检查教学的态度、教学的技巧、师生的互动情况。对于教学内容是不是有创新、有启发，对于学生思维形式的培养是不是有引导等等关注不够。二是在大学课堂里，非常强调要有教材作为蓝本，尤其是本科生的教学。只有在中国的大学里，出现了因教材购买构成的腐败案件，并成为重要的治理事项。教材的优点是概括和梳理知识，教给学生相关的定论，但缺乏创见、缺乏碰撞、缺少研讨的要求。教材重视的是知识的传授，而不是知识的创新。西方大学大多是教师的讲授很少，主要发挥引导的作用，对丁知识的整理，主要是学生本人在占有大量资料的基础上概括和提炼，知识在每个人的个性学习中被检索和整理，从而形成自己的看法、自己的观点，而不单单是学习课本上的知识。

这是教育思想的问题，也是值得探索的在出国留学时要学习什么的问题。教师出国学习什么？目前，在出国工作中，也有实用主义的倾向。对于学校来说，考察表面的东西多，如是不是有文章发表，是不是有什么交流项目。而对于内涵式的考察却不够，比如通过出国学习有哪些观念上的变化、学生教育理念上的变化等。加强留学出国工作，要注重对出国效益的要求，出国不仅仅是提高一下外

语、增加一些专业知识积累、获得一次海外经历的问题，而是教师职业发展的一个重要阶梯，尤其是理念和思维方式的改变。

大多数人认为，教师专业化包括教师的职业道德、专业能力自主权和对学生的责任。教师的职业生涯发展必不可少的是要思考教师的职责。传统的传道、授业、解惑，是教师的职责，在今天还要强调培养学生的竞争能力。这就要求教师要有广阔的视野。教师发展是一个不断走向更高层次专业水平的过程，贯穿于教师整个职业生涯。尽管随着时代的发展，教师专业化和教师发展的重点有所变化，但专业技能、自主权和责任感等概念一直是不变的指导原则，特别是教师的专业技能和教育理念的培养是教师成长的重要内容，也是出国留学工作应该给予充分重视的内容。

由于文化和历史的差异，这三个概念对中国教师的要求与西方差别很大。对于中国教师来说，专业技能是指拥有丰富的学科专业知识和特殊的技能，并且能将两者有机地融合。通常能够掌握这种专业技能的仅是拥有高级职称的教师。而自主权通常仅限于教学，即教师可以在一定程度上决定教学的内容和采用的方法。对于具有独立思想的教师来说，个人对课程和教学大纲的理解是一种职业判断能力，只要能够产生预期的效果就可以采纳。责任感是指教师要在学业和道德上对学生负责，教师的首要责任是促进学生学习并使其取得良好的学业成绩，形成良好的人格。

四、要注重提高高校国际化管理水平

中国目前还是发展中国家，我们必须结合中国的实际情况，在出国选派工作中，要坚持把将帅型的领军人物或具有将帅潜质型的精英作为选派的重点，以高等学校人才结构优化为目标，为各类人才提供更多的创新舞台，以利于高校人才队伍的国际化水平和可持续发展。

在出国选派工作中，要正确处理近期目标与长期目标的关系，要正确处理事业需要与个人需要的关系，要正确处理重点突破与整体推进的关系。在处理这一系列关系中，要重视管理水平的提高。高水平的高等院校不能没有一支高水平的管理队伍。

从对目前出国留学工作的了解来看，出国选派工作重点关注的是各种专业人才的选派，涉及高校管理人员出国进修学习的项目还比较少。从长远发展的眼光来看，从事留学派出工作和学校管理工作，也离不开具有国际视野的专业管理人员。这就要求我们一方面要加强学习，了解国内国际的高等院校发展动态，熟悉精通相关业务，另一方面，在培养专业人才的同时，注重开发管理人员培养项目，为管理人员的培养开辟新的途径。

综上所述，在高等教育国际化发展新形势的要求下，出国留学工作的研究工作变得越发重要，是沟通国内外优秀教育教学资源的桥梁，是中国高等教育与世界接轨、与世界通话的有效助推器。在具体的工作中，要从提高教师队伍整体素质上来布局，将其纳入教师职业发展建设，并充分注重对管理人员的培养，提高高校的国际化管理水平。

博士研究生中外联合培养模式探析

胡晓阳　　何　峰

北京大学研究生院培养办公室

提　要　研究生教育的国际化是当前世界高等教育的发展趋势，博士
研究生的培养质量对于提升我国整体创新能力和国际竞争力
具有重要意义。自"国家建设高水平大学公派研究生项目"
启动后，国内高校在读博士生以"联合培养"方式赴国外一
流大学进行研究和学习成为高层次国际化人才培养的一种重
要模式。本文以北京大学的国家公派"中外联合培养博士生"
为样本，归纳和总结博士生中外联合培养的几类不同模式及
其特点，并进行初步分析和探讨。

关键词　博士生　联合培养　国际化　模式　效益

　　当今世界，随着全球化的发展，各国间的政治、经济和文化交流不断扩大，在人才、科技、知识领域的竞争也更趋激烈。在这一背景下，高等教育正面临着越来越多的国际竞争压力，国际化已经成为高层次人才培养的发展趋势。

　　世界各国在高等教育发展中都特别强调国际化的人才培养战略，例如欧洲的"伊拉莫斯计划"、"博洛尼亚进程"等，都旨在推进人才流动，为欧洲的政治经济一体化服务。（刘军明，2008）我国于 2006 年 11 月启动了"国家建设高水平大学公派研究生项目"，旨在通过国际化的途径，改革和完善人才培养模式，造就具有全球视野和国际竞争力的高素质人才，促进一流大学的建设。在该项目的资助下，大批国内在读博士研究生以中外联合培养的形式，到国外一流大学和研

究机构访问学习和开展研究，这标志着博士生跨国联合培养的国际化模式成为我国博士生培养中的重要议题，同时也启发高校管理工作者对其不同类型及特点展开思考、探索和研究。

在"国家建设高水平大学公派研究生项目"的支持下，北京大学2007—2009年共计派出600余名在读博士研究生，覆盖文、理、工、医、社科等各个学科领域，以联合培养的形式，赴世界30多个发达国家的知名高校和研究机构，师从一流导师和专家开展研究工作，在科学研究、人才培养、交流合作等方面均取得了卓有成效的进展。本研究以其中160名已经回国的联合培养博士生为样本，通过书面调查和深入访谈，对其留学期间的学业活动、学术进展等相关方面进行分析，这是该项目启动后，针对"博士生中外联合培养模式"进行的一次系统深入的研究，同时我们也进一步思考这一模式的未来发展趋势。

一、博士研究生中外联合培养的基本内容和实践

博士研究生的联合培养，主要是博士研究生以导师或研究团队之间已经建立的学术交流与科研合作关系或者共同的学术研究兴趣为基础，在双方导师的共同指导下进行博士学位论文和课题的研究工作，并根据研究的需要和双方的特点和条件，于博士生在读期间，一次或分几次到对方学校进行部分课程学习、资料收集、实验研究、学术研讨等相关研究活动，最终完成博士学位论文，获得本校博士学位或联合培养双方院校共同授予的博士学位。

随着高等教育国际化的发展，联合培养的做法受到越来越多人的认可并得到比较普遍的推广。在早期，联合培养所涉及的学科集中在理工科中的实验学科，基于双方导师的紧密合作，博士生到对方研究团队集中开展合作研究工作，联合培养的内容相对比较单一。近年来，随着高等教育国际化进程的加快，博士研究生在联合培养期间所从事的学业活动逐渐扩展到课程学习、资料收集、实地调研、项目参与等更广的范围，呈现多元化的趋势，并逐渐向理念和制度等深层次发展。（徐岚、许迈进，2003）联合培养逐步深入到培养过程的各个环节，双方学校和导师的责任逐步加大，涉及的学科也扩展到人文和社会科学等各个领域。

博士研究生联合培养的合作院校具有不同的特点：从导师来看，双方导师的学术关注点、研究水平和专业影响力会有所差异，有利于博士生获得更全面的指

导；从研究内容看，双方导师即使具有共同的研究兴趣，具体的研究内容也会有不同侧重，有利于博士生从不同视角审视其研究工作；从硬件条件看，双方学校或研究团队在技术、设备、文献资料等方面的不同，对博士研究生提升学位论文质量具有促进作用；从软件环境看，双方课程建设、学术交流平台、文化环境等方面的差异可以使研究生获得更广泛的学术参与机会，接受更全面、规范的学术训练，并获得国际视野、理解能力和包容精神。

对于研究生教育发达的国家，跨国联合培养的目标通常在于扩大高层次人才的国际视野和双方科研合作，以及提高其在全球化背景下的适应性和开放性。对于中国而言，中外联合培养的目的更多在于借鉴发达国家的先进培养理念和方法，利用其先进的研究方法、师资力量和研究条件，通过国际化的培养模式，推动自身人才培养质量和科学研究水平的提高以及高校的学科建设和知识创新。

二、博士生中外联合培养的不同模式

博士研究生的指导和培养是一个非常个性化的过程。不同的学科，其研究对象和内容存在很大差异，研究方法和培养方式也各不相同。博士研究生以中外联合培养的模式完成其博士学位论文的有关研究，涉及不同学科，依托不同体制，因而存在多样化的表现形式、具体形态、作用及影响。笔者以联合培养的总体特点、导师作用、学生角色等为基本依据，将中外联合培养模式划分为"紧密合作型"、"半紧密型"和"松散型"三种主要类型。

2.1 "紧密合作型"联合培养模式

"紧密合作型"联合培养模式的总体特点是：双方导师或研究团队已经存在紧密的合作关系，联合培养博士生的研究课题是双方共同关注的研究内容，博士生的研究工作在整个培养过程中具有很好的连贯性和系统性。博士生出国后利用外方在技术、方法和研究环境等方面的优势，在双方导师特别是外方导师的指导下，开展研究工作，同时，与本校导师保持密切的学术联系，共同推进研究工作的进展。从学科分布来看，该模式主要集中于实验科学，例如生命科学、物理学、化学等学科领域。

在"紧密合作型"联合培养模式中，联合培养博士生所从事的研究是基于双方的科研合作，因此双方导师均发挥了非常重要的主导作用，通过对博士生的研究工作给予直接具体的指导，双方导师之间、师生之间充分沟通、密切联系，保证了联合培养的效益，对本校研究团队的发展和科学研究水平的提高，以及未来双方的进一步合作发挥了良好的作用。

2.2 "半紧密型"联合培养模式

对于有些博士生，在建立联合培养框架时，双方导师并没有非常紧密的合作关系，而是具有相同的研究背景和兴趣，存在一定的学术交往，或曾有过一定的合作经历。这类联合培养并非以双方已有的具体合作为基础，而是根据实际情况，表现出不同的具体目的和形式。

部分博士生及其本校导师的主要目的是要利用外方先进的技术设备或研究方法。例如环境、地质、考古、电子等学科的联合培养博士生往往是带着本校或本国的标本、数据等原始材料，利用外方技术和设备，学习其先进方法开展研究，联合培养的目的一方面是完成研究中的关键工作，提高自身的研究水平和能力，另一方面是回国后在某些技术、方法上成为国内研究团队的骨干力量。在一些前沿研究领域或交叉学科研究领域，联合培养博士生往往是结合本校团队的研究问题，学习对方的某些研究方法和内容，完善和拓展自身的博士论文研究，回国后能使得原研究团队形成完整的研究体系，提高国内研究团队的影响力。此外，还有很多社会科学领域的联合培养博士生，在外方导师的指导下，通过参与外方的研究活动，学习规范的研究方法，扩展、完善自身的研究课题。

2.3 "松散型"联合培养模式

"松散型"联合培养模式下，双方导师是学术同行，专业领域和研究兴趣有共同之处，存在一定的学术交往，但是没有实质性的合作，双方导师的研究兴趣和特点均与联合培养博士生自身的研究内容相关。博士生在外期间主要通过课程学习、参与研讨、收集资料、阅读文献、与外方导师定期讨论等方式，获得对学位论文及研究课题的理解和认识，并对其加以修正、拓展、完善。对于从事国际研究和跨国比较研究的博士生，由于获得了国外文献、资料、数据、成果的支持，或者得到了国外学者不同分析视角的指导，可使其研究具备更坚实的理论基础和现实依据，也易于得到国际同行的认可。这一联合培养模式所涉及的学科主要是传统的人文学科和基础的自然科学，例如历史、哲学、数学等。在这些学科中，博士生的日常培养模式更多地体现出传统的"一对一"师徒制特点，研究内容和形式的个性化更强，较少受到外部环境的影响。

在该联合培养模式下，导师的指导作用更趋于宏观，外方导师对联合培养博士生的指导缺乏直接的激励因素。由于研究内容的个性化，甚至可能出现导师配合博士生研究节奏的现象，这对博士生的自主性提出了更高的要求，联合培养的效果直接与此相关。

三、不同中外联合培养模式的特点和效益

上述三种不同模式，是根据博士生中外联合培养过程中的不同表现形式和特点进行的分类，事实上，相互之间存在有机的联系，并没有截然的界限。

在"紧密合作型"联合培养模式中，由于具备扎实的合作基础，联合培养的博士生能顺利适应并融入外方的研究团队中，并可在较短时间内有论文发表等直接的科研成果产出，促进了博士论文研究质量和自身研究能力、学术素养的较快提高。同时，联合培养博士生的研究成果也成为双方实验室和研究团队共同的重要研究产出，深化了相互之间的合作。因此，"紧密合作型"联合培养模式的直接效益最为明显，合作的双方是一种共同受益的模式，"联合培养"既是双方合作的产物，也成为未来进一步合作的基础。

在"半紧密型"联合培养模式中，双方导师的作用主要体现为宏观目标的指导，联合培养博士生根据目标安排自己的学习和研究工作，因此，这一联合培养模式可以较好地调动博士生的自主性。同时，双方研究的相关性使得博士生比较容易得到外方导师的关注和指导，并融入到对方的研究团队中。这种模式较好地协调了导师指导与博士生自主性之间的关系，同时，从长期看，这一类联合培养模式对国内研究团队的发展和研究体系的建立具有重要的促进作用。与"紧密合作型"相比，"半紧密型"联合培养模式中，外方在研究成果方面的直接收益相对较小，并且随着学科的不同存在较大的差异，但是双方在技术、方法、数据、材料等方面的互补性，使得联合培养双方仍然形成了一种较为明显的互惠模式。

"松散型"联合培养模式中，双方的互惠模式不是直接的科研成果产出或者在技术方法、原始材料等方面的直接受益，而是表现为通过学术互动对各自研究

的促进和完善，是一种长效而难以量化的互惠模式。通过联合培养，博士生更多的是利用对方资源重新审视和探讨论文选题、研究设计、研究结论等，获得不同的研究视角、方法训练和文献资料，为高水平博士论文的产出打下基础。同时，对于重积淀、重积累的人文学科、部分社会科学的研究者来讲，国际化的培养过程丰富了其自身的研究经历，提升了个人的学术素养，是其今后做出高水平研究成果的重要基础，具有长远的影响，同时还会在研究理念和方法等方面对其他博士生形成积极的辐射作用。

　　三种不同的模式事实上体现了不同学科背景下中外联合培养的不同特点。每一个联合培养个案都可能兼具不同模式的特点，并趋向其中一种。可通过表1来简要作一概括。

表1　博士研究生中外联合培养的几种模式及主要特点

不同模式	主　要　特　点
紧密合作型	1. 双方合作紧密，联合培养博士生的研究内容具有系统性和完整性； 2. 双方导师对研究的主导性强； 3. 联合培养的直接效益明显，研究成果一般由双方共同所有； 4. 主要体现在生命科学、化学、物理学等实验科学领域。
半紧密型	1. 双方研究兴趣相同或相近，有一定学术交往或合作； 2. 导师对研究的主导性有所减弱，侧重宏观指导； 3. 双方的合作具有互补和互惠的特点，直接效益相对较小； 4. 环境科学、地质、电子、社会科学等对研究方法、技术有较高要求的学科以及一些前沿交叉学科体现得较为明显。
松散型	1. 双方研究领域相同或相近，是学术同行，但无实质性的合作； 2. 导师的主导性弱，对博士生的自主性要求高； 3. 联合培养的直接效益小，个体化特点明显，是一种长效和难以量化的互惠模式； 4. 多见于历史、文学、语言学、哲学等传统人文学科。

四、对博士生中外联合培养模式未来发展的思考

　　随着国际化在各国研究生教育发展中的作用不断受到关注，无论是从高层次人才综合素质培养的实际需要，还是从我国自身高等教育能力建设的角度来考

虑，博士生中外联合培养模式都将发挥越来越重要的作用。因此，深入分析不同的联合培养模式及其特点，通过联合培养最大限度地推动博士生培养质量的提高，是我们必须面对的课题。

4.1 结合学科特点，制定中外联合培养的派出计划

近年来，博士研究生培养过程的国际化已成为一种普遍认同的提高培养质量的重要途径，但是，博士研究生的培养工作与学科特点密切相关，如果没有一个对目前所在学科或研究领域发展状况的清楚认识，就难以最大限度地发挥国际化培养所能够带来的效益。因此，在进行联合培养时，必须结合本学科的发展状况和发展目标，强调"以我为主、为我服务"的理念，制定相应的派出计划，最终目标是对所在学科和研究团队的发展发挥推动作用。只有这样，才能最大限度地促进博士生自身学业成长和论文研究质量的提高，同时，建立和加强国内外的学术联系，实现培养人才、促进交流、提高水平、促进学科发展等多赢的局面，使得研究生培养国际化手段最大限度地服务于高水平大学的建设。

4.2 结合个体特征和联合培养模式，制定相应的培养计划

在清楚认识本学科状况的基础上，应对派出学生的联合培养模式有一个基本的预期，并针对不同的联合培养模式进行相应的准备。从已有的经验可以看出，根据学生自身的特点以及研究团队整体发展的需要，确定博士研究生派出后的详细计划是非常必要的。对于相对紧密的联合培养模式，重点应考虑学生在对方从事的研究与其博士论文研究的相关性，既要考虑中外双方学术合作的需要，也要关注博士生个体的学术成长。如果双方导师或研究团队没有非常紧密的合作，则应该事先对外方学校的总体情况、各类资源的使用情况进行详细的了解，例如课程设置、图书资料、其他文献来源等。博士生只有作好了充分的准备和详细的计划，在到达对方学校后，才能够迅速进入状态，充分利用各方面资源，为自身的学习和研究工作服务。因此，在进行中外联合培养时，必须结合每一个中外联合培养个案自身的特性，针对不同的联合培养模式，制定可行的培养计划。

4.3 全面理解不同的中外联合培养模式，辩证认识留学效益

联合培养的效益既有论文发表等一些直接的成果体现，更有一些潜在和长期

的效应，如博士生个人学术素养的提高、国际合作平台的建设、学科未来的发展等，这些是无法用具体数字和短期评估所能体现的。不同中外联合培养模式的直接效益、长远效益和互惠模式呈现不同的表现形式，同时，人才培养的标准也已经逐渐多元化，需要以实际的学术能力和综合素质为依据来进行评价。因此，不同的联合培养模式之间并没有优劣之分，对于留学效益的认识必须与人才成长的规律及大学自身的情况相结合，既要重视直接成果，更须兼顾长远效益，这其中，关键是能否推动人才培养质量的提高，推动大学的学科建设，打造国际人才培养和学术合作的平台，培养一批拔尖创新人才。对中外联合培养及其不同模式的效益认识，必须结合近期与远期、个体与学科等不同方面加以辩证地理解，结合实际情况开展联合培养工作，这样才能真正发挥国际化培养模式的效益。

总的来讲，正是中外联合培养中人员的流动带来了学术的互通，使得博士研究生教育中的各项相关主体要素，包括博士生、导师、研究团队、课程设置、学术活动、研究项目等，都被纳入到国际化的框架体系内，有效地实现了国外发达国家的优质高等教育资源和先进科学研究资源为我所用，使得高层次人才培养的国际化模式从简单的人员和资源流动，逐步向培养目标、管理模式、学位制度等深层次方向推进，使得科学研究的组织实施也开始走向国际化。（徐岚、许迈进，2003）因此，对这种国际化培养模式的进一步推动将是我国博士研究生教育的重要发展趋势。

参考文献

刘军明　2008　发达国家高等教育国际化政策的发展，复旦大学 2008 年硕士学位论文。

徐　岚、许迈进　2003　中韩研究生教育国际化的比较研究，《比较教育研究》第 3 期。

创新机制，开拓高层次人才留学培养工作的新局面

张奇伟

北京师范大学人事处

提　要　如何有效利用公派出国渠道为学校培养高层次人才，是公派
出国留学工作者需要思考的问题。本文结合当前出国留学面
临的形势和挑战，提出了要保证导向性、增强针对性、维持
高层次、完善系统性的工作思路，并指出转化观念、创新机
制、多元建构和强化指导是做好这项工作的关键。

关键词　创新机制　高层次人才　留学培养

一、高层次人才留学培养工作正面临新的挑战

改革开放以来，特别是邓小平关于留学工作的重要讲话发表二十几年来，我国公派出国留学工作取得了骄人的成绩。据统计，二十几年来，国家公派各类出国留学人员近 20 万人，回归率高达 70%，1999 年后更高达 97%。北京师范大学专任教师中，公派出国半年以上的教师约占教师总数的 43.6%。凭借着国家留学基金的资助，他们开阔了眼界，了解了外界，学到了先进的科学知识和研究方法。回国后，他们大都成为学校科学研究、人才培养和教育管理的带头人和骨干。我校现任校领导 41.7% 具有出国留学经历，院士 73.7% 是出国留学人员，58.8% 的教授和 43.3% 的副教授曾出国留学。在一个相当长的时期内，公派留学

成为快速培养高层次专门人才的捷径和有效方法。应该说，在推动科学研究快速赶上国际先进水平和促进高等教育的蓬勃发展方面，国家公派出国功不可没。

然而，随着改革开放事业的深入推进，随着经济和社会的发展，公派出国留学遇到越来越多的挑战，显现出一些问题。

首先，人才培养方式的局限性越来越突出。公派出国留学以进修访问形式为主，这种"短平快"的人才培养模式在改革开放初期急需高层次人才的时候非常有效。但是随着人才断层的逐渐缓解和国际交流的步步深化，科学研究和高校发展更需要系统并深入了解国际某一学科领域进展，接受系统全面和严格的学术训练，与国际学术同行建立稳定持久联系的高层次专门人才。显然，"头三个月熟悉情况，中间三个月进入状态，后三个月准备回家"的访问进修派出模式不能满足国家对高层次人才的要求。

其次，对外学术交流的经常化，校际交流资源的不断拓展，使得学者与国际同行的交流访问和合作研究在相当多的高校、科研单位和学科成为平常化事情。公派出国的吸引力正在减退。

最后，现有的公派出国模式实施了二十多年，高校的学术带头人和学术骨干受益者众多，有人甚至是多次受到资助。然而，基金申报年年都有，各校为了争取名额，只能等而下之遴选人员，公派的择优性和导向性难以保证。这是造成派出质量下降的重要原因之一。

二、提高层次、增强针对性是推进工作的新支点

教育部领导提出"三个一流"的思想是非常及时的。它充分说明，国家已经看到公派出国面对的挑战和问题，并且正在着手论证，通过改进工作、创新机制，解决存在的问题。我们认为，要全面和深刻地理解和把握"三个一流"，就要在保证导向性、增强针对性、维持高层次、完善系统性等方面思考和下功夫。

国家公派是经过多年努力创立的金字招牌。它的宗旨就是为国家的经济和社会发展服务，它直接面向经济、社会、政治、文化、科学、教育发展的需要。与自费出国最大的不同是，它以国家的需要而不是以个人的利益为导向，以民族的长远利益而不是短期利益为导向，以社会的和谐发展而不是片面发展为导向。为实现其导向性，就要保证它的"一流"，就要在"一流"的前提之下明确和加强

其指令性和指导性。有所为，有所不为；大家为，我在"一流"层次上为，充分发挥政府和国家的调控职能。

与宏观层面的导向性相适应，增强针对性则是中观层面的。一流的大学并非所有的学科都是一流的，一流的学科并非所有的方向都是一流的。因此，既要讲学校的一流，更要讲学科的一流，更要讲方向的一流。进一步，一流的学科只有是国家急需发展的学科才是有意义的，一流的学科方向只有是学校已有基础并急需提高的、有可能发展的和规划了准备发展的才是有意义的。如果不明确这个问题，"三个一流"无从落实。

如果说，导向性是国家公派的宗旨，那么，高层次性就是它的生命力所在。所谓高层次，是说派出的人是优秀而非平庸的，是有明显发展潜质而非不可造就之才，进行的学习和研究是高水平的，产出的科研成果是一流的，培养的人才是高层次的。没有了上述的诸项高层次，国家公派也就没有意义了。在这里应强调的是"优秀"、"高层次"次和"一流"，不应为了量的增长而降低了层次。宁缺勿滥应是一个原则。只有这样才能实现"三个一流"的价值。

随着国家公派工作的进一步改革，单一的或者近乎单一的派出模式会被多元的派出模式取代。而不同派出模式之间，同一个模式内部各要素、各环节之间的相互衔接、相互配合就是一个比较大的问题。不解决这个问题，"三个一流"也是难以实现的。因此，应将派出工作作为一个相对复杂的系统进行研究，完善系统性，保障运转的安全可靠性。

三、创新机制、多元建构、多元参与
是落实新思路的关键

"三个一流"的思路给公派出国提出了新的要求，也给予我们以新的启示。我们应该以落实这一新的思路为契机，解放思想，转变观念，创新工作机制，更好地发挥其服务经济和社会发展的作用，发挥公派出国留学的导向功能。结合国家近期在出国留学方面的新政策、新提法，以我们在工作中的理解和体会，要落实"三个一流"的思路，将高层次人才留学培养工作做得更好，我们认为应在这样几个方面有所创新和加强：

转变观念。应将高层次人才留学培养工作放在当前我国高等教育发展的大背景之下去认识和谋划。高等教育现在面临新的发展机遇，创建一流大学是随着经济和社会发展而来的必然趋势。在建设一流大学的过程中，包括教师队伍的国际化、人才培养的国际化、科学研究的国际化和大学管理与国际接轨等内容在内的大学国际化是一个非常重要的方面。出国留学工作应该服务于这个大局，它不应仅仅是派出几个教师、回归几个教师的工作，而是应从一个不可替代的特殊视角来实质性地推进大学国际化的进程。

创新机制。积极推进出国选派机制的不断创新，应及时总结目前正在执行的"高层次创造性人才出国研修计划"，逐步简化管理，科学划分职责和义务，成熟后扩大覆盖面。在保证留学基金面向全社会的前提下，建立更直接便捷的高校高层次人才培养与基金选派的链接机制。

多元建构。应由现在的以高级访问学者和一般访问学者为主的派出模式向攻读博士学位、博士后研究、合作研究、访问学者四足鼎立的派出模式转变，逐步缩小访问学者的规模。根据不同的派出方式，规定不同的受众年龄、资历等遴选资格，借以拉开派出人员的层次，以适应高校人才梯队的建设和队伍的可持续发展，形成在一流水平基础上合理分层、分类派出的最佳留学派出生态系统。

强化指导。为保证派出工作的"三个一流"，必须加强导向。根据国家发展的需要和中长期规划，定期发布强制性的专业目录。留学派出部门应整合国外大学和学科方向的信息资源，定期发布指导性信息。导向工作应该规范化、制度化。

创新机制，整合资源，促进教师队伍的国际化进程

姜云君　　张芳兰

北京师范大学人事处

提　要　国际化是当今高等教育发展的必然趋势，也是世界经济一体
化的必然结果。如何建设一支国际化的教师队伍以适应新形
势的要求？这个问题必须引起高校管理人员的高度重视。本
文结合北京师范大学的实际情况，阐述如何从机制创新和资
源整合入手，促进教师队伍的国际化进程。

关键词　高等院校　机制　资源　教师队伍国际化

20

一、高等院校教师队伍国际化是时代发展的需要

随着世界经济一体化和人才流动全球化的加剧，社会对高等教育的国际化要求越来越高。高等院校作为高等教育的主体，担负着培养人才、创新科技和传播知识文化的重要使命，因此高等院校必须积极应对形势，采取措施，以培养适合世界舞台和国家利益需要的人才。优化教师队伍的国际化结构，提升教师队伍的整体素质，是摆在我们面前的一个必须正视并要尽快加以解决的问题。为了实现"把北京师范大学办成综合性、研究型、有特色的国内一流、世界知名的高水平大学"的办学目标，我校已经把教师队伍的国际化问题列为"十一五"期间学校教师队伍建设的重要工作之一。

衡量一个学校教师队伍国际化的维度很多。就教师队伍整体而言，教师队伍的人员结构要国际化，包括外籍教师的比例、获得国外博士学位教师的比例、具

有国际进修合作经历教师的比例、承担国际合作项目教师的比例、在国际学术界具有影响的教师的人数，还有具备国际先进水平的标志性研究成果，等等。就教师个体而言，包括教师的国际战略视野、跨文化跨国界交往能力、熟悉国际游戏规则的能力、教师的国际理解力、国际合作能力和国际竞争能力，以及能加入国际知识共享网络、在国际学术研究前沿平台上展开研究的能力，等等。

目前我校共有专任教师1300多人，其中在国外获得博士学位的教师近10%，有在国外进修合作一年以上经历的教师约占40%，每年长期出国的教师保持在100人次左右，短期出国的教师保持在500人次左右。学校领导历来对教师队伍的国际化问题比较重视。大家一致认识到，我校教师队伍的国际化程度，无论是数量还是质量，无论是教学水平还是学术水平，与世界一流大学都有很大差距。

二、创新机制、整合资源是促进教师队伍国际化进程的必要手段

过去几年，我们在促进教师队伍的国际化方面做了很多工作，也取得了一定成效。我校的总体思路是"请进来，走出去，常来常往"。一方面我们要把国际化的人才引进来，加盟学校建设；一方面我们要让学校的教师走出去，走向国际学术舞台，发出我们的声音。国际交往日常化，既是学习，也是参与，既是合作，也是展示，要让国际合作交流渗透到学校教学、科研、社会服务的方方面面，营造一个国际化的学习、工作环境。

"请进来"的基本策略是创新机制。我们从机制上做文章，建立了一套系统的吸引不同层次国际化人才到我校或为我校工作的制度。随着高校内部用人机制和分配机制的改革，学校内部环境的吸引力得到一定程度的优化，初步具备了吸引国外人才的基础。改革开放以来我国派往国外攻读学位的学生是一个巨大的人才储备库，我们要从中充分挖掘人力资源。学校采取了一系列的应对措施。首先鼓励各院系所提高选留国外获得博士学位毕业生的比例。我们希望每年选留的毕业生中本校毕业生不超过三分之一，外校毕业生占三分之一，国外境外高校毕业生占三分之一。尽管实现这个指标有很大困难，但其政策导向在近两年选留毕业

生的工作中已初见成效。2000 年以来，共录用国外获得博士学位毕业生 46 人；同时学校在每年的专业技术职务聘任计划中划拨一定额度，面向海外招聘成熟人才、成品人才，尤其是一些校内教师学术水平有限或学校急需发展的学科，必须对外招聘，以实现学科的快速发展。近几年，学校引进海外人才 49 人。地理与遥感学院从美国引进李小文教授和戴永久教授，社会发展与公共政策研究所从美国引进李秀兰教授，他们作为学科带头人，在短短的几年内，使这些学科从小到大、由弱变强，发展成为国内一流、紧随国际前沿的强势学科，实现了学科的跨越式发展。学校还利用"长江学者奖励计划"和"京师学者奖励计划"吸引高层次人才，目前学校 9 名长江学者中有 5 名为从国外引进的留学人员。学校以"985工程"二期项目建设为契机，进一步招揽人才，建设科技创新平台。2005 年学校派出三个以校长、书记为团长的招聘团赴美加、欧洲、日韩招聘海外人才。截止到 2006 年 4 月，从国外共聘用团队研究员 23 人，客座研究员 32 人。他们大多来自国外高水平大学或科研机构，为学科平台的建设提供了重要的人才保障。今后，我们要进一步借助我国驻外使领馆教育处掌握的人才资源信息，研究相关学科优秀人才的分布和其在国外的工作状况，明确目标，齐心协力，广纳群贤。兼职教授一直是学校非常重视的一支队伍，也是非常重要的社会学术资源。目前学校聘用的 240 名兼职教授中有 43 名为在国外相关学术机构工作并取得一定成就的专家，他们参与学校的人才培养和科学研究工作。这项举措密切了学科与国际学术界的联系，稳定了合作方向和渠道，引进了优质国际学术资源，收到了良好效果。学校已经初步形成了固定编制、协议编制、流动编制为一体的吸引海外高层次人才的政策机制。支持各学科以学校名义举办国际学术会议及论坛也是我们"请进来"的一项重要策略。经过几年的努力，我校教师队伍的国际化结构得到一定程度的优化。目前我们正在探索聘用外籍教师的人事管理体制以及与其相对应的灵活的薪酬分配方案。不同观念、文化、思维方式的冲突、交锋、竞争、融合必将进一步促进学校学术思想的繁荣和学术环境的国际化。

"走出去"的基本策略是整合资源。出国留学工作涉及人员和经费，从根本上说，是一项资源配置使用的工作。在学校经费投入有限的情况下，我们必须争取多种渠道开展国际交流与合作。学校从"985 工程"建设项目经费中划拨出专项经费用于支持相关平台人员出国。2005 年，我校已有 20 名来自学校 10 个"985工程"二期建设项目科技创新平台的教师获得经费资助。英语成绩一直是制约教师申请国际项目的瓶颈。针对这种情况，学校大胆出台了教学科研系列人员申请晋升专业技术职务必须具备 PETS 5 合格成绩的政策。其目的之一就是为了鼓励和引导广大教师通过相应的外语水平为申请出国准备条件。同时充分利用社会优质培训资源和标准化评价体系，提高教师的外语水平。政策出台初始遇到了一定的阻力，当教师们逐步尝到甜头和长远利益的时候，也就自觉地加入到这个行列中去。申请国家公派出国的教师和获得国家留学基金资助的教师逐年增加。同时学校在积极采取措施，从校级层面与国外知名大学建立校际交流合作，使之成为教师派出的一个重要渠道。学校可以按照双方协议，根据学校发展的需要自主选拔教师出国留学，对急需发展的学科给以优先支持，把急需派出去的人优先派出去。单位公派目前仍然在我校教师出国留学中占比例最大。出国留学的辐射效应就是我们的潜资源。我们希望每一位教师的首次出国仅仅是一个国际交流的开端，能够为未来的更广泛合作打下良好的基础。教师参加国际学术会议也一直是学校专项经费支持的项目。学校计划推出的"学术休假制度"，也将为教师更广泛更深入的国际学术交流提供政策保证。学校还将探索"教师＋学生"的派出新模式，希望教师与学生成组派出，建构多重模式（国家公派、单位公派、校际交流）与多元资助（全额资助、课题部分资助、个人出资等）相结合的国际交流合作体系。

"请进来，走出去"，使我们与国外学术机构建立了长期稳定的联系和合作，逐渐形成了互邀互访、常来常往的局面，双方成为相互促进、共同进步的战略合作伙伴。多年的努力结出了硕果。校园新闻里关于学校国际化的消息越来越多，校园里外国教师的面孔也越来越多，成群结队来参加国际学术会议的外国学者已成为校园里一道亮丽的风景线。

三、教师队伍国际化应该注意的几个问题

多年的实践使我们认识到，要想做好教师队伍的国际化工作，必须注意以下问题：

首先，要抓好两个基本点。一是要提高教师的学术水平和综合素质，二是要促进学校的学科发展。办学以学生为本，教学科研以教师为本，教师的素质是学校教学科研质量的关键所在。学校所有的工作，包括教师队伍的建设工作、教

师队伍的国际化工作，必须以提高教师的素质为本。学科是一个高校从事人才培养、科学研究和社会服务的依据和平台，学科建设是学校建设的核心，国际化不是最终的目标，成就一批高水平的学科才是我们的目的。

其次，要关注三个主要环节。（1）找准方向。方向是前进的指挥棒。国家的战略建设目标、学校的发展目标、学科的发展目标就是我们教师队伍国际化进程的依据。任何与这个目标不相符的专业方向、研究课题、人员选拔都是不给予支持的。与这个目标越一致，得到支持的机会、力度就越大。（2）把握层次。层次是我们追求的目标。要想成为高水平、高层次的大学，我们就必须与高水平、高层次的学校、专家合作。无论是引进人才还是培养人才，我们一直很关注对方的学校层次和学术水平、地位、影响。对不同层次的教师采取不同的策略，但一定要保证接收学校的层次、接收学科的水平、接收导师的地位和影响。（3）追求深度。我们追求的国际化不是一种表面的国际化。我们追求的国际合作也不能仅仅停留在浅层的国际合作。但深度的合作就要求我们不能急功近利，而要踏踏实实、认认真真，有目标、有计划、有步骤，按部就班地把每一项工作做好。

再次，要坚持四个基本原则。其一是开放性。开放性是国际化的基本标志，也是保证教师队伍持续发展的基本条件。开放的概念是多元的，包括观念的开放、环境的开放、政策的开放、人员流动的开放、资源的开放、交流的开放等等。在当今形势下，开放性对学校发展、学科建设、人才队伍建设具有灵魂作用。其二是动态性。动态性是科学管理的保障。任何政策都不是一成不变的，要随着形势的变化作相应的调整才能满足新的需要，应在动态中寻求资源的最佳配置。既要尊重历史，又要展望未来，在对历史和未来的动态思考中把握好现在。其三是制度化。制度化是建立和谐秩序的保证。没有制度就乱了方寸。尤其在市场经济的形势下，只有依靠合理的制度，才能奖优惩劣，形成一个公平、健康、发展的良性秩序。近几年，学校为促进教师队伍的国际化，不断完善管理制度，力图使相关制度之间相互协调，用制度管理人。最后是实效性。实效性是国际化的最终目标。没有效果，国际化就失去了它的意义。实效性原则保证我们在建设国际化教师队伍的进程中，无论是制定宏观规划，还是操作微观举措，都把追求实效放在一个突出地位，提高资源配置的效益，降低成本，避免不必要的成本。

最后，要处理好五个关系。（1）规模和效益。数量是质量的基础。没有一定数量的积累，往往很难实现质量的飞跃。在过去的几年，我们对扩大出国留学人员的规模给予了足够的重视和政策上的倾斜，使更多的教师能够通过多种方式走出去，去感受、体会、理解、学习西方的文化和科学知识，这是符合潮流需要的。"十五"期间，学校的办学规模扩大了，教师队伍规模扩大了，教师出国留学的规模也扩大了。"十一五"期间，我校将坚持"稳定规模，内涵发展，突出特色，自主创新"的发展思路，将提高质量、追求效益作为我们工作的主旋律。我们将更重视留学的效益，强化目标管理，进行留学效益评价，让那些享受过学校出国留学优惠政策的教师真正成为学校教学科研的核心人物和生力军，使出国留学评价机制与我们的教师遴选机制、职务晋升机制、年度和聘期考核机制、教师职业发展机制形成一个目标一致、指标体系多元分层、评价结果有效的人才评价体系。评价指标体系要符合高等教育规律、学科发展规律、学术发展规律和教师成长规律。（2）教学与科研。教学与科研一直是学校发展的两大主题。没有教学，大学不成其为大学；没有科研，大学也就无法形成一定的学术地位和影响。在建设研究型大学目标的引领下，多年来，我们在这方面做了很多工作。应该说，出国留学工作为我校办学目标的历史转型作出了历史性的贡献。但在精品课程、双语课程的建设方面还有待进一步关注。我们希望有更多的出国留学人员能带着一两门优质课程回来，带一套优质教材回来，以提高课程质量，加快课程建设的国际化进程，尽快适应高等教育国际化的需要。（3）重点和一般。学校的发展应该是一个整体性的综合化的发展过程。不同的学科需要不同的支持。但是世界一流大学必须有一批具有核心竞争力的学科。这就要求我们必须根据学校的学科发展规划、学科发展趋势、学科布局等研究学校的资源配置政策。目前学校把支持重点放在社会需求量大的新兴学科、应用学科和交叉学科上，对特殊学科和优势学科仍然给以特殊支持，对一般学科，学校也有计划地给予适当扶持。北京师范大学要办成综合性大学，相关学科在学校的整体规划中都有各自的位置，需要兼顾发展。（4）培养和引进。如何协调处理好培养和引进的关系一直是学校关注的问题。这个问题受到多方面因素的制约，如国际大环境、国内经济状况、学校的学术吸引力等等。在不同的发展时期，学校采取不同的策略倾斜。在过去的几年里，我们更多的是立足于培养自己的教师，使他们能通过出国留学不断更新观念，更新知识结构。在未来几年，我们将采取培养和引进并重的模式，提升教师的国际化程度，把受过西方系统学术训练的高层次人才引进来，同时鼓励教师通过多种形式开展国际交流，使引进人才和培养人才和谐统一，协调发展。

（5）个人与团队。学科之间横向联合、纵向贯通的研究团队势必会在重大项目的竞争中获得更多的成功机会。不加强团队意识，就将丧失发展良机。学校只有依靠团队，依靠跨学科的研究团队，依靠科技创新平台、研究基地和重点实验室来承担国家重大科技攻关项目。我们要求教师把个人职业发展融入团队建设。因此，学校的政策要向有利于团队建设的方向靠拢，形成以团队为纽带承担项目、以项目为平台建构团队的良好局面。目前，我校有国家级创新团队 1 个，教育部级创新团队两个，校级创新团队 17 个。创新平台的大部分负责人和成员都是改革开放以来的出国留学人员，他们全部与国外相应机构保持着常来常往的深度学术联系和交流。学校在国际合作与交流方面也给予了持续性支持。

总之，现代大学应该是一个国际化的机构。大学的国际化问题是一个复杂系统，受多方面因素的影响。教师队伍的国际化也是一个长期问题，不能一蹴而就。如果不加以重视，教师队伍的国际化问题势必会成为学校进一步发展的瓶颈。相信在"十一五"发展期间，我们将进一步树立科学发展观，积极面对挑战，创新机制，整合资源，促进教师队伍的国际化进程，逐步凝聚锻炼出一支在国际学术舞台上具有核心竞争力的教师队伍，实现学校的可持续发展目标，争取在未来的国际竞争中立于不败之地。

从北京分会的发展历程谈研究会分会的建设

王清源[1]　　朱秀芳[2]

[1]中国人民大学
[2]北京高教学会出国留学工作研究会

提　要　在研究会15年的发展过程中，北京高教学会出国留学工作研究会在全国出国留学工作中发挥着积极的作用，研究会既为国家的出国留学工作积极出谋献策，也为高校间此项工作的相互交流提供了理想的平台。本文以北京分会的发展历程为线索，分析了研究会的特点及现状，对如何做好研究会这一民间学术团体的运作及管理工作，进而促进本领域工作的开展进行了分析和总结。

关键词　研究会　分会　建设

在全国出国留学工作研究会1999年年会上，闪维力理事长把加强各个分会的建设列为研究会工作的重要方面。他认为，各个分会的工作经验需要进行总结交流，各个分会因性质不同而形成的不同的工作特色需要进行研究，搞好各个分会工作的共同性规律需要进行探讨，各个分会之间的关系以及各分会与总会之间的关系需要进行更好的整合。总之，如何搞好分会建设是一个重大而有意义的研究课题。

北京高教学会出国留学工作研究会作为全国出国留学工作研究会的分会已经走过了15年的历程。研究会成立于1991年7月，现有理事单位45个，包括北京地区的各部委属院校和北京市市属院校，目前的领导机构已是第四届理事会了。15 年来，在国家教育部、国家留学基金委、北京市教委以及上级学会——全国出国留学工作研究会及北京高教学会的指导下，分会积极开展了报告会、研讨会、对口交流会、专家咨询会等不同类型、不同规模的活动。这些活动内容充实、丰富并富有成效，既为国家留学政策的调整和完善积极出谋献策，也为各高校间互相交流出国留学和教育国际交流工作提供了理想的平台。根据闵维方理事长提出的加强分会建设的要求，回顾研究会的发展历程，本文从加强分会建设的诸方面谈几点体会。

一、加强分会建设，始终把开展学术研究与交流作为研究会工作的重点

为保证这一重点，研究会主要做了以下工作：

1. 专设一名副理事长主管科研工作。十几年来，先后由北京工业大学外事处尹志清处长和北京理工大学人事处于倩处长主持。每年围绕留学工作的新动态和新情况拟定科研主题、方向、设置课题，并制定出选题计划，经分会理事长、秘书长会议讨论通过后，各理事单位结合本单位实际拟定课题或认领课题。

2. 组织学术研讨。分课题进行小组或大会研讨。分会每年召开一次学术年会，每次年会均有主题，同时要求各理事单位和个人在年会上提交有质量、有水平的论文供大会交流和研讨。

3. 定期评选优秀论文。15 年来，北京分会在总会会刊《出国留学工作研究》上发表论文 90 余篇。在总会 1999 年年会优秀论文评选中，获一等奖 1 名、二等奖 3 名。在 1996 年北京分会成立 5 周年之际和 2001 年分会成立 10 周年之际，先后进行了两次优秀论文评选，并计划在研究会成立 15 周年的纪念活动中第 3 次评选优秀论文。

二、始终把学习研究国家留学方针政策作为研究会工作的重要内容

1. 组织学习国家出国留学的方针政策。中央 44 号文件、出国留学工作 12 字

方针出台之后，研究会均及时组织专题的学习研讨。邀请国家教委留学生司、外事司有关领导做报告，讲解文件出台的背景、指导思想等。学习活动对北京高校留学工作管理人员把握政策、提高政策水平发挥了积极而重要的作用。

1996年新的国家公派留学政策出台前后，研究会也组织了一系列的活动。原国家留学基金管理委员会秘书长解其钢主持了北京地区10多所重点院校代表参加的座谈会，介绍国家公派出国留学政策改革的精神和试点工作的意见，后又先后邀请原副秘书长严美华、江波等同志做专题报告，使大家增进了对这项改革的理解和认识，提高了执行政策的准确性和自觉性。

2. 组织多种形式的报告会、座谈会。邀请长期从事留学工作研究的老学者、老专家和回国博士、访问学者等到会作报告或进行座谈，使大家进一步领会出国留学方针政策，并对留学工作的历史和现状增加了感性认识。

三、开展形式多样的活动，充实分会工作的内容，增强分会的活力

1. 加强与其他兄弟分会的合作与交流。多年来，北京分会曾与中央机关出国留学工作研究会、中国科学院出国留学工作研究会联合举办活动。如1992年8月，三分会共同举办近代留学120周年纪念会，100多位代表和来宾出席大会，全国出国留学工作研究会理事长杨家庆到会致辞；在会上发言的有来自北京大学、中国人民大学、北京师范大学、中国科学院等部门的代表，既有资深专家、学者，也有青年教师、学术骨干，原国家教委留学生司副司长李东翔到会并作了总结。大会气氛热烈而隆重，对大家了解中国近代留学的历史发展和现状很有裨益。又如与中央机关分会联合举办了迎新春茶话会等。这些活动对促进兄弟研究会之间的友谊和交流都起到了很好的作用。

2. 走出去与外省市的交流。北京分会和山西省教育厅共同组织的"北京—山西高校出国留学工作座谈会"于2001年10月在太原理工大学举行。北京30余所高校、山西16所高校以及山西省教育厅等单位代表近70人出席了座谈会。会议共同探讨了关于公派出国留学的选派与管理，吸引优秀拔尖留学人员回国服务、为国服务等问题，代表们各自介绍了本校出国留学工作的经验及体会。代表

们普遍感到这样的交流活动很有收益，表示今后要继续加强两省（市）高校的合作，共同促进高校出国留学工作的开展。

为配合国家"西部大开发"战略，促进北京—新疆两地高校出国留学工作的交流，2004 年 8 月，北京分会和新疆维吾尔自治区教育厅联合举办了"北京—新疆高校出国留学工作座谈会"。会议在新疆乌鲁木齐市举行，来自北京和新疆的 20 多所高校留学工作主管部门的代表出席了会议。在会议期间，代表们就当前工作面临的形势、新世纪如何做好出国留学工作以及北京与新疆高校建立长期合作关系等问题进行了广泛的交流与探讨。通过座谈会的形式，分会之间交流了经验，增进了了解，为今后分会之间进一步的合作打下了很好的基础。

3. 积极参与并配合总会的工作与活动，促进分会与总会的整合。自 2001 年以来，在总会秘书处的大力支持和帮助下，北京分会的理事成员连续四年参加了总会组织的年会。通过参加总会的活动，我们可以直接听到来自教育部等领导部门负责人的讲话，了解我国出国留学工作的发展、经验和取得的巨大成就，以及新形势下出国留学趋势和留学工作的新思路、新举措，并有机会同其他省市的兄弟分会开展交流活动。在历届年会上，各省市外事、人事部门、各高校的主题发言以及专家学者的专题学术报告，均使我们拓宽了视野，获益匪浅。今后，北京分会还将继续积极参加总会组织的各项活动，主动争取总会的工作指导，以推动分会工作的开展，促进分会与总会的整合。

四、加强分会的自身建设，是分会工作良性运作的保证

1. 建立了团结协作的领导班子。正副理事长、正副秘书长是研究会的领导核心。领导班子每年均要召开 3—4 次会议，研究落实全年科研计划、对本年度内各项活动做出具体安排。历任理事长在百忙之中均重视分会的工作及建设，班子内其他成员都能够积极献计献策、主动承担任务，为分会工作的顺利开展作出了很大的贡献。

2. 常务理事会是研究会的领导集体。分会常务理事会由 23 位理事组成。凡研究会重大事项，如通过、修改研究会章程、换届选举、表彰先进、优秀论文评选等均由常务理事会讨论通过。

3. 秘书处是各项活动顺利开展的基本保证。研究会下设一个由 5 名成员组成

的秘书处，常务副秘书长负责全年各项活动的具体组织、安排与协调，其他成员给予积极的配合及支持。秘书处十几年如一日，工作认真细致而有序，并始终富有活力，为各类交流活动提供了后勤保证。

4. 充分调动各理事单位参与研究会活动的积极性，使研究会涌现了一批骨干理事院校。如在研究会组织的各项活动中，先后有北京科技大学、北京大学、中国人民大学、首都经济贸易大学等20多所理事院校为分会活动无偿提供场地、设施和各种服务。又如在每年一度的新年联谊会上，中央音乐学院、北京舞蹈学院、中央民族大学、北京电影学院、北京体育大学、清华大学美术学院等理事院校发挥各自的优势特长，给大家带来内容丰富、高水平的精彩节目。这些形式多样的活动，促进了理事院校之间的友谊，联络了感情，增强了研究会的凝聚力和吸引力。

研究会在各项活动中还涌现出了一批热心为大家服务的积极分子。其中，最突出的有：主管财务工作的北京邮电大学向加河同志、被大家誉为"不管部"部长的北京航空航天大学楼军同志和主动协助科研工作的北京理工大学罗天明同志等等。他们的工作认真细致，相互配合默契，不厌其烦地为大家服务并不计任何报酬。这种工作的热忱和无私奉献，是难能可贵的，受到了大家的一致赞扬和好评。

十几年来，正是有这样一个团结协作的领导班子，有众多理事院校的通力合作与支持，加之众多积极分子的热心及无私奉献，使北京分会始终充满活力，不断取得进步。

回顾北京高校出国留学工作研究会15年的历程，是我们不断加强学习国家留学工作方针政策的历程，是我们不断提高出国留学工作研究和管理水平的历程，是我们不断探索分会建设，提高分会管理水平的历程。展望分会的未来，任重而道远。

从提高高校教师国际化水平谈出国留学工作

居　峰

北京语言大学

提　要　高等教育国际化是当代高等教育发展的潮流，各国间高等院校不断拓宽对外合作与交流的渠道。因此，提高我国高等院校师资队伍的国际化水平，努力做好高等院校的出国留学选派工作至关重要。

关键词　教师国际化　出国留学

联合国教科文组织和大学联合会（IAU）将高等教育国际化定义为："它是把跨国界和跨文化的观点和氛围与大学的教学工作、科研工作和社会服务等主要功能相结合的过程。"目前，高等教育国际化已经成为当代高等教育发展的一个重要趋势，努力做好出国留学工作，对于提高教师国际化水平有重要意义。

一、加大出国留学工作力度以积极应对国际化

近几年来，随着我国国民经济水平的不断提升，对各种高层次的专业人才的需求也在递增。但是，由于国家留学基金资助名额有限，远远不能满足高校师生出国学习和进修的迫切要求。因此，高校应该充分拓宽留学渠道，除了争取教育部组织的中外政府间教育合作交流项目外，还要积极与国外知名大学和研究机构取得联系，通过互派交流学者、合作研究、联合培养、对方培养等多种形式，不

断拓宽公派出国留学渠道。

1. 积极争取国家留学基金委的支持。改革开放以来，公派出国留学是国内各大高校派遣青年骨干教师和科研人员到国外知名大学进修、深造的重要途径。而国家留学基金管理委员会受政府委托，专门从事中国公民出国留学与外国公民来华留学事务的管理工作，在公派出国的选派上主要考虑结合国家的重大专项和重点课题，配合一流大学建设和重点学科建设，如"985 工程"、"211 工程"建设、"高层次创造性人才培养计划"等等。高校要抓住有利时机，充分利用国家留学基金委的这种导向作用，将科研人员和师生申请公派出国的工作纳入国家基金委计划，用好国家留学基金，紧跟每一个公派项目，将优秀、有发展潜力的人才派出去，不断扩大高层次人才的培养规模。

2. 进一步加强校际间的合作交流，拓宽校际交流渠道。要建设世界一流大学，就必须了解世界一流大学的教学、科研情况。高校应该积极采取措施，使校际交流逐渐成为教师出国留学的一个重要渠道，也就是说，从校级层面上建立与国外知名高校的联系合作，选派优秀的教学科研人员出国留学，通过学习他国文化、语言、科学技术、教学方法和管理经验，引进先进教学思想、方法及教学管理方式，逐步与国际高等教育接轨。校际间的合作交流不仅有助于教学和科研人员及时掌握跟踪最新国际学术动态，而且能够与世界高等教育发展同步。

3. 积极扩大高校教师出国留学规模，做好研究生留学选派工作。在经济全球化趋势中，留学作为一种高校教师提升个人竞争能力的有效途径，仅仅依赖国家留学基金是不够的，高校必须立足于自身，充分利用一切有利的国际交流渠道，积极拓宽留学路子，与更多的国外知名大学建立校际交流关系，力争使不同学科、不同层次的教师都能有机会到国外进修、学习和合作研究，以此来逐步扩大教师出国留学规模。高校是培养人才的地方，选派在校生尤其是研究生出国留学，让学生拥有更多的机会更早地接触到先进的科学技术、管理理念，可以更好地培养能够提升自主创新能力的高水平人才，有效提升高校的国际竞争力。因此，要利用国家支持留学的有利时机，设立在校研究生交流项目，选拔优秀的研究生到国外高水平大学留学，通过联合培养、攻读博士学位等方式，为高校师资队伍培养高水平国际化人才。

二、围绕学科建设规划好出国留学工作

选派教师出国留学不但能让教师在国际化办学背景中拓宽学术视野，提高竞争能力，而且可以在优化教师队伍结构、形成学科群体优势方面起到积极的作用。为了使高校提高整体学科水平，必须立足人才队伍建设和学科发展，规划出国留学选派工作。

1. 建设学科队伍，确定学科群体优势。21 世纪的竞争关键是人才的竞争，因此高校在未来的发展中能否取得学科上的优势，关键在于能否通过引进人才、培养人才来全力建设好学科队伍，造就一批学术大师和学科带头人，形成能够更好地适应和把握现代学术研究大项目、大协作特点的学术群体，推动学科整体水平的提高。例如，复旦大学为加强薄弱的生态学学科，引进了留学回国的陈家宽教授为生态学学科带头人，并连续引进了一批中青年学术骨干。在"211 工程"学科建设项目中，这一研究群体又整合生命科学、环境科学的相关力量，牵头承担了"生物多样性与区域生态安全"学科建设项目。

2. 重点保证学科带头人的出国研修与国际合作。要建设高水平的大学，提高国际间的竞争力，只有培养一批具有国际水平的学科带头人，才能保证学校在学科发展中占据优势地位，才能保证学校可持续发展。学科带头人由于具有扎实的学科基础、宽阔的学科视野和学术交流范围，能够主导学科的发展方向。高校必须制定相应的计划和措施，大力支持学科带头人出国研修和国际合作，让更多的学科带头人到国外一流大学讲学、研修、合作研究和学术交流，在与国外一流大学的学术合作中不断提高他们的学术研究水平和竞争能力。

3. 鼓励青年教师出国研修。为了追踪学科发展前沿，提高高校青年骨干教师的学术水平和教育教学能力，近年来，国家留学基金委推出了"青年骨干教师出国研修项目"，选派青年骨干教师到国外高水平大学或科研机构从事合作研究等科研活动。青年骨干教师正出于学术研究的上升时期，接受知识快，适应能力强，因此积极鼓励具有较大发展潜力的青年骨干教师到国外高水平大学或科研机构进行研修，开阔青年教师的学术视野，培养他们在学术研究前沿领域展开研究的能力等，对于充实学术梯队和优化学科队伍结构是非常有利的。事实证明，许多新的科研项目是留学回国的高校青年骨干教师开展的，他们回国后开拓了大量新的研究方向，特别是引进新的教学方法与新的教学内容，不仅提高了自身的教学水平，而且推动了学校的学科建设，对其他教师发挥了示范与推动作用，扩大了出国留学的受益面。

4.兼顾学科的发展平衡。学科是高校从事人才培养、科学研究的重要平台，从这个意义而言，学科建设是高校建设的核心。从目前高校留学派出和学成归国人员的学科领域分布来看，存在着明显的不均衡现象。大部分留学基金项目的选派都偏向于应用型学科如计算机、通信、材料科学、能源工程等，给予人文与社会学科、公共课和基础课的资助相对偏少，且主要限制在校际交流的单一渠道内。今后高校要不断进行调整，不但要大力发展应用性学科，同时也要关注人文社科类学科，把社科类学科骨干派出去进行学术交流和合作，不断促进高校基础学科、重点学科、新兴学科等各个学科的协调发展，努力建设多学科、高水平、研究型的世界一流大学。

5.积极探索学术团队派出的新模式。在高校的发展过程中，学术团队的作用日趋显著，根据高层次创造性人才计划中加强"长江学者和创新团队发展计划"的思路，积极探索学术团队派出新模式。也就是为了配置好有限的资源经费，使高校的重点学科得到较快的发展，根据学科建设需要，要有针对性地选择具有良好协作关系和较高科技水平的国外高校和科研机构，按照学科梯队，以学术团队的形式分层次、分年度、有计划地派出教学和科研人员进行定点研究或合作项目开发等，这样一方面可以直接得到国外同行的具体指导和业务帮助，另一方面能更好地在学科领域内深入加强学术交流，开展协作研究，从而扩大学术影响，提高知名度，同时加强了学校学科梯队和团队的建设，极大地强化派出实效。

三、完善工作机制以提高留学服务质量

进一步完善出国留学的管理机制。1.要明确出国留学管理工作的内容和要求，使我国高校出国留学工作不断规范化和制度化。出国留学协议在平等互利的基础上要明确双方的权利与义务，力求能增强留学人员的义务感，提高回归率。此外，对留学人员还可以制定一些操作性强、可量化考核的指标，分配相关的任务，使学校的派出效益真正落到实处。具体管理时要充分尊重派出的留学人员，可以采用灵活多变的管理方式，对因为各种原因违约未归人员，要欢迎他们与学校保持联系，进行学术交流和合作研究，鼓励他们以多种形式为国家作贡献。2.加强联系，做好出国和留学回国人员的跟踪服务工作。为了让公派留学人员能够感受到来自学校的关心，加强与他们之间的联系非常重要。学校要建立出国留学人员跟踪档案，保证对在外留学人员做好跟踪服务工作，通过电子邮件、信函、电话等多种方式与他们保持联系，不断掌握他们的最新情况，及时了解他们的研究动向和生活状况，鼓励他们通过多种途径与国外同行开展合作研究，尽最大努力给予他们关心和照顾，力争为他们创造一个良好的工作和生活环境。3. 建立回国述职制度。为了加强对出国留学人员在国外学习和研究成果的评估，促进留学人员高质量完成赴外留学项目，高校应该针对留学回国人员建立相应的述职制度，要求他们向学校提交在国外从事研究、学习的书面报告，将学习情况及其研究成果向学校作详细汇报。同时组织专家本着公平、公正、公开的原则，通过科学、定量的评价机制予以评价。此外还可以安排留学人员做学术报告和讲座，介绍国外研究的新成果及研究动向。

建立出国留学的有效激励机制。1. 优化科研运作的保障体系。高校要吸引海外高水平人才，必须启动和优化科研运作的保障体系，为留学归国人员创造良好的发展环境。设立高校海外回国人员特殊津贴和科研启动专项资金，博士、博士后奖学金以及各种访问学者基金、客座教授和客座研究员基金，同时积极从多方面创造条件，加强信息基础设施建设，配备科研设施设备，为留学人员在国内工作提供有效的经费及硬件支撑。2. 制定吸引留学人员的优惠政策。高校应不断加大力度，进一步制定和落实各项吸引优秀留学人员的政策措施，提高回国人员的工资和待遇，尤其在薪酬和优先晋升职称方面要积极向高层次人才倾斜。对留学回国人员的配偶工作和子女入学保障以及家庭住房保障等方面也要给予一定的优惠，争取更多的留学人员回到学校的教学与科研第一线工作，从而使他们的聪明才智得到有效发挥。

参考文献

何　斌　2005　香港高等教育国际化现状分析 [J]，《比较教育研究》第 1 期。

李永强、罗　云　2009　师资队伍国际化：建设世界一流大学的关键 [J]，《中国农业教育》第 3 期。

罗　云、李永强、姚　辉　2009　我国高水平大学师资队伍国际化发展分析 [J]，《高等理科教育》第 2 期。

俄罗斯留学评说

李国强

中国政法大学

提　要　笔者以自己在俄罗斯圣彼得堡总领馆任教育领事期间所收集的数据和材料为依据，从一名教育外交人员的视角以及一名大学俄语教师的视角，在对我国留苏、留俄历史回顾的基础上，分析了当今留俄的战略意义。同时，着重对留学生管理，特别是自费留学生管理工作中遇到的突出问题进行归纳和分析，并提出自己的建议，供在俄罗斯的留学生和即将赴俄罗斯留学的学生及其家长参考。

关键词　俄罗斯　战略协作　俄语人才　留学效益

一、苏联留学历史辉煌，俄罗斯留学当今再现新活力

谈到俄罗斯留学，就不能不提起上个世纪留苏（俄）具有代表性的几个时期，笔者认为大致可以分为三个阶段：

第一阶段是上个世纪二三十年代，为了中国民主革命的胜利，一批有理想、有抱负的年轻人来到苏联，来到莫斯科。当时留学主要目的是学习政治和军事。在接受马克思主义理论的同时，学习先进的军事指挥理论。邓小平、杨尚昆、刘伯承、叶剑英、任弼时、王稼祥等政治家和军事家成了这一时期留苏的杰出代表。

第二阶段是新中国成立后，新中国面临百废待兴和西方发达国家实行政治和经济层层封锁的局面。各行各业急需大批懂管理、懂科学技术的专家。在这种大

背景下，我国政府决定派我留学人员赴苏联和东欧学习和掌握建设国家、管理国家的理论和科技知识。因此，机械制造、土木工程、水力发电、采矿冶金、地质勘探等理工专业成了当时中国留苏学生的主流专业。在这个时期，先后选拔出成绩优秀、品质高尚和身体健康的万余名留学生到苏联和东欧留学。在社会主义建设当中很多人成为了各个领域的精英，有的成为了国家领导或政府部门的高级领导人，有的则成为了两院院士或学科带头人。

第三阶段是在六十年代初，两国关系的"蜜月期"宣告结束，中苏经过了三十多年风风雨雨发展历程后，中国又有大批莘莘学子再次踏上了俄罗斯的土地，开始了新时期的求学之路。目前在俄罗斯的留学生大约一万五千人，留学人数是各个时期之最，主要集中在莫斯科、圣彼得堡、叶卡捷琳堡、伊尔库斯克等大中城市。每年政府互换或政府单方奖的国家公派留学生四百名左右。尽管国家公派留学生只占留学人数百分之三左右，但由于是国家留学基金委统一选拔和派出，所以学科门类和专业覆盖较全面，既有理、工、农、医、经济、管理，也有文学、艺术、教育、史学和军事学等。目前在俄罗斯的留学人员主要是自费留学生，占到 95% 左右。在自费留学生当中很大一部分是高中毕业起点的学生，他们可塑性强，并且充满了理想和活力。

二、中俄互为最大邻国，俄罗斯留学意义重大

1. 未来俄罗斯发展空间巨大

俄罗斯横跨欧亚大陆，面积达 1710 万平方公里。俄罗斯石油出口量位居世界第二，已探明天然气储量稳居世界第一。驰骋在连接欧亚大陆贝阿铁路线上的火车，连续飞奔几天都无法把西伯利亚广袤的原始森林甩在身后。正如俄罗斯国歌歌词所描述的那样："从南海到北江，到处都遍布着辽阔的森林和原野。你举世无双。你是上苍保佑的沃土！"自然资源如此丰富，俄罗斯人口却只有我国的十分之一，不难想象人均资源占有量是我国的多少倍！俄罗斯人文素质之高也是世界公认的。在其历史上，像门捷列夫、巴甫洛夫、托尔斯泰、柴可夫斯基这样对人类历史文明作出重要贡献的科学泰斗、文学巨匠和艺术大师层出不穷。当代的俄罗斯尽管经历了苏联解体的社会变迁，但目前科技和教育水平仍然处于世界

领先的地位。

笔者认为，如果说俄罗斯现在是经过阵痛后的韬光养晦，那么在可预见的未来，俄罗斯无论是政治、军事，还是经济、文化，都势必再次成为引领世界的强国之一。

2. 战略协作伙伴——俄罗斯

中俄两国拥有 4300 多公里的边境线，是山水相连的友好邻邦。两国于 1996 年确立了"战略协作伙伴关系"，在国际舞台保持密切协调，对国际和地区一系列问题有着广泛的共识，在涉及核心利益问题上相互理解，相互支持。继中俄互办"国家年"，2009 年又在中国举办"俄语年"，2010 年在俄罗斯举办"汉语年"活动。

在经贸领域，除发生全球金融风暴的 2009 年，两国贸易额一直呈现强劲的上升势头（见表 1）。2005 年两国领导人提出的"2010 年两国贸易额达到 600 亿到 800 亿美元"的目标是可以实现的。目前中国是俄罗斯第三大贸易伙伴，而俄罗斯是中国的第七大贸易伙伴。

表 1　2003—2008 年中俄双边贸易额

	双边贸易额（美元）	比上年增幅
2003 年	157.6 亿	32.1%
2004 年	212 亿	34%
2005 年	291 亿	37%
2006 年	334 亿	14.7%
2007 年	480 亿	43.7%
2008 年	568 亿	18.3%

能源合作是中俄双边合作中最重要的领域之一。两国于 2008 年建立中俄能源对话机制。令人瞩目的中俄石油管道终于在 2009 年 4 月开始了俄罗斯段的工程建设。

3．我国俄语人才培养状况

首先，我们来看一下在中学阶段俄语教学状况。"1999年中学俄语教材的总印数约为四十八万册，2001年骤降为十五万册，2004年6月已锐减至五万册。1999年全国初中、高中俄语教师共计3164人，2008年全国中学俄语教师已不足七百人。"（马步宁、武晓霞，2010）而这种下滑的趋势并没有得到遏制，除黑龙江省以外，吉林、辽宁、内蒙、新疆、山东、河北等这些在中学阶段传统开设俄语的省份，中学学习俄语的人数已寥寥无几。

在大学阶段，全国开设俄语专业的院校共有八十余所，在校俄语专业的学生大约一万人左右。如果说俄语专业的开设状况还算正常的话，但由于中学学习俄语的生源日渐枯竭，大学公共俄语教学已经存在着严重的危机。我校最近连续几年，每年招收的两千名本科生中，只有一两名学生外语是俄语，北京地区高校基本都面临与我校同样的情况。北大、清华、人大等很多高校相继中断了大学公共俄语的教学工作。

大学俄语教学工作的现状，意味着既懂专业又懂俄语的人才将更加匮乏。下面的例证就充分说明了这一点。我国在海外最大公用投资项目和圣彼得堡最大利用外资项目——"波罗的海明珠"综合社区，预计投资超过十三亿美元，在圣彼得堡立项时，需要若干懂俄语的律师事务所。上海和北京很多知名涉外律师事务所都难以找到合适人选，最终只能靠俄罗斯的律师完成相关工作。这不能不说是一个很大的遗憾！

鉴于上述俄罗斯的发展潜力和两国战略协作伙伴关系，在两国交往的各个领域都将需要大量俄语人才，特别是既懂俄语又懂专业的复合型人才。但我国目前俄语人才的培养状况却令人堪忧。而国内俄语人才培养状况难以在短时间内有大的改变，留学俄罗斯更加凸显其战略意义。

三、了解当代留学特点，提高俄罗斯留学效益

"留学"在不同时期有着不同的内涵，最初"留学"是为了接受马列主义的启蒙，探索马列主义的真谛，使自己成为一个真正的马克思主义者。上世纪五十年代建国初期，"留学"则是要全方位向"苏联老大哥"学习建设新中国的理论

和知识。新时期赴俄罗斯"留学"，除了学习俄罗斯先进的科技、优秀的文化，同时也是弥补我国高等教育的不足。我国近几年每年参加高考的学生都有千万之众，能顺利进入大学学习的五六百万左右。那些无法进入大学继续学习的，或者没能进入理想的大学、理想的专业的，出国留学就成为其中有一定经济实力的家庭的选择。

除留学目的有所不同，新时期赴俄罗斯留学与五十年代留苏另外一个不同是：当时是政府行为，所有留学生都是公派，有着严密的计划和很明确的目的；而现在占绝大多数的自费留学则有着较大的随机性和盲目性。在这种情况下，帮助准备赴俄留学的学生及其家长客观地了解俄罗斯留学的优势和存在的问题，从而作出更加理性的选择和必要的准备有着现实的意义。此外，在俄罗斯的留学人员已经达到一万五千人之众，对于他们"学什么"和"怎样学"，我们同样应该进行深入探讨。

以下我们就从目前普遍存在的问题入手，探寻提高留学效益的途径。

1. 俄语水平较低是制约提高留学效益的最大瓶颈

（1）无俄语基础赴俄留学

目前赴俄罗斯高校留学无需语言成绩，这是与到其他国家留学的最大区别。加之学费较其他国家低廉，是吸引大批留学生赴俄罗斯留学的重要原因。可是从一走出国门，面对边检、警察、宿舍管理员大串大串的俄语，我们留学生顿然就如断线的风筝变得那样无助，只有采取"破财免灾"的办法去解决。一些俄罗斯的警察还常常向我使领馆工作人员抱怨，"你们中国学生报警连自己所在的位置都说不清楚！"这些生活问题还好解决，可是一年的预科结束以后，进入专业阶段学习的时候，绝大多数的学生根本无法听懂所学的专业课程。他们只好一方面自学从国内带来的专业书籍，另一方面还要靠俄罗斯同学的笔记，这样才能应付考试。从留学生当中曾听到一种说法很具说服力："我们用汉语没能考上大学，现在要用另外一种完全不懂的语言读完大学，谈何容易！"很多留学生都表示："不是我们不想去上课，而是去了也听不懂。"

早在1951年，时任国家副主席的林伯渠在考察了第一批留苏学生的学习和生活状况后，向周恩来总理建议：以后再派学生去苏联，须先在国内进行预备教育六个月或多些时间。（李滔，2005）周总理指示成立留苏预备学校，即后来的"留苏预备部"。此后，准备派往苏联的留学人员都需要在"留苏预备部"学习一年，在提高政治素质的同时，主要加强了俄语的培训。

当今赴俄学子如果没有语言基础，又没有足够的心理准备，可以想象，习惯了父母全方位呵护的独生子女，在异国他乡的生活、学业、心理会承受多大的压力。所以，赴俄罗斯留学前在国内进行一年或更长时间的俄语学习至关重要。

（2）没有充分利用国内无法提供的语言环境

我国在俄罗斯的留学生主要集中在几所知名大学里。在莫斯科留学的中国学生大约有七八千人，而在莫斯科国立大学的中国留学生就达到三千人，这在其他国家是绝无仅有的。在圣彼得堡大学、友谊大学、莫斯科师大、圣彼得堡（加里宁）理工大学等高校，每个学校也都有几百之众。俄罗斯各高校为便于管理，把中国留学生的住宿安排在相对集中的区域。此外，由于很多留学生在出国前没有俄语基础，所以来到俄罗斯，无论遇到什么问题都显得茫然无措，他们第一反应就是找中国的师兄师姐帮忙。各种因素造成中国留学生扎堆现象严重。而这种扎堆想象严重影响了他们俄语水平的提高。出国留学拥有国内不能提供的最大的一个资源就是语言环境，可是由于"扎堆"而白白浪费。很多在俄罗斯学习了四五年的留学生，无法胜任翻译工作。在俄罗斯留学人员当中，无论是学习、生活、交往，甚至打工，感到游刃有余的，无一例外都是俄语水平较高的。

能否真正融入到俄罗斯同学当中，能否真正融入到俄罗斯人生活当中，决定着俄语水平能否提高，决定着留学俄罗斯的成败！

2. 专业的选择较为集中，忽略优势专业

留学的精髓在于学习国外较本国先进的知识和文化。如果在国外学习国内都可以学到的知识，留学效益无疑大打折扣。让人费解的是，有些到俄罗斯留学的留学生选择了英语专业。他们的理由是到俄罗斯留学，俄语自然是可以掌握的，再学习一门世界通用的英语，日后更容易成为国际化的人才。但事实告诉我们，把俄语当专业来学，本科毕业时都很难成为一名合格的俄语翻译。尽管选择英语专业的人数很少，但也反映出家长和学生在选择专业时缺乏理性的认识。

圣彼得堡的中国留学生数量保持在四千左右，笔者曾对圣彼得堡总领事馆教

育组注册的自费留学生登记表作过粗略统计，其中，选择经济和管理类专业的多达30%，选择计算机类专业的占22%。在与留学生的交流中了解到，之所以选择这些专业的一个重要理由是这些专业比较容易通过。而圣彼得堡市高校的优势学科和专业，如美术、音乐、自动化、船舶制造、医学、精密仪器等，并没有吸引中国最大的留学生群体。就笔者了解的情况，留学回国有较大发展空间的还是学习俄罗斯优势专业的留学生，这里不妨列举两个较为成功的留学范例：张妮在圣彼得堡音乐学院自费留学6年，学习声乐，回国后在参加全国青歌赛的比赛中获得美声唱法第二名；在列宾美术学院自费留学6年学习雕塑的李富军，获"国家优秀自费留学生奖学金"。

3. 缺乏自我约束，本科阶段留学生知识基础薄弱

目前高中毕业赴俄罗斯留学的超过70%，他们刚刚经历了国内老师和家长"严加管束"的中学，来到自由开放的俄罗斯大学，很多人很容易迷失方向。没有人督促看书，没有人督促睡觉，甚至没有人知道是否旷课。在异国他乡缺少了家人的呵护、朋友间的交流，谈恋爱自然而然就成为了感情的依托，同居现象普遍。不少留学生夜里上网玩电脑，白天宿舍睡懒觉。加之语言障碍，本科阶段的留学生读俄文原文书的数量之少是个无法回避的严重问题。部分留学生的考试只有靠贿赂老师才能通过。

在圣彼得堡每年持"学习"签证新入境的中国人有一千人左右，其中90%以上的留学人员是为了攻读学位，另外不足10%是短期进修。而每年取得学位（含副博士、硕士和学士）开《留学回国人员证明》的只有六百人左右。不难看出，不能取得学位的超过30%。缺乏自我约束能力、基础知识薄弱是导致不能获取学位的直接原因。

一个人专业知识基础和专业知识结构的形成，本科阶段的学习起着至关重要的作用。换言之，要想事业有所作为，离开本科阶段所学的专业是比较困难的。到俄罗斯攻读本科学位，需要五六年的时间，对于每一个正值青春年华的留学人员来讲，这都是人生当中极其珍贵的一个阶段。

综上所述，只有理性地设计留学计划，科学地安排留学期间的学习和生活，有效地规避留学期间的误区，有机地结合中国文化和俄罗斯文化，才能将自己塑造成为一个国际化的人才，才能成为中俄两国交流的桥梁和使者。

参考文献

李　滔　2005　《中华流血教育史录（1949 年以后）》，高等教育出版社。

马步宁、武晓霞　2010　《全国大学俄语教学情况调查》，www.lwrx.cn/lwzx/f/201001/
　　　　217641.html 2010-1-28。

智　仁　2007　《千年俄罗斯的世纪轮回》，中国友谊出版公司。

邱莉莉　2002　《透视莫斯科》，中国城市出版社。

高等教育国际化背景下
高校管理人员公派出国进修的必要性探究

褚洪生[1]   邵佳妮[2]

[1] 对外经济贸易大学人事处   [2] 对外经济贸易大学国际学院

提　要　高等教育国际化已经成为当前高等教育的发展趋势，教师公派出国研修项目、学生出国进修、攻读学位和联合培养项目以及各类国际学术合作交流项目是高等教育国际化进程中的主要工作环节。然而高等教育国际化工作的另一组成要素——管理队伍的国际化成为一项被忽视的工作。本文主要分析了高校管理人员公派出国进修的必要性，并从操作层面提出了建议。

关键词　管理人员　公派出国　必要性

随着经济全球化进程的加快，高等教育国际化是当前高等教育重要的发展趋势，受到世界各国的普遍重视。目前，对高等教育国际化概念和内涵的界定林林总总，但是高等教育国际化的要素，即办学观念的国际化、教师队伍和管理队伍的国际化、研究的国际化和学生的国际化已经得到普遍认同。目前，国内各高校为顺应国际化的发展趋势，均确立了面向世界的发展目标。强化教师的国际交流和教师成果的国际影响，着力提高教师队伍的国际化构成，积极吸引国际学生并推荐本国学生出国留学等已经成为各高校推进国际化进程的重要工作环节。但是作为高等教育国际化要素之一的管理队伍的国际化工作却处在被忽视的角落。因此，在高等教育国际化的背景下，积极推进高校管理人员出国进修显得尤为必要。

一、高校管理人员公派出国进修工作的背景

高等教育国际化是经济全球化、一体化的必然结果。高校在承担人才培养、科学研究和社会服务三大基本职能外，还要在国际交流中承担越来越多的责任。不仅如此，高等教育的国际化趋势使国内高校更积极地推动学校管理模式的改革和发展，以期尽快地与国际接轨。在高等教育国际化建设进程中，可以发现国内高校与国外一流大学的差距不仅表现在学术水平、科研创新、人才培养和融资能力等方面，还表现在学校的运行机制的建立、各项制度和激励机制的制定、专业化素质高的教职员工的培养等诸多方面。因此，在大力推进教师公派出国进修项目、学生公派出国攻读学位项目和联合培养项目的同时，有必要大力推进高校管理人员公派出国进修工作。

二、高校管理人员公派出国进修工作的必要性分析

2.1 师资队伍的国际化要求高校管理人员具备国际化的管理水平

改革开放以来，特别是中共中央出台《关于实施海外高层次人才引进计划的意见》等相关文件以来，我国的引智工作无论在规模、类型还是层次上都有了惊人的发展，大量外籍专家和海外留学归国人员进入高校师资队伍中。外籍专家和海外留学归国人员对国内高校的运行机制、时空概念以及风俗习惯等方面均存在"水土不服"的现象，比如，一些教师在课程计划的设置方面不能适应国内各项制度的要求，研究方面不能适应国内高校的评价机制等。服务管理对象的变化给高校管理人员的工作带来了挑战。为提升服务质量，高校管理人员必须具备国际化的管理水平。而提高国际化管理水平的最佳途径就是让高校管理人员亲身到国外院校去体验多元化的高校运行机制和高校文化。跨文化管理经验的引入将对国内高校的管理理念、管理风格和决策方式产生积极影响。

2.2 高校管理人员出国进修将有助于国内高校与世界各国高校进行更深层次的交流和合作，拓宽合作渠道

在知识经济时代，高等教育国际化应该在更大范围和更深程度上得到拓展，这其中就包含新的国际合作领域的开拓和合作模式的探索等。早在 2004 年在北京举行的第二届中外大学校长论坛上，法国东方语言学院副院长阿尔伯特就曾呼吁，高等教育的合作与交流不应被看成是一种知识的全球化，不仅仅局限于一般意义上的中外高校间的教学科研的学术交流活动，而应该有不同管理模式之间以及不同文明和文化间的沟通交往。通过这种沟通和交往，管理人员从工作层面可以整合优质资源，开拓中外教育合作交流的新领域，发现更多合作机会，探索多种合作模式，这些将为教学科研的学术交流活动搭建更加广阔的平台。

2.3 借鉴和吸收国外高校的先进经验，将有助于解决国内高校内部管理机制中存在的问题

目前，不少高校内部管理机制中存在的问题在一定程度上制约了本校优势的发挥和核心竞争力的提升。学校管理中存在的问题将严重制约学校未来的发展。虽然一些问题的解决有赖于外部政策和社会环境的支持，但是在学校内部的教学管理、科研管理、师资管理和学生管理等方面营造一个机制顺畅的软环境，将有可能使学校在发展竞争中取得先机。国内一些高校与国外著名院校在管理层面的交流与合作取得的成绩告诉我们：通过选派优秀管理人员到国外著名院校进修学习，借鉴和吸收他们的先进经验，将在提升整体办学水平上有很重要的积极作用。另外，与国外高校相比，国内高校在管理体制改革方面往往战略上的理论研究较多，而在战术上可操作性的改革举措较少。通过学习国外著名院校在学科建设、队伍建设和人才培养等方面实际操作中的先进工作方法和工作经验，将会使我们与世界一流大学走得更近。此外，学习、借鉴、交流、合作的过程，并非单一的趋同和合一，管理人员利用自身的工作经验和国内环境，可以进一步发展所学内容，健全本校的管理机制。

2.4 出国进修工作的实施将会拓宽高校管理人员的培训渠道，可以调动管理人员的积极性、主动性和创造性

激励能调动人的积极性、主动性和创造性，实行激励是科学管理不可缺少的

手段之一。综合型积极理论表明，个体在物质需要满足后又会产生新的动机，寻求更高的发展需要，因而个体发展及个体能力的提升又被激发。随着高校国际化进程的加快，高校管理人员现有的知识层面逐渐不能适应高校快速发展的步伐。为了建立一支高素质的管理团队，必须提高管理队伍建设的高度，加大进修培训力度。在高校深化国际化的背景下，更应该增加高校管理人员出国进修的机会，开阔国际视野，进而发挥管理队伍在高校发展中的作用。

三、高校管理人员公派出国进修工作的实施路径

对于在国际化进程中的高校而言，公派管理人员出国进修是需要认真研究的战略抉择。高校应该更加自觉地面向世界，具有海纳百川的宽阔胸怀，实施管理人员国际化战略，这对全面深化学校的国际化进程、多渠道开拓国际合作与交流项目的资助来源、有效提升学校的国际竞争力都有很重要的作用。

3.1 进一步推进高校管理人员公派出国进修工作进程

目前，由国家留学基金管理委员会资助的项目中，西部项目下的高等教育行政管理人员出国研修项目，作为提高高校管理水平、提高行政管理人员的专业素质的专项项目，自开展以来取得了很好的效果。但是，此项目在选派范围、选派规模和派出时间上都有很多的限制。我们应该克服传统的保守思想和观念的限制，拓宽视野，认识高校管理人员公派出国进修的必要性，进一步拓宽高校管理人员的选派范围，扩大选派规模，进一步推进高校管理人员公派出国进修的工作进程。

3.2 各高校加强管理人员国际合作与交流

教育国际化的根本，就是要充分利用国际教育资源以及向外国开放的本国教育资源，促进教育的发展。充分利用国际教育资源，不仅仅是加强国际学术交流、加强教师间的国际交流和加强学生间的国际交流，加强管理人员的国际合作与交流在当前也是势在必行。高校应该以一种积极、开放的心态面对管理人员的国际交流与合作，充分开拓资源，在与国外高校推进学术合作交流的同时，加强管理人员的合作交流，以深化高校的国际化进程。

参考文献

陈昌贵、曾满超、文东茅、翁丽霞、于　展　2009　中国研究型大学国际化调查及评估指标构建,《北京大学教育评论》第 4 期。

杜　林　2008　从提高高校教师国际化水平谈出国留学工作,《湖北民族学院学报（哲学社会科学版）》第 2 期。

梁　莉、丰镇平　2007　面向未来,推进中国高校国际化进程,载中国高等教育学会引进国外智力工作分会编《大学国际化理论与实践》,北京大学出版社。

唐亚厉　2009　谈适应教师专业化趋势的高校师资培训,《继续教育研究》第 3 期。

王树国　2009　大学的社会责任和科学发展,《国家教育行政学院学报》第 12 期。

徐玲玲　2008　德国高等教育改革及其启示,《华北电力大学学报（社会科学版）》第 3 期。

杨　宾、庞海芍　2007　加拿大的高等教育及其启示,《北京理工大学学报（社会科学版）》第 S1 期。

杨福玲、刘金兰、蔡晓军　2009　大学发展的国际化辨析,《天津大学学报（社会科学版）》第 6 期。

姚　玲　2007　试论大学国际化进程中的跨文化管理,载中国高等教育学会引进国外智力工作分会编《大学国际化理论与实践》,北京大学出版社。

高校教师留学新形势及其对策 *

——以北京大学为例

唐爱国　　李　珊　　尹海云　　刘　波

北京大学人事部

提　要　本文以北京大学为例，分析了改革开放以来高校教师长期留
学发展的三个历史阶段和近十年教师长期留学持续快速下降
的趋势，并从内在动机减弱、管理体制落后和实际收入下降
等方面分析了导致这种现象的原因，最后提出加快建立具有
中国特色的学术假制度、支持高校国际化发展战略、调整出
国留学政策规定等对策建议。

关键词　高校教师　留学　新形势　对策

　　高校教师出国留学人员是我国出国留学人员中的一个重要组成部分，出国留学对我国高校师资队伍建设具有重要的作用。目前，关于学生自费出国和国家公派出国的研究较多，而关于高校教师出国的研究较少。本文将以北京大学为例，分析改革开放以来高校教师出国留学的历史和近年来发展的新形势，探讨其发展变化的原因及其应对策略。

*　本文得到北京大学国际高等教育研究中心承担的教育部课题"中国建设世界一流大学国际化战略研究"的子课题"高校教师留学与师资队伍国际化研究"的支持。

一、高校教师留学出现的新形势

作为我国高等学校第一梯队成员和对外学术交流最活跃的高校，北京大学教师的出国留学工作在我国具有一定的代表性，也具有相当明显的特殊性。近十年来，我国经济社会发展和对外开放程度明显加快，高校教师出国留学出现了比较明显的变化，北京大学教师出国留学工作的新变化则表现得更加突出，这种变化和发展趋势或许对其他高校今后一些年的教师出国留学工作的发展趋势具有一定的参考和指导意义。

1.1 改革开放以来北大教师留学经历的三个阶段

改革开放 30 年来，我国留学事业经历了三个阶段。第一个阶段是从 1978 年到 1985 年，这一阶段以 1978 年 6 月 23 日邓小平同志在听取教育部工作汇报时，发表关于扩大派遣留学生的重要讲话为标志（章新胜，2008）。这是改革开放初期，我国留学事业起步和快速发展时期；第二个阶段是 1986—1999 年，以 1986 年 12 月 13 日国务院批转由国家教委起草的《关于出国留学人员工作的若干暂行规定》为标志。这是我国留学事业逐步规范并走向稳定发展的时期；第三阶段是从 2000 年至今，以 1999 年我国高校"985 工程"的启动为标志（长期出国留学通常是第一年选拔，第二年才派出，因此政策调整的实际影响可能滞后一年），这是我国留学事业发展从快速发展走向结构调整的全新时期。

我国高校教师的留学历史与全国留学事业的发展密切相关，下页图 1 是 32 年来，北京大学教师半年以上的出国留学派出人数和回国人数的变化趋势。从图 1 中可以看出北大长期公派留学回国人数变化趋势和出国留学派出人数变化趋势基本一致。由于高校教师出国留学多数只有一年左右的期限，下一年大多都回来，因此回国人数的变化通常比出国人数的变化滞后一年左右。从图上还可以看出，北大教师长期留学回国人数比和出国人数相当，只是略微少一些，总体回归率达到 84.2%。

从图中可以看出，在改革开放初期，北大教师长期留学派出人数从零开始增长，1977 年只有 2 人，到 1985 年时达到历史最高峰，当年派出 182 人。从图中可以看出 1985 年显然出现一个异常的增长，这是由于当年北大利用世界银行贷款，公派留学派出人数因此突然增加了 54 人。从 1986 年开始，北大教师长期留学派出人数进入相对稳定、在小幅波动中缓慢增长的时期，从 1986 年的 124 人逐步增长到 1998 年 165 人，到 2000 年还有 162 人，其中 1996 年曾经历了一次明显的低谷，这可能和 1996 年国家留学基金管理委员会成立后对国家公派留学管理实行的改革措施有关。

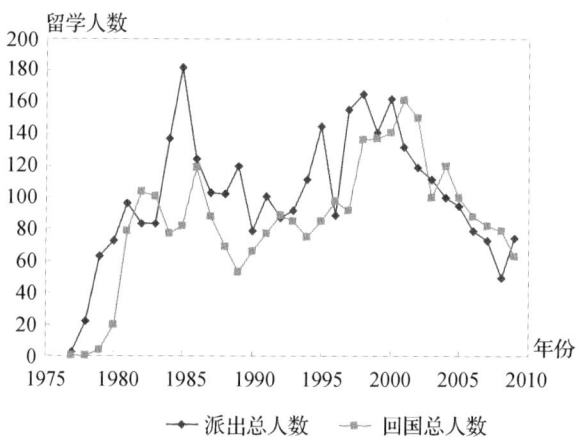

图 1　北京大学教师长期出国留学与回国人数变化趋势图

1.2 改革开放头二十年北大教师留学的结构分析

为了分析改革开放头二十年北大教师长期出国留学派出人数结构特征，我们将六种主要留学类型的派出人数制作成图 2。从图 2 中可以看出，在改革开放初期，国家公派进修曾经出现过两个高峰。国家公派进修的第一个高峰是 1978—1981 年，这时国门刚刚打开，国家留学政策快速启动，其他各种出国留学渠道尚未开始或刚刚起步，因此在这段时间国家公派进修占绝对主导地位。国家公派进修的第二个高峰出现在 1984 年和 1985 年，但这个高峰主要是由于北大启动世界银行贷款项目引起的，由于该项目的还款主要来源于国家拨款和中央政府补贴，且项目持续时间不长，为简化起见，我们将其归在国家公派进修中。

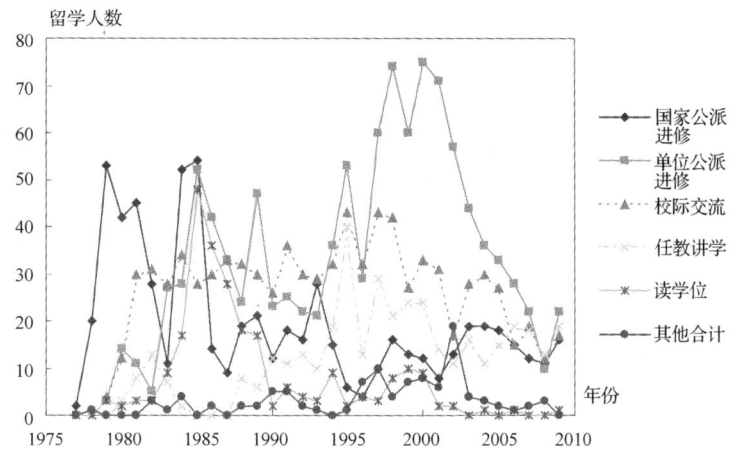

图2　北京大学教师长期出国留学各种派出类别结构变化图

从国门打开之后不久，北大教师通过校际交流和单位公派进修（合作研究）的渠道出国留学的人数就跟了上来，到1982年，校际交流人数就超过了国家公派进修人数，到1985年单位公派进修人数超过了校际交流人数和一般的国家公派进修人数。这一时期，公派出国读学位（包括国家公派和单位公派读学位）的教师人数也迅速增长，这反映了改革开放初期，我国高校教师学历水平总体偏低，通过公派教师出国读博士学位来加速提高我国高校教师学历水平的迫切需求。

从1986年的第二阶段开始至今的绝大多数年份，单位公派进修和校际交流一直是北大教师长期出国留学的主要渠道，国家公派进修退居第三。除1996年外，从1995年到2000年，出国任教或讲学（包括国家公派和单位公派）的人数也超过国家公派进修人数，并保持在比较高的水平，这一现象体现了国际上对汉语教育需求的增长。从2001开始国家公派进修和出国任教人数基本上在第三和第四位上交错变化，但单位公派进修和校际交流的主导地位保持不变，尤其是单位公派进修在90年代中期以来一直保持遥遥领先的地位。从80年代初期开始一直到现在，校际交流人数尽管有些波动，但总体上保持大致稳定的态势，这是由于校际交流根据高校之间的书面协议进行的，这些协议一旦签订就可以保持长期稳定，受其他政策因素的干扰较小。

1.3 近十年来北大教师留学的新形势

从图 1 中可以看出，从 2001 年开始，北大教师长期出国留学人数呈现出快速下降趋势，这与前二十多年高校教师长期留学快速增长的第一阶段和保持基本不变的第二阶段形成了鲜明的对比，说明我国高校教师留学已经开始进入逐步减少的全新时期。北大教师长期出国留学人数从 1999 年的 162 人高峰值，连续十年，几乎是义无反顾地年年下滑，2008 年与 2007 年相比下降速度还在加快。到 2008 年北大长期出国留学人数只剩 49 人了，不足 1999 年的三分之一。从图 1 中可以看出，除 2003 年特别外，从 2001 年到 2008 年其他各年份北大教师长期留学的回国人数一直多于当年的派出人数，说明高校公派留学工作这段时期已处于以回流为主的总体格局之中。不过，从截至 2009 年 9 月中旬的统计数据看，2009 年北大教师长期留学的派出人数似乎出现了回升的迹象，派出人数与回归人数已经十分接近。这说明在经历了长达十年的持续下降之后，北大教师长期留学可能正在走向派出人数和回流人数基本均衡的状态，是否真的如此，我们还将进一步观察。

从分类结构上看，2000 年以来，北大教师单位公派进修、校际交流这两种主要留学类型的派出人数都急剧下降；国家公派进修人数从 2005 年之后也出现下滑趋势，但下降速度比较平缓；出国任教讲学人员在 2006 和 2007 年则出现一个高峰期，这是由于前几年在国外孔子学院发展速度加快的缘故；公派出国读学位的人数在 2001 年以后已经很少，几乎可以忽略不计。因此，近十年来北大教师长期留学人数快速下降主要是单位公派进修、校际交流和国家公派进修这三种留学类型的派出人数下降造成的。

二、高校教师留学人数下降的原因分析

上述研究表明，北大教师长期出国留学近十年来出现了大幅下降的现象，据同行反映，不少"985"高校教师出国留学工作近年也出现了同样的情况。深入分析这种现象的原因有利于我们对症下药地提出对策。

2.1 高校教师留学的内在动机减弱

高校教师长期留学中的校际交流、国家公派进修、公派读学位等三种留学方式主要源于学习提高动机。学习提高动机下降是因为自"985工程"实施以后，高校教师的学历水平已经明显提高，几乎北大新进教师都具有博士学位，其中相当大的部分具有海外博士学位。即便是"土"博士，他们大多在学生阶段或任教几年后已通过各种渠道获得海外留学的经历。因此对大多数高校教师来说，以进修学习为目的的留学已经没有多大意义。另外，国内学位教育的快速发展使高校教师出国读学位的需求大大下降，北大自从1997年开始就要求那些要求自费出国读学位（特殊学科除外）的人员先辞职，学成回国后再优先录用。

高校教师单位公派留学主要源于合作研究动机。由于绝大多数单位公派留学都是教师自己争取到的国外资助，而能够获得国外资助的教师必定是被国外看中其学术能力，而高校教师之所以接受国外资助去留学主要是看中对方的研究条件和学术环境，因此其留学本质上主要是合作研究。合作研究动机下降主要源于国内研究条件和学术环境的大幅改善。改革开放以来，我国经济实力大大增强，特别是在"211工程"和"985工程"的支持下，我国高校在图书资料、实验设备和研究场所等方面的研究条件已经大大改善，许多学科国内外研究条件已经非常接近。国际互联网使得学术资料和信息可以跨越国界并快速便捷地传递，这种便利对于不需要太多硬件条件的人文社会科学研究的发展尤其显著。曾几何时，许多出国留学人员在国外节衣缩食，花大量的经费复印各种论文和研究资料，回国时都带几大箱资料，现在这种现象已一去不复返了。另外，国内的学术氛围越来越宽松，学科发展、研究人员数量和学术水平的提高大大改善了国内的学术环境，更多的研究人员在国内就能找到合适的合作伙伴和有共同研究兴趣的同行。同时这些年多数西方发达国家经济发展迟缓，失业增加，愿意花钱资助我国高校教师出国留学的能力减弱。海外留学人员回国潮的出现正是国内外发展机会变化的真实体现。

2.2 留学管理体制落后

首先是高校岗位管理的强化增加了教师出国留学的时间成本，提高了出国留学的就业风险。从1999年开始，全国大多数高校借助岗位津贴制度的实施，迅速强化了岗位管理，高校教师的岗位编制相应减少，科研压力明显增加。同时，全国高校大规模扩招，高校教师的教学工作量大大提高。由于岗位紧张，各院系普遍加强了对出国留学的控制。教师出国留学期间其原有的工作被人替代，回国时自己可能就没有工作了，说得更严重一点，高校教师出国就意味着下岗失业。在这种情况下，谁敢随便出国留学？

其次，我国的一些出国留学管理政策和制度已经不适应新形势下的留学工作发展需要。比如国家公派留学的申请、签约、担保、押金、公证、派出等一系列手续太烦琐；一些申请条件要求过于死板，比如外语要求所指定的几个外语资格太狭窄，坚持 WSK、托福、雅思等证书只能在两年的有效期内才算合格。现在高校教师大多具有博士学位，外语水平大多完全能适应国外生活和学术交流的需要，他们教学科研工作都忙不过来，不可能每隔两年就去考一个外语资格证书。另外，一些项目选拔限制范围太窄，要求条件太严格，如香港的太古项目仅限于北大或复旦毕业的、年龄不超过 35 岁的教师，该项目在北大已经连续几年没有人报名了。

2.3 实际收入下降

首先，经过改革开放 30 多年来国内经济的快速发展，高校教师的经济收入已经显著增加。对多数高校教师来说，出国留学不仅意味着生活水平降低，还意味着夫妻两地分居、孩子没人照顾等一系列问题。其次，国外提供的资助标准长期保持低水平不变，国家公派资助标准也一直很低。西方发达国家提供的资助大多仅仅够维持个人在国外简单生存的水平。比如北大的校际交流项目大多是在80 年代初签订的协议，本来就是按照国外学生生活费的标准来交换北大的教师，现在 30 年过去了，北大教师的收入比 80 年代初已经增长了几十以至上百倍，而国外的资助标准至今基本没有变化。近年来，愿意接受国家公派任务赴海外任教的教师也越来越少。第三，我国多数高校目前对出国留学采取停发岗位津贴甚至全部工资的管理办法使得留学人员的实际收入明显减少。由于外方提供的资助在国外基本花完，多数还要自负国际旅费，国内减少的收入对留学人员来说就是收入的绝对减少，这很可能造成家人生活困难。第四，人民币升值使得依靠国外资助的单位公派和校际交流留学在经济收入方面的损失加剧。多种迹象和经济发展规律表明，人民币已经进入中长期的升值过程（陈伟杰，2007），未来人民币升值幅度还可能进一步扩大，因此人民币升值对高校教师留学的负面影响还将进一步加剧。另外，全球金融危机使国外支持我国人员出国留学的能力减小，海外就业环境进一步恶化，国外资助来源和资助强度也相应减少。

三、应对高校教师留学新形势的对策建议

北大等高校近十年来发生的教师长期留学持续下降的问题一直没有引起国家和有关高校的重视。如果长此以往，必定会影响高校师资队伍建设，推延我国高校建设世界一流大学或高水平大学的步伐。由于国民收入增长、教育水平和生活水平提高、人民币升值等降低高校教师长期留学积极性的发展趋势不会改变，还可能进一步加强，控制和扭转高校教师长期留学持续下降的趋势就需要从管理体制上面下功夫。

3.1 加快建立具有中国特色的学术假制度

从前面的分析我们知道，在高校强化岗位管理的情况下，长期留学就可能意味着下岗失业，教师们没有时间也不敢长期出国留学。为了解决这一矛盾，解除教师们的后顾之忧，高校应尽快建立起有中国特色的学术假制度。

学术假（Sabbatical Leaves）制度是发达国家高校普遍实行的一种允许教学科研人员每隔几年就可以获得一段长时间的带薪休假特权的制度。比如《加州大学学术人事手册》规定："经校长批准，各类级别的教授、副教授、助理教授、合作专家、顾问及农学家可以获得学术假制度规定的特权，在假期之后，必须返回本校学术岗位上履行一定的服务期；……授予学术假是为了使接受者能从事集中的科研项目，从而成为更有效的教师和学者，提高他们在本校的服务。……正规学术假可以脱离全部常规的职责，按规定薪水的不同比例发给薪水从而使其能全时地投入其研究工作；驻校学术假只需每周讲授三小时的课程，就可以免除其他任何工作义务。……在不影响教学计划和本校其他重要工作情况下，学术假通常将被批准，而且校长可以批准规定标准之外的例外情况"。归纳起来，学术假制度通行的规则包括带薪休假、脱岗免责、合格批准、返校义务等。因此，高校一旦建立并实施了带薪的学术假制度，其教师就可以利用学术假出国留学了，由于休学术假之后有返校服务的义务，因此他们也不必再有回国后就可能下岗失业

的后顾之忧。

尽管学术假是一项在国际高校中通行的制度，但是考虑到我国现阶段的实际情况，我国高校制定学术假至少具有这几方面的特色：（1）假期可能比国际通行的学术假长，国际上通常要连续工作四年半才有半年的学术假，我国高校教师留学的期限通常在一年左右，因此半年的学术假很可能不够用；（2）学术假的周期和频率可能也不同，可能更灵活；（3）西方高校规定教师在休学术假期间不能接受有报酬的聘用，这一点就不符合中国高校当前的实际；（4）公派海外承担汉语教学任务的教师也不能适用学术假制度的规定，因为这不符合脱岗免责的规则；（5）有关学术假期间的待遇、考核等各种具体管理规定也需要适合当前中国高校现实的规定；（6）不同高校和学科之间的学术假制度也可能差别较大。

建立学术假制度是一项系统工程，它不仅关系到长期留学管理和留学人员的待遇，还关系到高校的人员规划编制、聘任考核、财务预算等多方面的制度。因此建立学术假制度必须有充分的前期调查研究，通盘考虑各种相关的制度配套衔接。北大在 2000 年曾经考虑试行学术假制度，但由于条件不成熟至今并没有全面推行。经过多年的改革和实践，北大多数教师脑海中已经具有了比较明确的学术假概念，一些院系已经在内部探索试行学术假制度多年，也积累了一定的经验。

3.2 支持高校国际化发展战略，调整出国留学有关政策规定

为了扭转高校教师出国留学快速下降的趋势，促进我国留学事业持续健康发展，现有的一些不适应甚至阻碍留学事业发展的政策措施需要作出相应的调整。（1）支持国内高校特别是 985 高校率先实施国际化发展战略。实施国际化发展战略逐渐成为 985 高校的共识。目前我国人文社会科学的国际化步伐显著落后，我们必须在留学领域率先改变重理轻文的倾向。（2）正确处理公派留学政策与学术假制度的协调和衔接问题。现在多数地方高校没有出国审批权，其教师出国还需要经过地方政府有关部门的审批，显然这种审批制度严重阻碍我国高校实施国际化发展战略，也与落实高校自主权是格格不入的。（3）配合学术假的实施，改革留学待遇政策。学术假是按比例的带薪休假，那些停发出国留学教师国内全部工资的学校可以先考虑给他们发基本工资，那些停发岗位津贴的学校也可以在规定的条件下考虑发部分或全部岗位津贴。（4）提高资助强度，设立留学补助专项资

金。为了补偿高校教师留学带来的直接成本和支撑家庭生活需要的间接成本，由国家留学基金委和国家汉办资助的国家公派留学项目应该较大幅度地提高资助强度。国内高校可以考虑设立教师长期留学专项补助，用于补贴教师留学的国际旅费和国外生活费等。（5）增加高级学者海外讲学项目，将副高职称纳入高访范围。（6）实现留学工作从重管理向重服务的转变。改进服务方式，放宽外语、学科等限制条件；逐步简化甚至取消那些复杂烦琐的程序；减少公文报送。（7）改革高校内部留学管理体制。在出台学术假制度的同时，考虑修改、简化现在的留学管理制度；建立统一开放的、校内外衔接的留学管理信息系统。

参考文献

北京大学人事部编译　1999　《加州大学学术人事手册》[Z]，第238—244页。

陈昌贵　2007　1978—2006：我国出国留学政策的演变与未来走向 [J]，《高教探索》第5期。

陈伟杰　2007　人民币升值对出国留学的影响 [J]，《时代经贸》第5期。

潘晨光、娄　伟　2004　改革开放以来我国留学事业的回顾与展望 [J]，《管理论坛》第3期。

章新胜　2008　图说：中国留学30年的历程与成就 [EB/OL]，http://edu.qq.com/a/20081204/ 000122_6.htm。

高校扩大来华留学生规模的措施

李秀慧[1]   刘典波[2]   刁雅榕[3]

[1] 中国地质大学地球科学与资源学院
[2] 中国地质大学国际合作处
[3] 北京林业大学国际交流与合作处

提　要　发展留学生教育是由高校本身和外部需求所决定的。高校应
该把握住目前大好的国际机遇，扩大留学生规模。在总结前
期工作的基础上，本文概括了思想上重视、体制上保障、培
养质量上下功夫、学校特色上作宣传、日常管理工作上做仔
细等扩大留学生规模的五项措施。希望通过这些措施的实施，
有效扩大高校留学生的规模。

关键词　高校　扩大　留学生规模　措施

　　我国政府始终重视接收和培养来华留学生（以下简称留学生）工作，从
1950 年接收了第一批来自东欧国家的 33 名留学生开始至 2006 年底，已累计接
收各类来华留学人员 1047010 名。2008 年，在华留学生的规模达到 22.8 万人。
随着我国经济的迅速发展，也迎来了发展留学生教育的战略机遇期。笔者对高校
如何扩大留学生规模进行了一些初步的思考和研究。

一、高校为什么要发展留学生教育

　　大力发展留学生教育是由高校自身发展的内部原因和社会需求的外部原因决
定的。

1.1 高校自身发展的需求

在高等教育国际化的背景下，发展留学生教育可以扩大高校的国际影响力并带来可观的经济收益。

（1）从高等教育本身看，吸引和培养留学生对于培养国际化人才和提高学校的国际竞争力具有积极意义。以中国地质大学（北京）为例，在2002年学校就提出了"建设地球科学领域世界一流大学"的奋斗目标。其中吸引和培养世界一流的学生是实现这一目标的一个重要指标。以美国哈佛大学为例，2008年秋季该校注册的学生20320人，其中外国留学生为4004人，外国留学生的比例高达20%。

（2）从经济角度看，招收和培养留学生可以带来相对中国学生更大的经济收益。在北京地区的大部分高校中，本科留学生每学年的学费一般在2.2—2.8万元人民币之间，是中国本科生学费的4—5倍，而学校对留学生教育的投入与中国学生基本一样。在澳大利亚，外国留学生教育收入已经成为该国重要收入来源，2006年，该国外国留学生的比例高达19.5%。

1.2 社会需求

促使高校发展留学生教育的外部原因分为国内原因和国外原因两部分。

（1）国内原因：发展留学生教育是中国提升软实力的重要途径。随着中国经济的发展，中国在世界政治舞台上的影响力也越来越大。通过对留学生的培养，让他们了解中国文化，认识中国，最终理解中国。中国政府每年都会向部分外国留学生提供全额奖学金，吸引外国留学生到中国留学。

（2）国外原因：国外的学生有到中国留学的愿望。一个国家之所以能够吸引外国留学生，是因为这个国家具有发展上的优势。随着中国经济的发展，中国发展上的优势也越来越受到重视。中国的发展，不管是在中国国内还是其他国家，都创造了很多与中国相关的工作岗位，因此拥有在中国留学的经历，可以让留学生更好地掌握汉语并了解中国文化，对于留学生将来的就业是很有利的。近年来，越来越多的韩国、日本和美国等发达国家的留学生到中国来学习汉语。同时，随着中国高等教育质量的不断提高，越来越多发展中国家的留学生到中国学习科技知识。

二、扩大留学生规模的措施

扩大留学生规模的措施主要有以下五点：思想重视，制度保障，质量保证，注重特色，完善管理。

2.1 思想重视

学校上下要从思想上重视留学生教育对学校长期发展的重要影响，并从几个方面来采取措施。

（1）办学指导思想重视。高等院校在制定办学指导思想时就应该将发展留学生教育作为重要的组成部分。

（2）学校领导、留学生管理部门领导和留学生管理干部要重视。

（3）学校与留学生教育相关的其他部门和教职员工在思想上要对此给予足够的重视。

2.2 制度保障

高校要扩大留学生规模，应该给出招生的具体目标，并且通过制度确保目标的实现。

高校在制定五年发展规划时，要根据学校的软硬件条件将扩大来华留学生规模作为具体目标写入发展规划。

学校应当建立有效机制，确保相关部门能够去争取更多的生源。留学生教育是一个买方市场，高校在国内要与国内的高校竞争生源，同时中国的高校还要在国际上同其他国家的高校竞争生源。

2.3 保证质量

留学生教育的质量直接影响学校的声誉，也间接影响中国高等教育的声誉，因此学校必须保证留学生的教育质量。我国的西医留学生教育曾经采取英语直接授课的方式进行，但是在教学过程中，有的高校由于忽视了教育质量，以致国外的媒体进行了负面报道，这严重影响了我国的西医留学生教育，为此教育部召集高校医学类教育专家，专门制定了西医类留学生教育的标准，以保证西医留学生教育的质量。

留学生只有达到相关层次的培养要求才能够毕业。以中国地质大学（北京）为例，在2007年7月应该毕业的20名本科学生中，有5人因为没有达到学校的培养要求而被迫推迟毕业。

2.4 注重学校特色

学校的特色是吸引留学生的重要原因，高校在做宣传工作时一定要注重对特色的宣传。本文认为应该从以下几点做好特色宣传工作。

（1）善于发现学校的特色。以北京林业大学为例，林业就是其特色，作为与林业相关的综合性大学，这足够吸引对林学、园林艺术、水土保持与荒漠化防治、生物学、林业经济、木材加工等专业感兴趣的留学生。2007年入学的13名中国政府奖学金留学生选择的专业基本上都是与林业相关的。

（2）结合市场需求，宣传学校的特色。高校应该根据对教育市场的调查和判断，找到留学生留学的"兴奋点"，对学校的特色进行宣传。中国地质大学（北京）的宝石专业对留学生有非常强的吸引力，每年接收的留学生中有超过1/3是学习宝石专业的，学校在不失时机地对宝石专业进行宣传的同时也宣传了其他专业。

（3）通过多种方式来宣传学校的特色。现代媒体技术的发展，使得宣传的手段和方式变得多种多样。根据调查，留学生主要是通过以下两种途径了解学校的专业。①留学生或者熟人之间的口口相传，好的口碑往往能够吸引更多的留学生；②网络宣传，留学生在选择学校和专业的时候往往会通过网络了解学校和专业的详细情况，多语言版本的网站可以方便留学生的浏览。

学校还可以采取另外三种宣传方式：①印制多语言的招生简章；②到招生目的国召开留学说明会，吸引学生到国内高校留学；③学校相关人员在出访时向出访学校宣传本校的留学生招收政策，通过签订协议等形式吸引出访院校的学生到中国的院校留学或者进行联合培养。这种方式也是国外很多院校在招收中国在校大学生到国外大学留学时所采用的方式。

2.5 完善管理

完善的管理是留学生培养工作的重要组成部分。管理水平的高低直接影响着学校的声誉和留学生规模。完善留学生管理工作，应该从以下几个方面着手：

（1）完善留学生的生活管理。留学生都是离开自己国内熟悉的环境到中国学习，到了中国需要克服语言、饮食、气候、心理等方面的困难，因此高校应该完善对留学生这些方面困难的解决，使他们能够感受到学校对他们的关怀。

（2）完善教学管理。学习知识是留学生在中国留学的重要事情，学校应该考虑留学生的实际情况，完善教学管理规定。

（3）完善留学生校友工作。留学生校友是学校的重要资源，完善留学生校友工作应当从留学生毕业开始就建立留学生的校友档案。

三、应该引起注意的两个问题

（1）本文所提到的扩大留学生规模的措施主要是一些概括性的措施。具体到不同的学校，还应该将措施进一步细化，在具体实施过程中还应当因人、因事而异。

（2）这些措施在实施过程中往往要涉及高校中不同的部门，相关部门应该从学校和国家的大局出发，支持留学生教育，扩大留学生在本高校的规模，同时也为扩大留学生在中国的规模出一份力。

参考文献

国家留学网　http：//www.csc.edu.cn/gb/readarticle/readarticle.asp?articleid=2560。

哈佛大学网站　http：//www.provost.harvard.edu/institutional_research/factbook.php。

钱明才　2007　大学国际化和留学生教育管理 [J],《安徽工业大学学报（社会科学版》第 2 期。

吴彬江、冯振卿、王心如　2007　医学留学生教学改革的规则与展望 [J],《南京医科大学学报（社会科学版）》第 7 期。

吴淦国　2003　坚持"特色加精品"的办学理念　创建世界地球科学领域一流大学[J]，《学校党建与思想教育》第 5 期。

于富增　2009　《改革开放 30 年的来华留学生教育》[M]. 北京语言大学出版社，2009。

张关云、刘开南　2007　关于加强来华留学生教学与管理的几点思考 [J]，《中国高教研究》第 5 期。

高校师资队伍国际化建设工作的质量和效益研究

史　薇　　杨洪义　　张志群　　褚洪生

对外经济贸易大学人事处

提　要　促进师资队伍国际化，是推进高等学校教师教育改革与发展的重要手段，高校师资队伍国际化建设工作的质量保证和效益提高将直接影响到高等教育的国际化进程。本文分析了高校师资队伍国际化建设工作面临的机遇和挑战，并从保证质量和提高效益方面提出了对策性建议。

关键词　师资队伍建设　国际化　质量　效益

66

高校师资队伍国际化建设是加强高校师资队伍建设的一项重要工作。高校师资队伍国际化是世界一流大学的共同特征，是建设高水平大学的根本保证，是建设高层次、国际化一流人才队伍，实施人才强校战略的重要途径与举措。师资队伍国际化水平不高将严重制约建设世界一流大学的进程。在高等教育国际化趋势正以崭新的形式在更多层面上不断展现的形势下，高校师资队伍国际化建设工作的质量保证和效益提高越来越成为关注的焦点。

一、高校师资队伍国际化建设工作现状

高等教育国际化工作作为改革开放和教育事业的重要组成部分，历来受到党中央、国务院的高度重视。高校师资队伍国际化建设作为高等教育国际化的重要手段也被放到了同等重要的地位。近年来，党中央从实施科教兴国战略和人才

强国战略高度出发，把高校师资队伍国际化建设放在了更为重要的位置。高校师资队伍国际化建设工作成为我国人才资源建设工作的重要组成部分，是建设高层次、国际化一流人才队伍，实施人才强校战略的重要途径与举措。实践证明，国际化的师资队伍是国家的宝贵财富，是我国人才资源的重要组成部分。在国家的高度重视下，高校师资队伍国际化建设工作取得了显著成效，大批具有国际化背景的教师在高等教育国际化建设中起到了很大作用。

1.1 具有国际化背景的人才成为科技创新、人才培养和服务社会的中坚力量

据统计，80.49%的"两院"院士、77.61%的教育部直属高校校长、77.65%的国家重点实验室和教育研究基地主任、94%的长江学者、72%的国家"863"及"973"计划首席科学家均具有国际化背景。这些极具影响力的人物在引领知识经济发展中扮演了重要角色。

1.2 具有国际化背景的人才在整个师资队伍中的比重大幅上升

随着我国综合国力的增强、国际影响力的提高和高等教育的快速发展，越来越多具有国际化背景的人才来到我国高水平大学从事教学、科研和管理工作。这些人才掌握国外先进的科学技术，具有多重文化背景、国际化的人脉、全球化的视野，成为提升高等学校竞争力的生力军。具有国际化背景人才的加盟直接推进了高校师资队伍国际化建设的进程，优化了师资队伍结构，提升了师资队伍的国际化水平。

1.3 青年教师的国际化程度急速增强

为全面推进高层次人才队伍建设，国家留学基金管理委员会设立青年骨干教师出国研修项目，这一项目的设立极大地推进了高等学校青年教师国际化的进程。大量高等学校的青年教师通过利用国家留学基金管理委员会的项目和各种校际合作项目到世界一流大学进行长期或短期的交流与学习。对外经济贸易大学为了提升师资队伍国际化水平和学科竞争力，近三年利用国家留学基金项目和校际合作项目派出近50人赴海外高水平大学进行合作研究，设立"211工程"师资队伍建设专项基金，计划选派50名青年赴海外高水平大学或研究机构研修，同

时积极探索各种校际合作项目，为青年教师创造尽可能多的机会参加国际学术交流、高级会议、国际论坛，或作为访问学者、博士后等参与国际化活动。

二、高校师资队伍国际化建设工作面临的机遇和挑战

新时期，党中央提出人才强国和科教兴国战略，强调科学发展观，高校师资队伍国际化建设工作面临前所未有的机遇和挑战。

2.1 全球范围内的高层次人才竞争激励

随着经济全球化和知识经济的不断发展，国家之间和地域之间的屏障逐渐消除，高层次人才的跨国跨地域流动迅速加剧。各国际一流大学不断制定新的政策吸引优秀人才的加盟，高层次人才资源在全球范围的流动已经成为趋势。这种趋势对我国高校师资队伍国际化建设工作既是机遇又是挑战。

2.2 高校师资队伍国际化建设工作进程中的质量保证

首先，在国际化人才的引进方面，各高校均致力于聘请海外专家学者来校进行教学科研活动，但短期交流居多，这种状况不利于国际化学术梯队和科研团队的组建，同时引进人才的质量直接关系到国际化师资队伍建设工作的质量；其次，在国际化人才的培养方面，选派教师赴世界一流大学学习或从事科研活动有利于开阔教师的国际视野，提高教师的国际交往能力和教学科研水平，同时对教师掌握学科发展动态也具有十分重要的作用。但若选派的教师专业水平不高、外语应用能力不强就很难达到预期效果，更重要的是，若教师所赴学校学术氛围差、学术水平低，将对教师培养起消极作用。

2.3 如何提高师资队伍国际化建设工作的效益

首先，引进国际化人才是为了师资队伍的国际化建设，有效发挥引进人才的国际化优势将对师资队伍的国际化建设工作有极大的推动作用。另外，人才的发展将带动高校的发展，有效地预测人才的发展潜力将给国际化人才的引进工作带来巨大效益，各高校在人才引进过程中都面临将此项效益最大化的挑战。其次，

各高校培养的国际化人才学习了国外先进的科学技术，拓宽了学术视野，拥有了国际化的人脉，形成了多元化的思维，这些人才需要广阔的发展空间将自己掌握的知识、技能和思想辐射出去，扩大国际化培养的辐射面，提高国际化培养的效益。

三、保证高校师资队伍国际化建设工作质量
提高高校师资队伍国际化建设工作效益

高等教育国际化是经济全球化、教育市场竞争压力、科技发展、文化交流、经济推动及高校自身发展需求等多种因素综合作用的产物。在世界范围内，高等教育的国际化趋势正以新的形式在更多层面上不断展现，质量保证和效益提高越来越成为关注的重点。教师的国际化是实现高等教育国际化的一条捷径。具有国际知识和经验的教师可以直接推动教学、科研的国际化发展。保证师资队伍国际化建设的质量和提高师资队伍国际化建设效益，对高等教育的国际化具有重大意义。

3.1 科学规划，按需派遣

随着出国留学制度和回国（来华）工作政策改革的不断深入，越来越多的高校教师通过自己的努力获得了出国留学或回国（来华）工作的机会。但是，如何做到真正把急需学科的优秀教师派遣到海外去进修深造，把紧缺人才吸引到高校工作？我们认为要加强人才引进和教师培养的宏观指导，增强人才引进工作和师资队伍培养工作的针对性和实效性。根据学校师资队伍国际化建设、学科建设的整体需要来决定教师培养和人才引进的紧迫程度，根据紧迫程度的不同，在师资队伍国际化建设工作中科学规划，按需引进或派遣。

3.2 严格选拔，提高层次

高校的师资队伍国际化建设工作是根据国家、教育部和高校长远规划和近期建设的需要进行重点培养教学、科研和管理方面的新人才的工作。因此，在国际化人才的选拔和培养工作中，要花大力气，采取超常规措施，在全球范围内引进

具有国际影响力的学术大师，要不惜重金聘请世界知名学者和学术大师加入到我国的师资队伍中来，而且要能较长时间地在高校从事教学和科研工作。世界知名学者和学术大师不仅可以带来国外高水平大学先进的办学理念、科学研究方法、教学方法，而且通过他们还能迅速了解、掌握世界学术发展动态和最新研究成果，更重要的是，这对提升高校的国际知名度、促进学科的发展和科研水平的提高将会产生无法估量的作用。同时，国际化人才的培养对象的选拔工作要坚持标准，保证质量。应推荐在教学、科研、管理工作中表现突出、有培养前途并且能够为学校的国际化作出突出贡献的特殊人才、学术带头人和学术骨干后备人才赴海外进修学习。

3.3 加强联系，规范管理

建设一流的国际化师资队伍需要一流的国际化人才，因此必须十分重视加强与海外优秀人才的联系，加强与自身培养的在海外进修学习的优秀人才的联系。引进的国际化人才和自身培养的国际化人才是高校师资队伍的骨干力量，加强联系、掌握人才的发展轨迹将有效地保证高校师资队伍国际化建设工作的质量，提高高校师资队伍国际化建设的工作效益。海外一流高校的进修学习对开阔国际视野、提高国际交往能力和教学科研水平、了解掌握学科发展的前沿动态具有十分重要的作用。如果严肃的学术交流变成了走马观花的参观、考察，那国际化的引进和培养都将无法发挥提高学术水平和科研能力的作用，所以规范管理，给拟引进人员和派出培养人员制定相应的计划和任务必不可少。

3.4 重视服务，提高质量

高校师资队伍国际化建设工作要求高校人力资源部门的管理人员具有国际化的视野并有足够的能力和经验来掌握国际化人才的发展轨迹。因此，执行高校师资队伍国际化建设工作的管理人员同样需要纳入到被培养的范畴，以便于规范高校师资队伍国际化建设工作的管理，提高高校师资队伍国际化建设工作的效益。

参考文献 ○—————————————————————————————

陈先哲、黎辉文　2005　试论如何达到高校教师培训质量和效益的统一,《继续教育研究》第 3 期。

何　斌　2005　香港高等教育国际化现状分析,《比较教育研究》第 1 期。

李永强、罗　云　2009　师资队伍国际化:建设世界一流大学的关键,《中国农业教育》第 3 期。

罗　云、李永强、姚　辉　2009　我国高水平大学师资队伍国际化发展分析,《高等理科教育》第 2 期。

唐亚厉　2009　谈适应教师专业化趋势的高校师资培训,《继续教育研究》第 3 期。

王　柯、李国辉　2008　高校教师培训体系存在的问题及对策初探,《中国科教创新导刊》第 25 期。

国际化背景下中国法律人才培养模式探究

——以中国政法大学为例

许 兰 李丹丹

中国政法大学国际合作与交流处

提 要 在世界高等教育日益加速国际化进程的今天，中国的法学教育面临着前所未有的挑战和机遇。当前中国法律人才的培养存在明显的缺陷和不足，尤其是国际型法律人才的培养极为欠缺。可持续发展国际化法律人才培养模式要求以培养国际化法律人才为目标，以比较法的研习为重要内容，通过搭建高端交流学习实践平台，创造多种出国留学及交流机会。本文以中国政法大学在国际化法律人才培养方面探寻的有益模式为例，希望能为学界提供借鉴。

关键词 国际化 国际化法律人才 人才培养模式

一、国际化背景下中国法学教育面临的挑战与机遇

从清末至今，百余年来中国近现代法学教育曲折前行。新中国成立后六十年来，尤其是改革开放的三十年间，中国的法学教育披荆斩棘，实现了跨越式发展，法学教育水平得到了极大提高，为国家培养了大批各层次的法律人才。在世界高等教育日益加速国际化进程的今天，中国的法学教育面临着前所未有的挑战和机遇。

1.1 国际化背景下中国法学教育面临的挑战

这里所说的国际化背景主要是指两个方面：一是经济的全球化，二是教育的国际化。当前中国的法学教育正面临着来自这两个方面的挑战。

首先，经济的全球化和国际贸易的蓬勃发展对人类社会诸多方面产生了深远的影响，也对各国法律人才提出了更高的要求：法律服务的"全球化"要求法律人才的"国际化"，即要求各国必须拥有具备国际视野、通晓国际规则、能够应对和处理复杂多变的涉外法律关系的高素质国际化法律人才。随着中国对外改革开放并加入世界贸易组织，国家对于这种高端法律人才的需求与日俱增，这种需求自然对我国的法学教育提出了更高的要求。由于历史的原因和人才培养模式等问题，我国现有的国际化法律人才数量稀少，知识结构不够完整，国际竞争力不强，远远不能满足我国应对世界经济全球化和一体化趋势的发展需要。

其次，日益加速的高等教育国际化进程也对我国法学教育提出了更高的要求。教育的国际化是一个各国教育资源不断对外开放、相互之间不断交流与融合的趋势和过程，是一个吸收、借鉴与对外传播并重的过程。固步自封是不可能的，单方面的借鉴模仿是不明智的。面对世界高等教育市场，我国法学教育必须不断加强教育教学及人才培养模式改革，不断加强与世界优质法学教育资源的交流与合作，加强自身能力建设，推动自身国际化进程，积极创造条件进行教育输入与输出。

1.2 国际化背景下中国法学教育面临的机遇

机遇总是与挑战并存。国际化背景下中国法学教育面临的机遇可以从国际和国内两个层面来看。

国际层面： 首先，教育国际化极大地促进了世界范围内高等教育资源的合作与共享，世界各国众多知名高等教育机构纷纷以国际化为战略目标，积极寻求国际交流与合作，这为我国法学教育吸收世界先进教育理念与教育模式、为我国法学师生出国留学以及国际化法律人才的联合培养提供了良好的资源和路径；其次，国际上各种国际组织以及各国政府大量教育项目基金或资金的投入为教育发展提供了物质保障，如由欧盟巨额资助的中欧法学院等项目、欧洲的伊拉斯谟项目以及美国海外学习基金会等，我国法学教育领域如能积极争取到这些国际教育资金，合理为我所用，必将极大推动国内法学教育的发展和国际化法律人才的培养。

国内层面：三十多年的改革开放使我国形成了前所未有的教育对外开放理念与格局，国家积极鼓励和支持多种形式的法学国际教育交流与合作；与此同时，我国法学教育本身的各项改革正在不遗余力地大力推行，国际化、应用性、复合型法律人才培养模式正在积极试点实验和广泛的讨论之中。

二、中国法律人才培养现状及其发展趋势

2.1 中国法律人才培养现状

曾宪义教授在《法学教育六十年》一文中指出，改革开放以来，我国法学教育在形式和内容上都有了质的飞跃，在法学教育的层次结构、专业设置、教材建设、教学质量、评估体系等各方面可谓面貌焕然一新。目前，我国已经形成了以普通高等法学教育为主，成人教育、职业法律教育、自学考试等与之相适应的多层次、多渠道、多形式的法学教育体系，为国家培养了大量的法律人才。我国已成为世界上发展速度快、规模最大的法学教育大国。目前，全国开设法律专业的大学已经有六百多所，开展各种形式法学教育的单位总计有九百多个，法律专业的在校学生七十多万人。（徐显明，2010）

在看到巨大成就的同时，我们也不能对数十年来累积的问题视而不见。在法学学科超速、超规模发展之下，法学教育正面临着一系列困境，有学者认为主要在于以下几个方面：一是法学教育的低起点和法律职业共同体高素质要求之间的矛盾；二是法学教育的大众化与精英化之间的矛盾；三是法学的通识教育与职业教育之间的矛盾；四是法学教育的人文性与科学性之间的矛盾。（徐显明，2007）

在这一系列困境之下，中国法律人才的培养自然也存在明显的缺陷和不足：教育机构和层次过多，学生整体素质和质量不高，知识结构单一，实践能力低，职业适应性差，职业伦理缺失，法律专业培养出来的人数迅速扩张，但学生就业率低下，能够走向国际法律舞台的法律人才更是凤毛麟角，远远不能满足国家"依法治国"战略和市场经济发展的人才需要，不能满足国家参与国际竞争、融入世界经济一体化浪潮的人才需要。"法学教育培养模式不符合法律人才培养要

求，这是我国法学教育的最根本问题。"（曹义孙，2009）

2.2 发展趋势

近年来，对我国法学教育及其人才培养方式进行改革的呼声日益强劲，我国法学教育的发展趋势，在徐显明教授看来，经历了十年艰难探索，从十年前十字路口的徘徊不定，到今天为止，发展方向已经渐趋明了，可以从五个方面来加以把握，即职业化、多元化、精英化、正规化和国际化。（徐显明，2010）当前的法学教育及其人才培养正在努力朝着更加注重综合素质培养、职业技能培养、实践能力培养和职业伦理培养等方向发展，旨在从中国实际出发，着手培养理论功底扎实、具有良好的法律职业技能、精通法律技术的综合人才，尽管当前很多高校都在积极倡导和推进法学教育的国际交流与合作，但是总体来讲，当前法律人才培养的"国际化"内涵方面强调得仍然明显不足，在实际培养过程中国际化往往仅停留在个别"点"和浅层的"面"，由于各种条件和资源的限制，国际型法律人才的培养整体处于探索阶段，可借鉴推广的模式非常有限。

为了进一步推进高校法学人才培养模式的综合改革，提高人才培养质量，满足国家对社会紧缺的复合型拔尖创新人才和应用型人才的需要，教育部近几年来积极推动法学类人才培养模式创新实验区建设和特色专业建设，一批改革试点工作正在逐步展开，它们引领着我国法学教育及其人才培养的发展趋势。目前在全国共有中国政法大学、西北政法大学、清华大学、南京师范大学、湘潭大学、西南政法大学等六所高校获得法学类人才培养模式创新实验区，分别着重进行法学精英人才、法学人才、国际型法律人才、地方法学人才以及侦查学专业人才等培养模式的创新实验，一些学校的创新实验已经初见成效。

三、探寻可持续发展国际化法律人才培养模式

3.1 国际化法律人才培养目标

人才培养模式的确定是以人才培养目标的定位为前提的，因此，探寻可持续发展国际化法律人才培养模式，必须首先明确国际化法律人才的培养目标。

国际化法律人才应属于法学精英人才的培养，应该在一般法学专业人才培养

基础之上有更高的培养要求和目标。清华大学王振民教授认为，中国的国际型法律人才应该具备以及"能够解决全球性、根本性、最复杂疑难法律性问题"以及"能够解决中国面临的重大国际国内问题"两方面能力，同时还要有扎实的基本功、掌控全局的能力、健全的心智、健康的体魄等必要的个人素质。也有学者认为，中国入世之后应当着力培养一大批"具有战略思维、世界眼光、精通WTO规则和国际经济、法律的复合型、应用型人才"。笔者认为，当前我国国际化法律人才的培养目标可以定位为：立足国内，面向世界，培养具有扎实的法学理论功底和职业技能、至少精通一门外语、了解中外法律制度和国际法学理论与实践前沿动态、具有国际学习或实践经历的高端法律人才，能够参与国际大型法律项目和国际规则的制定，能够帮助国家解决所面临的重大涉外法律问题。

3.2 可持续发展国际化法律人才培养模式内涵

"可持续发展"是一种注重长远发展的经济增长模式，要求以人为本，实现全面、协调、可持续的发展。这种新的发展理念在法学教育的改革发展中具有同样重要的意义。霍宪丹教授认为，中国的法学教育正是因为缺乏这种新思维，所以"仍然存在着一哄而上的盲目发展和大而全、小而全、低水平重复建设的混乱局面，使有限的教育资源成为非理性化、非程序化和非均衡化的投入"。这种模式下的人才培养状况与成效可想而知。因此，"时下的当务之急在于决策机构、主管部门和办学机构都应当树立新的发展观，统筹规划，合理布局，优化配置。"（霍宪丹，2005）

"人才培养模式"是一定教育机构或教育工作者普遍认同和遵从的关于人才培养活动的实践规范和操作样式，它以教育目的为导向、以教育内容为依托、以教育方法为具体实现形式，是直接作用于受教育者身心的教育活动全要素的总和和全过程的总和。（魏所康，2004）其基本构成要素主要包括三个方面，即目标要素、内容要素和方法要素。

可持续发展国际化法律人才培养模式就是以培养国际化法律人才为目标，以人为本，高度重视优质师资和生源，以比较法的研习为重要内容，以整合校内优势资源，积极争取并充分利用国际优质法学教育资源，搭建高端交流学习实践平台为主要途径，创造多种出国留学及交流项目机会，建立国内外稳定持久的学术交流渠道，以注重培养质量为首，兼顾规模和效益。

以上是从宏观层面提出了国际化法律人才培养模式，需要指出的是，具体化的国际化法律人才培养模式应该是多种多样的，各高校应该根据自身特色和实际，探寻出适合自身发展的模式和路径。教育部高等学校法学学科教学指导委员会主任张文显教授在 2007 年年底"法学教育论坛"报告中提出：我们提倡并支持不同法学院（系）实施法学特色教育，而所谓特色教育，就是多样化教育。（李晓安，2008）本文仅以中国政法大学在国际化法律人才培养方面探寻的有益模式为例，希望能为学界提供借鉴。

3.3 中国政法大学国际化法律人才培养

中国政法大学是一所以法学为特色和优势，兼有文学、史学、哲学、经济学、管理学、教育学等多学科的"211 工程"重点建设大学，其法科教育教学和科学研究在国内外享有盛誉，是我国人文社会科学领域人才培养、科学研究和社会服务的重镇。学校在半个多世纪的办学历程中，为国家培养了各类优秀人才20 余万人，自建校以来参与了几乎国家所有的立法活动，引领着国家法学理论的变革和法律思想的更新，代表着国家对外进行法学等领域的学术交流。

中国政法大学明确提出"以国际化为发展战略，以国际化为办学方向"。现任校长黄进教授多次强调：中国政法大学要走国际化发展之路，着力培养具有国际交往能力和国际竞争能力的人才。在这一战略思想指导下，中国政法大学积极开拓对外交流与合作，不断探索教育教学改革，随着中国政府和欧盟在法学教育领域最大的合作项目——中国政法大学中欧法学院的建立，学校培养国际型法律人才的格局、规模已经初步形成。

3.3.1 强强合作，促进双边了解与人才培养合作

2008 年中国政法大学中欧法学院的成立是中国与欧盟法律、司法合作与教育合作项目的标志性成果。学院由中国和欧盟合作创办，16 所中外名校共同参与，欧盟 1751 万欧元巨额资助，旨在通过倡导比较法学和引进国际社会的法学教育经验，培养通晓中欧法律的高级专门人才。学院开展的项目主要包括：中欧双硕士项目、欧洲法学硕士项目；律师、法官和检察官培训项目；研究和咨询项目，包括博士生联合培养。这里主要介绍双硕士项目的人才培养。

中欧法学院双硕士项目学制为三年，合格学生获中国政法大学法律硕士或法学硕士学位和德国汉堡大学法学硕士学位。该项目的一个重要特色在于实现了欧

洲法学硕士项目的本地化。2008 年 10 月，57 名申请人被录取为首届双硕士研究生，其中 52 名学生获得 2008—2009 学年奖学金，金额从人民币 14500 元 / 人至 120000 元 / 人不等。

一支从中国政法大学和其他 15 所院校精选的、多元的师资队伍是中欧法学院教育教学质量得以保障并可持续发展的核心力量。比如学院开设的欧洲法学硕士项目课程，师资来自 13 所欧洲加盟大学。从 2008 年 10 月至 2009 年底，学院已经共计邀请 156 名专业外教前来授课，并先后邀请到德国前司法部长 Herta Däubler-Gmelin 女士、前欧盟委员会主席、意大利前总理罗马诺·普罗迪先生（Romano Prodi）等外国政要或知名学者来学院做学术讲座。

此外，中欧法学院还每年与欧洲合伙院校合作在欧洲举办暑期班，使学生在课程学习之余，深入欧洲议会等三大欧盟机构参访体验，极大地丰富了学生的国际视野和法律体验。

3.3.2 项目牵头，加深中德法学领域合作与交流

2009 年 10 月，中国政法大学比较法学研究院正式成立，成为目前我国高校和科研机构中唯一的以比较法学为中心的专门教学科研机构。比较法学研究院是在学校原比较法研究所、中德法学院和中美法学院三个机构基础之上整合而成，以中外法学比较研究为重点，在人才培养方面，面向海内外，培养兼具中国法、外国法和国际法知识背景和国际视野的法学高级人才。这里主要以其中的中德法学院为例介绍具体的人才培养状况。

中德法学院成立于 2002 年，2004 年招收了 16 名法学或日尔曼学专业优秀的本科毕业生作为第一批攻读中德双硕士的研究生。该项目基于以下协议而展开：中国政法大学与德国五所大学（弗莱堡大学、法兰克福大学、慕尼黑大学、汉堡大学和科隆大学）关于在北京建立中德法学院协议，以及中国政法大学与 DAAD（德意志学术交流中心）合作资助协议。这是一个典型的通过中德高校与机构合作，联合培养双硕士研究生的项目。根据协议，德国合作协议大学每年可接收 25 名经专业和语言考核合格的硕士研究生在第二学年期间赴德留学一年，合格者授予所在德国大学的硕士学位。

中德法学院现有教授 15 名，全部具有在德国或欧洲其他国家研究或留学获得博士学位的经历。此外，根据 DAAD 资助协议，每学期都有 4—5 名德国教授、学者来院授课，共同参与学院硕士研究生的教学和培养。为了培养学生的实践能

力，学院还在假期安排学生在 GTZ（德国技术合作公司）等中德机构实习。

据统计，目前学院培养的硕士研究生毕业后 40% 开始在中德重要机构工作，30% 继续攻读博士学位，另有 30% 继续出国留学深造，这些学生都成为深入了解比较法学、德国以及欧盟公法和私法的中高级专门人才，具有良好的职业理念和科学精神，具备较强的科研能力和实务工作能力。

3.3.3 以学生为主，拓宽交流途径，促进全面发展

学校在重点发展上述国际合作项目的同时，不断巩固和开拓其他合作交流项目，为学生出国留学和交流搭建平台。目前学校已经与世界上二十多个国家和地区的近百所知名大学签署了合作交流协议，每年有七十余个交流项目供数百名学生出国交流学习。2009 年，中国政法大学还成为由欧盟设立、资助金额达 519.97 万欧元的奖学金项目——"伊拉斯谟 ECW LOT 14 项目"合伙大学，成为"国家建设高水平大学公派研究生项目"签约院校，获得"中美富布赖特项目"赴美研究学者和博士生子项目遴选资格等。

中国政法大学高度重视并大力支持学生参加各种国际模拟法庭大赛，每年都组织培训数支学生代表队赴美国、澳大利亚等国家和香港地区参赛，多次获得佳绩。2009 年中国政法大学学生代表队在第三届红十字国际人道法模拟法庭比赛中蝉联冠军，获中国空间法学会第七届国际空间法模拟法庭比赛冠军，获第十七届国际空间法模拟法庭比赛最佳诉状奖等，在与世界强队的比赛中表现出了优良的素质，同时在语言能力、比赛技能、法律知识和诉讼理念上都得到很好的锻炼与提高。

此外，学校还专门成立了中国政法大学留学服务中心，旨在为学生提供国际交流和留学项目的各类信息，提供有关留学方面的各种帮助与咨询。

3.3.4 互相借鉴，加强高层次教育管理经验交流

改革教育管理制度，积极引进国外优质教学管理经验，聘请外国专家担任教学研究机构管理岗位，也是中国政法大学的一项重要突破。2007 年开始学校已有两名外国专家分别担任中德法学院副院长和中欧法学院欧方院长。他们在担任学院管理工作的同时，也担任专业授课教师，他们的敬业和努力工作精神赢得了中国师生的一致喜爱，他们的管理为学校教育管理工作注入了新的理念和活力，从管理层面为学校国际化法律人才的培养创造了良好的条件和服务平台。

参考文献

曹义孙　2009　中国法学教育的主要问题及其改革研究,《国家教育行政学院学报》第 11 期。

霍宪丹　2005　法学教育重新定位的再思考,《法学》第 2 期。

李晓安　2008　首都经贸大学法学专业教学改革探索,《中国大学教学》第 8 期。

魏所康　2004　培养模式论,南京：东南大学出版社。

徐显明　2007　法学教育的责任,《中国改革报》6 月 20 日。

徐显明　2010　中国法学教育的发展趋势与改革任务,《法学前沿》第 1 期。

国家公派留学生国民素养培育探析 *

李秋实[1]   王　悦[2]   郑承军[3]

[1] 北京语言大学图书馆　[2] 北京语言大学学生处　[3] 北京语言大学人事处

提　要　近年来，随着国家公派留学项目和人数的增多，高校公派留学生人数也逐年上升，成为我国培养高层次人才的重要途径之一。相对于人数上的高速增长，对外派学生国民素养的培育也有必要及时赶上，使这部分学生的国民素养统一于社会发展的需要和国家建设的目标。实现高校公派留学生从单一专业知识培养到综合国民素养培育的结构性转变，做好高校公派留学生的思想道德素养、健康素养和文化素养等方面的培育工作具有重要的现实意义。

关键词　公派留学　国民素养　人才

教育部出国留学服务中心统计的数据显示，2010 年中国留学生人数达 28 万，比 2009 年增长了 5 万人，留学生人数再创历史新高的同时，新一轮的留学热潮也正在席卷而来。与此同时，在国家整体人才战略的布局之下，近年来国家公派留学已经成为我国高层次人才培养的重要途径，针对高校学生的国家公派留学项目在数量和质量上都有所提升，高校公派留学生人数也呈现出高速增长的态势。根据国家留学基金委员会统计，2010 年国家公派留学人员达 13021 人，到 2015

* 本文为郑承军主持的北京市思想教育重点课题"对外交往中大学生国民素养培育体系研究"（BJSZ2011ZK09）阶段性成果。

年国家公派出国留学总规模将在现有基础上翻一番（刘京辉，2011）。面对学生人数的高速增长，留学生国民素养的教育却未能及时赶上，数量增长与质量提升的不协调、专业知识和国民素质发展的不协调，已成为束缚国家公派留学项目可持续发展的突出矛盾，中国留学生的国民素养水平有待提高确是毋庸讳言。

国民素质问题是马克思主义人学理论体系的重要组成部分，国民素质的培育应该贯穿于人的发展的全过程当中。《中共中央关于制定国民经济和社会发展第十二个五年规划的建议》中提出，要"深入实施科教兴国战略和人才强国战略，充分发挥科技第一生产力和人才第一资源作用"，国家公派留学生的培养应该将服务国家建设作为首要任务，重视对留学生的国民素质培育。国家公派留学生的国民素质教育，就是要在学生的先天禀赋和后天所受教育基础上，将其德、智、体诸多素质有机结合起来，突出学习能力、交往能力的培养，兼顾国民素质的均衡发展，使之与社会发展的需要相统一，与服务国家建设的目标相统一。

一、思想道德素养

道德是一种社会意识形态，是调整人们之间以及个人和社会之间关系的行为准则和规范的总和。虽然道德对人、社会的束缚不具强制性，但它通过舆论、信念、习俗和教育等因素的共同作用产生强大的软性约束，是人类社会赖以和谐发展的强大力量。

1.1 基本道德观念

马克思主义的道德观念认为，道德在特定的生产关系中产生，受制于经济关系，因而具有明显的阶级性。反映无产阶级和劳动人民根本利益的无产阶级道德以集体主义为核心，它与资产阶级以利己主义和拜金主义为行为准则的道德是明显对立的。另一方面，用历史唯物主义的眼光审视道德的发展，我们发现在人类社会发展中逐渐形成了一些朴素的道德观念，它们与当今西方宣扬的所谓普世价值不同，是人类处理人与人、人与社会、人与自然关系的基本原则和追求。

综上，对于国家公派留学生而言，应当帮助其树立正确的世界观和价值观，培育以集体主义为核心的基本道德观念，使其具备诸如诚信、爱心、责任心等基本道德素养。

1.2 以爱国主义为基础的高尚情怀

泱泱中华五千年风雨，爱国主义是维系中华灿烂文明的根基。热爱祖国是推动中华儿女奋勇向前的动力。国家公派留学工作中，热爱祖国是学生选拔的基本标准，而对公派留学学生爱国主义热情的继续培育也是一项重要内容。特别是在苏东剧变以来，西方资本主义国家开始大肆鼓吹社会主义失败论，同时我国与发达国家经济建设上的差距也容易让学生对祖国的建设和发展产生疑惑。新形势下公派留学生的爱国主义教育，要与理想信念教育结合起来，帮助学生树立学成回国后建设社会主义伟大祖国的远大理想和坚定信念；要与国情教育相结合，帮助学生了解祖国艰辛的历史、繁荣的现状和美好的将来，把报效祖国的历史责任建筑在爱国主义的高尚情怀之上。

1.3 以社会主义核心价值为引领的价值观

价值观是对是非善恶判断的基本准绳，而所谓核心价值观，则是一个社会群体在处理社会关系时所共同遵守的是非标准和根本原则。党的十六届六中全会通过的《中共中央关于构建社会主义和谐社会若干重大问题的决议》指出，为了给构建社会主义和谐社会提供奋发向上的精神力量和团结和睦的精神纽带，必须建设社会主义核心价值体系。党的十七大报告进一步强调"建设社会主义核心价值体系，增强社会主义意识形态的吸引力和凝聚力"在发展社会主义先进文化中的核心地位，指明"社会主义核心价值体系是社会主义意识形态的本质体现"，并发出号召："要巩固马克思主义指导地位，坚持不懈地用马克思主义中国化最新成果武装全党、教育人民，用中国特色社会主义共同理想凝聚力量，用以爱国主义为核心的民族精神和以改革创新为核心的时代精神鼓舞斗志，用社会主义荣辱观引领风尚，巩固全党全国各族人民团结奋斗的共同思想基础。"树立以社会主义核心价值为引领的价值观，是对当前中国国民道德素养的基本要求。

二、健康素养

健康素养是大学生综合素养的一个重要指标，它主要包含身体健康和心理健康两个部分。以往，人们惯常将健康等同于身体健康，而随着社会对于大学生心理现状和问题的逐步重视，心理健康也在大学生的健康素养中占据着同等重要的位置。

2.1 健康的体魄

其实中国人历来有重视身体素质的传统，中国古代儒家要求学生掌握的六种基本才能包括礼、乐、射、御、书、数，统称"六艺"。其中"射"指射箭、"御"指驾车，二者合起来泛指体育和劳动，都与强健体魄密切相关。在古人看来这"六艺"缺少哪一项都不能说明学生有良好的综合素质。事实证明，直到如今，很多科研成绩突出的学生都有格外喜爱的体育运动。良好的身体素质不仅能够展现积极的精神风貌，还可以反过来为投入学习科研提供健康保障。

在这一点上很多外国学生倒是可以给我们做出榜样，他们平时所养成的经常锻炼的生活习惯是值得我们中国学生学习的。许多中国学生在常年书本学习、考试的压力下忽视了体育锻炼的重要性，限制了综合素养的全面发展。特别是对于出国留学的学生来说，良好的身体素质有助于他们尽快熟悉留学生活所带来的外界变化，一个学生就算再有学习的热情、成绩再突出，如果一到国外就产生身体上的问题，也不能支撑他顺利完成留学任务，更谈不上以优秀的学习成果回来报效祖国。

2.2 良好的心理调节能力

除了要有健康的体魄，良好的心理调节能力也是十分必要的。高校学生正处在青春期，是世界观、人生观和价值观形成的重要阶段，如果不能有效缓解学习和生活上的压力，不能以成熟的方式来解决突如其来的问题，那么很可能给心理健康造成消极的影响。世界卫生组织对心理健康的定义是："不仅仅是没有精神疾病，而且能正确认识自己的能力，可应对正常的生活压力，富有成效地工作，以及能对他人有所帮助的良好状态。"

"影响留学生心理健康的因素很多，综合当前的研究结果来看，主要包括人格特征、意志力、情绪、认知方式、应对技能、异文化接触时间长短、与本地人的人际关系、母文化与异文化的差别程度、当地的生活环境。"（陈玳玮，2010）对于公派留学生而言，能否建立他们健康的心理素质关系到国家培养高层次人才的目标能否达成。因为要公派出去的学生能够真正在异域中吸收知识养分、开阔眼界，就势必要使他们克服对于异文化产生的隔阂感和抵触情绪，同时也要克服对于异文化不加辨别全盘接受的偏颇态度。要及时引导他们正视自身文化与异域文化的差异和根源，客观地看待彼此的差距，建立健康的学习心态。

2.3 良好的环境适应能力

事实上，适应环境不仅是指身体上的适应，同时环境适应能力也是心理调节能力中的一个部分，之所以单独提炼出来是用来说明这一点在留学生健康素养中的重要性。因为对于留学生来讲他们要千里迢迢到远离祖国的地方学习，环境上的变化往往是非常大的，这包括自然环境和社会环境多方面的变化。

尤其是在社会环境方面，我国的社会主义制度和很多派往国家的社会制度存在差别，意识形态方面的差异与冲突不可避免，这就要求我们的公派留学生身处在不同的社会环境中，应该坚定我们自身的社会主义信念，在此基础上适应客观社会环境；另外很多留学生由于身处异乡常常生发出孤独感，思乡心切，影响了与当地文化的沟通。这就需要我们这些做留学生工作的管理者们通过各种手段加强与派出学生间的联系，及时发现他们心理上的变化和产生的问题。通过对他们的关怀和沟通来帮助尽快适应新的环境，建立健康而良好的国外学习生活心态。

三、文化素养

"在国民素质结构中，身体素质虽然始终是国民素质的物质基础和必要条件，但属于基础层次；心理素质虽然是国民素质的核心因素，而实质上它在身体素质和社会文化素质之间起着交互、中介作用，不能代表国民素质的最高层次。只有社会文化素质才是现代人即真正现实社会人的高层次素质。这是因为，社会文化素质能使国民身体素质、心理素质打上社会烙印，决定着国民素质的性质和发展方向。"（单培勇，2010）在公派留学工作中，文化素养也是选拔派出人员的最主要指标之一，学生能否公派出国，是基于他们本身的文化素养是不是已经达到国家培养高精尖人才的标准，因此文化素养是公派留学学生应该具备的最基本素养。

3.1 较高的科学文化知识水平

当今世界国与国之间的综合实力竞争的根本在于人才竞争，而人才竞争的焦点在于知识的竞争，对知识的传承和创新已经成为人类社会最主要的活动。通过提高留学人员的科学文化知识水平，进一步解放和发展生产力，是国家公派留学工作的出发点和落脚点。而国家公派留学工作的蓬勃发展，也体现出国家对人才的尊重和对提升国民科学文化知识素养的需求。因此，在国家公派留学生的国民素养教育中应该将提升学生的科学文化知识水平作为工作的重点来抓。按照国家留学基金委员会关于公派留学的"三个一流"的原则，坚持选拔优秀的一流学生，派往教育、科技发达国家和地区的一流院校，师从一流专业导师。有鉴于公派留学生在专业知识水平上相对较高、出国学习的环境也相对较好，在工作中应当注重对学生专业知识学习能力的培养，以带动其专业知识水平的切实提高，注重学习观的教育，以保障留学期间专业知识学习的可持续性。

3.2 良好的文明礼仪规范

中华民族自古就有"礼仪之邦"的美誉，文明礼貌、讲究礼仪是中华的优良传统，也是为人处世、接人待物的基本要求。"当前我国大学生的文明礼仪的本质和主流是积极的、向上的，并且对传统文明礼仪持认同态度……然而，现今大学生的文明礼仪素养却不容乐观。"（侯伟、贾龙、秦拓，2009）大学生文明礼仪素养的滑坡已经不容忽视，而国家公派留学生多数来源于高校学生群体，他们在留学期间所体现出来的文明礼仪素养水平将直接关系到国家形象的树立，因此加强文明礼仪素养的培育就显得尤为必要。而"所谓文明礼仪，就是要注重个人形象，讲求必要的礼节，它包括：在人际交往中，衣着整洁，举止文雅，说话和气，用词得当，守时守约；宽以待人、相互礼让；遵守公共场所的各种规定，不影响、不妨碍他人的正常生活，等等"（林世选，2009）。

3.3 学习型、创新性思维

"学习型社会"是我国提倡的积极向上的社会风气，在全民学习和终身学习两个坐标上沿纵横两个方向铺展。高校学生作为国家建设的生力军理应形成学习型思维，这一点是符合我国社会建设目标和人才培养战略的。特别是在公派留学工作中，应该注重培育学生的学习意识，充分调动学生对于学习知识的热情和渴求，在国外的生活中善于汲取包括专业知识在内的一切有益的养分。在遇到新鲜事物时学会客观地判断，批判地学习，辩证地消化，灵活地运用。

此外，创新性思维也是外派留学生应该具备的一种基本能力，同时也是在国外学习中需要集中锻炼的一种能力。中国的基础教育水平在世界上一直处于前列，但是学生过于依赖书本知识，依赖老师的课堂教学，对于大部分中国学生来讲死记硬背未必不能取得好的成绩。但是我们真正需要的是有创新精神的人才，是将来在社会建设中能够依靠自身丰富的知识储备和强大的创造能力为国家的建设注入新活力的人才。只有创新才能不再墨守成规，才能取得突破。而创新性既是公派留学生在选拔过程中的一个重要参考指标，又是学生在国外期间需要加强培养的一项主要文化素质。

新世纪、新阶段的国际竞争，说到底是人才的竞争。国家公派留学是中国改革开放策略的重要组成部分，是中国科教兴国和人才强国战略的关键构成环节，关系到我国人才战略的顺利实施和国家综合实力的进一步提升。特别是国家公派留学项目与高校中普遍存在的自费出国、校际交流等出国项目相比较而言，具有为国家建设培养高素质人才的明确培养目标，国家公派留学生不仅要掌握高水平的专业知识，更要具备较强的思想政治素养、健全的身心素养和良好的文化素养，唯有如此才能肩负起社会主义祖国建设者和接班人的重任。有鉴于此，实现高校公派留学生从单一专业知识培养到综合国民素养培育的结构性转变，做好高校公派留学生的国民素养培育工作具有重要的现实意义。

参考文献

陈玳玮　2010　留学生心理健康状况述评，《教育教学论坛》第 9 期。

侯　伟、贾　龙、秦　拓　2009　文明礼仪教育是大学生思想政治教育的起点，《山东教育学院学报》第 4 期。

林世选　2009　《国民素质论——和谐社会构建与国民素质研究》，中央编译出版社。

刘京辉　2011　认真贯彻落实教育规划纲要　推动公派留学工作科学发展，《世界教育信息》第 1 期。

单培勇　2010　《国民素质发展规律研究——国民素质学新论》，人民出版社。

国家建设高水平大学公派研究生项目探析

王 旭

北京语言大学人事处

提 要 教育部自2007年起设立了"国家建设高水平大学公派研究生项目",为我国高校的人才培养提供了新思路和新模式。但是,新项目的实施是一个不断探索的过程,如何发现和解决实施过程中遇到的问题将成为今后一段时期内留学研究工作的主题。

关键词 建设高水平大学项目 公派研究生

在高等教育国际化趋势下,国际交流与合作是我国研究型大学跻身世界一流大学之列的必由之路。为贯彻落实和紧密配合国家中长期科学和技术发展规划纲要的实施,培养一批若干年后国家建设所需各行各业的拔尖创新人才,教育部自2007年起设立了"国家建设高水平大学公派研究生项目",几年来的实践表明,参与该项目的学校和学生,都从这种跨国的教育合作中获得了差异化的学术资源和学习经验,尤其是对学生的成长显示出积极的效果,这在我国教育史上必将具有里程碑式的意义,它表明,我国下决心、斥巨资,努力建设一批具有国际高水平的大学,进一步落实"三个一流"的方针,同时,该项目的实施也必将对完善我国的现代高等教育及科研新体系带来深远的影响。本文将深入解析国家建设高水平大学公派研究生项目,分析项目执行过程中遇到的问题,并探索研究解决的方案,权为引玉之论。

一、国家建设高水平大学公派研究生项目实施中的问题

随着经济与贸易全球化进程的不断加快，大学教育"国际化"的趋势日益明显。从资源优势互补的角度讲，教育领域的全球化就像人类经济发展必然实行全球化一样，世界各国教育资源的配置与供给过程，也将在更开放、更具流动性、更注重优势互补的国际合作的架构中进行。由此，不同的教育机构可以通过集中精力发展具有比较优势的技术或文化领域，以便在全球教育资源配置的格局中形成更显著的特色；同时，通过教育机构之间的分工合作，弥补相对弱势的领域，最终实现全球的教育资源优化配置。在此环境下，教育者和被教育者都将获得更好的学习机会，尤其是被教育者可以在差异化的文化和技术环境中，汲取更丰富的学术营养和成长经验，正是在这一历史背景下，国家建设高水平大学公派研究生项目应运而生。自 2007 年以来，在培养高等学校国际化人才方面，国家建设高水平大学公派研究生项目领域里已经显现了重要的意义：（一）通过两个或多个国家的教育合作，取得了利用资金、师资、实验设备等方面的联合优势，研究生在此培养过程中，视野将更加开阔；（二）教育面向世界，跨国人才需求旺盛，我们培养高端的研究人才，不仅要了解本国的实际，而且对国际社会的政治、经济、文化等也有充分理解，要具备应付未来挑战并积极参加国际竞争所必需的心理素质、知识结构和应变能力，这种优秀人才需要在国际化的环境中磨炼。实践证明，公派研究生项目发挥了积极的作用。但是，正如任何新事物的产生和发展必将经历一个发展的过程一样，公派研究生项目的实施过程也是一个不断完善的过程，在这个过程中还存在着一些亟待解决的问题。

1.1 盲目选择留学单位，留学效果受到影响

国家建设高水平大学公派研究生项目针对的群体具有特殊性，即面向在校研究生，这些研究生绝大多数没有出国经历，有的研究生由于联系国外留学单位时间紧，担心不能在规定的期限内办理好所有手续，在没弄清所赴大学的情况下，就匆忙决定，结果选择了"远程大学"，实际就是类似国内的"电视大学"，这与国家留学基金委"到国外一流的院校、专业，师从一流的导师"的派出目的相距甚远。

另外，现阶段，研究生留学"扎堆"现象也日趋严重，这主要表现为留学目

的地"扎堆"和所学专业"扎堆"。首先是留学目的地的"扎堆",美国是中国学生青睐的大热门,根据国家留学基金委的统计,每年赴海外留学的人员中,有超过 70% 的人选择赴美国留学;其次是留学院校和专业扎堆,中国学生往往喜欢选择 MBA、金融、IT 等热门专业,导致了热门专业的竞争日趋激烈,其他专业无人问津的现象。"扎堆"现象不仅使留学通途变为竞争激烈的外国"独木桥",而且也给一些国家的教育设施和环境带来不小的压力,导致其教育质量下降,最终影响留学效益。

1.2 出国留学准备不足,难以适应国外环境

中国留学生出国后,在调适身心以适应新环境的同时,他们中的大部分人要面临难度和强度都较大的学习任务的挑战,由此可能产生精神紧张、焦虑、失落、沮丧和其他身心不适,这些都从不同程度上给他们的学习和生活带来负面影响。中国留学生在留学期间的困难大多因文化差异而引起。美国人类学家 Oberg(1960)最先提出的"文化冲击"(Culture Shock)指的就是这种现象。当人们置身于一个全新的异文化环境中,由于语言文化习俗和社会价值观等方面的差异,往往会产生一种无所适从、孤立无援的感觉,主要体现在:1. 文化与文化差异(文化冲击;难以融入所在国的文化);2. 对异文化和己文化的困惑;3. 跨文化交际(与目的语族人交友、与当地人打交道、人际关系、与其他异族文化背景人士交往、社交);4. 语言障碍在校学习(教学方法、风格和手段;对学习、生活和社交的合理时间安排);5. 思乡和孤独感及生活条件不好。如果留学前期准备不足,留学生出现不适应的情况将在所难免,必将影响到留学效益的最大发挥。

1.3 留学派出工作超前,配套管理相对滞后

在大学教育"国际化"的趋势日益明显的背景下,培养具有国际视野的应用型、复合型人才成为高校的重要目标之一。而教育部自 2007 年起设立了"国家建设高水平大学公派研究生项目",更为这一培养模式提供了千载难逢的机遇。几年来的实践表明,参与该项目的学校和学生,都从这种跨国的教育合作中获得了差异化的学术资源和学习经验,尤其是对学生的成长显示出积极的效果。但是,与留学规模跨速发展相对应的却是留学管理制度建设的相对滞后,具体表现

为：（1）缺乏健全的效益管理机制，缺乏对派出人员在国外进修学习和回国后的跟踪和反馈；（2）学籍、户籍的档案管理尚未形成统一、规范的管理机制。配套管理的相对滞后对"国家建设高水平大学公派研究生项目"的发展产生了一定的影响，因此，探索解决遇到问题的途径将成为今后一段时期的重要任务。

二、公派研究生项目存在问题的解决方法探析

新项目的实施是一个不断探索的过程，如何发现和解决实施过程中遇到的问题将成为今后一段时期内留学研究工作的主题。

2.1 多点出击、协同合作，切实解决选校难的问题

为了解决研究生选校难的问题，应当建立学校、导师、研究生协同合作的制度。学校应通过国际合作与交流处负责校际间的联系，通过与国外高校签署框架合作协议来积极向合作学校推荐学生。同时，对出访院校和来访教授、校长们积极宣传本项目，为学生和国外高校提供互相了解和面对面接触的机会，以保证研究生在学校强势支持下获得第一手的国际交流信息。导师作为联系、确定国外学校的主体，在公派研究生，尤其是联合培养博士研究生的派出工作中起到了关键作用。研究生导师是行业中的精英，他们中的很大一部分人通过参加国际学术会议、发表国际学术论文、出国留学研修等方式已经建立了对外联系途径。合理地利用这一途径将会为研究生创造更多的出国渠道。研究生作为派出对象，是完成公派研究生项目的最核心部分。他们应当在学校和导师的帮助下，积极利用一切可以利用的条件，寻求建立与名校名师之间的合作关系。应该说，与国外联系沟通本身也是一种锻炼，是出国留学工作的准备环节。通过这一环节，可以让研究生掌握多渠道获取信息的方法、增强与国外导师沟通的能力，对于提高留学人员的素质有一定的作用。

另外，高校应联合国家留学基金委开展多种形式的项目说明会，在留学国别和留学专业的选择上对研究生进行正确引导，通过这种引导和调整来保证留学结构的合理性。

2.2 强化留学预备教育，提高研究生的海外适应能力

我国在校研究生的国际交流并不频繁，他们在赴国外后，往往需要经过一个与国外陌生文化和学术氛围磨合的过程。针对研究生在国外遇到的内在与外在的不适应情况，应不断强化留学预备教育，特别是跨文化预备教育，以缩短学生出国留学的磨合期。跨文化预备教育包括：文化冲击、目的国文化背景知识和价值信仰、异域文化中的行为准则和注意事项及其与己文化的差异、如何尽快适应新的文化环境、如何应对困难、跨文化交际的技巧；在未来的留学生涯中将面临的语言、文化、交际、学习、饮食、人际关系、生活方式等方面的困难；文化与文化差异；跨文化交际技能；异国习俗风情和生活方式；礼貌；史地知识、学习技巧、天气，等等。通过出国前的跨文化训练，使研究生更清醒、客观、系统地认识并把握跨文化交际的复杂性，提高他们的跨文化敏感度和交际能力，使他们尽量从各方面作好跨文化交际的准备，以便在异国他乡能从容自信地迎接新的挑战，提高学习、生活和工作的质量和效率。

2.3 规范制度建设，保障留学效益

"国家建设高水平大学公派研究生项目"是一项刚刚起步的工作，还需要不断地完善和发展。根据项目执行中发现的问题，我们认为，完善两个机制的建设，是今后一段时期内的工作重点：

完善培养跟踪机制：对派出人员，在其国外进修、学习期间，应不定期对其学习进修进行跟踪，并作出评价；对留学回国人员，要建立回国总结汇报制度。经过评估和考核，对有突出成绩的回国人员可不受回国服务期限的限制，允许他们再次出国进修学习，跟踪世界科技发展水平。

完善户籍、学籍管理机制：根据教育部要求，出国留学的研究生户籍和档案都应留在派出单位，但由于学校户籍、档案以及就业派遣等有明确的管理规定，在实际操作中遇到了很大的困难。而各地区、各高校的做法也不尽相同，例如，北京的院校基本放在留学生服务中心，而其他学校有放在人才中心的，也有迁回原籍的。应根据实际情况探索研究统一规范、一体遵行的户籍、学籍管理体制，以方便研究生回国后的学习、就业。

总而言之，教育所能带来的是文化和经济上的双重效益。公派研究生项目

为研究生的专业训练提供了更多的机会，研究生参与国际研究可以大大缩短国内研究与国际前端科学研究的距离，克服独立研究的狭隘性，同时还将对社会文化产生深远的影响。可以预见，在未来的几年内，各高校对这一项目的需求将逐年增加。但国际知识交流活动也不完全是高质量的，一些国家的高等院校对于"母校"的教育质量是有保证的，但向其他国家提供的一些特许课程和研究项目却有可能低于标准。注意对公派研究生项目投资的合理有效的利用，以合理的成本提高研究生的留学质量，这本身就是提高高等教育质量和管理效益需要认真研究的一个重要课题。在今后一段时期内，我们应对"国家建设高水平大学公派研究生项目"进行不断地深入探索，最大限度地挖掘"项目"的潜力，为国家建设培养创新拔尖人才。

参考文献

冯丽芳、陈雪芳　2004　新形势下高校公派留学工作的思考，《黑龙江高教研究》第2期。

黄大卫　2005　国际交流与合作在建设研究型大学中的作用，《东南大学学报（哲学社会科学版）》第7期。

教师队伍国际化建设的主要问题及政策建议

姜云君　　张奇伟

北京师范大学人事处

提　要　在新的形势下，高等院校的教师队伍国际化面临着新的挑战。本文从高校教师队伍国际化建设的发展历程和主要特点出发，指出了目前教师队伍国际化面对的主要问题，分析了引起这些问题的主要原因，并提出促进教师队伍国际化的政策建议。

关键词　高等院校　教师队伍建设　国际化　问题　建议

94

随着世界经济一体化和人才流动全球化的加剧，社会对高等教育的国际化要求越来越高。同时，随着国家人才强国和科教兴国战略的实施，高校承担着为国家培养创新人才、推动科技发展、引领文明进步和提升国家国际地位的历史责任，高校肩负的国家使命越来越重大。而高校教师队伍的国际化直接决定着高校的生存与发展，决定着高校的办学质量和社会地位，同样也决定着高校的国际竞争能力和国家服务能力。只有实现了教师队伍的国际化，高校才能进一步提高教学科研水平，真正参与国际合作和竞争，才能够完成推动社会发展、提升国家国际地位的历史使命。

一、高校教师队伍国际化建设的发展历程及主要特征

高校教师队伍建设是学校建设发展的永恒主题。教师队伍建设在学校发展的

不同阶段，面临着不同的矛盾和问题，具有阶段性特点。教师队伍建设必须遵循规律，把握节奏，才能持续发展。

1. 教师队伍建设的发展历程。 改革开放以来，高等院校教师队伍建设大致经历四个阶段。第一阶段，主要解决教师队伍规模严重不足的问题。随着高等教育的复苏，高校教师队伍面临严重不足，高校积极采取措施，补充足够数量的教师到学校工作，以满足不断恢复的高等教育的需要。第二阶段，主要是解决教师队伍学历层次偏低的问题。为了提高教师的整体素质和学校的教学科研水平，学校不断提高录用新教师的学历层次，同时鼓励教师在职攻读学位，以逐步优化教师队伍的学历结构，提高教师队伍的整体素质。第三阶段是解决开阔教师队伍"国际化视野"的问题，学校通过多种渠道，利用各种经费，选派教师出国留学、进修访问，学习国外先进的教学理念和研究方法，开阔视野，进一步提高教师队伍的整体素质和学术水平。第四阶段是解决高层次人员不足的问题，并全面提升教师队伍的国际化程度。高校创新机制，增加投入，保证重点，吸引高层次人才，积极开展国际交流与合作，提升学校学术竞争实力，提高学校的国际影响力。从教师队伍建设的发展历程可以看出，高校教师队伍建设已进入全面提升国际化水平的新阶段。

2. 教师队伍国际化建设的发展历程。 国内高水平大学已把教师队伍的国际化摆在教师队伍建设非常重要的战略地位，把教师队伍的国际化问题列为"十一五"期间学校教师队伍建设的重要工作之一。教师队伍国际化建设是一个长期的过程。首先高校要具有相当数量的具有国际化思维模式、国际化知识结构、国际化交往能力的教师；其次，高校要具有相当规模的实质性国际交流和合作项目，扩大交流区域，提高合作层次，推动教学科研国际化；再次，高校教师队伍要具有真正的国际竞争实力，能够产出被国际学术界和国际社会认可的学术成果，在国际学术舞台上发出自己的声音，最终为人才强国和科技强国战略的实施承担起人才培养和科学研究的历史使命和责任。由于学校发展定位的不同、学科发展的不平衡，三个阶段不是完全隔绝的，而是相互交叉、重叠、协调发展的。

3. 教师队伍国际化的主要特征。 从宏观层面看，教师构成要国际化。教师来源于不同文化和学术背景，在高校教师队伍中要不断增加具有国际工作经历、国际交流合作经验的教师，特别是要录用具有国外系统教育的教师，营造"国际环境"。从微观层面看，教师素质要国际化。21世纪的教师应该是具备国际战略视野、国际合作经历、国际学术水准，具备宽厚的基础知识，较强的创新研究能力，有国际交流合作能力的"国际人"。最重要的一点是教师开展工作要国际化。教师队伍国际化的目的最终表现为教学科研的国际化，即人才培养、科学研究和社会服务的国际化。

二、目前高等院校教师队伍国际化的主要问题

高校教师队伍的国际化建设主要存在两方面的问题，一个是数量方面的问题，一个是效益方面的问题。数量是形式，效益是内容；数量是基础，效益是目的，两者辩证统一，相互作用。目前高校教师队伍的国际化建设应该说还处于初级阶段，首先面临的是数量积累问题，主要表现在以下几个方面：

1. **高校具有外国国籍教师人数过少**。我国高校教师中具有外国国籍的教师人数非常有限，大部分高校的外籍教师还主要为外语教师，真正从事专业课教学的外籍教师很少。外籍教师的比例是一个学校是否国际化的重要标志。世界著名大学，外籍教师的比例至少要达到教师总数的20%。国际化人才和创新型人才的培养需要多元思想的碰撞和交融。也只有汇集不同文化背景的世界各国的精英一起工作，才能吸收世界各地先进的教育理念、教学方法和研究方法。聘用外籍教师是营造多元文化、多元思维"国际环境"的重要途径。

2. **高校具有国外高水平大学博士学位的教师比例太低**。事实证明，高水平的大学毕业生的学术修养、竞争实力和发展潜力相对更高。据有关资料统计，清华大学长期以来非常重视这个问题，并制定了相应的导向政策，其教师队伍中具有国外高水平大学博士学位的人员占到教师队伍总量的40%，是目前国内高校中比例最高的。大部分高校教师队伍建设还处在提高博士学位比例阶段。

3. **具有国外工作经历的教师人数很少**。以前高校补充人员的主要渠道是录用应届毕业生，补充人员渠道非常单一。近几年，随着人才强国和人才强校战略的实施，高校创新了多元的用人制度，利用国家和学校的人才项目，吸引了一批高层次人员到高校工作，其中有一些为在国外高校或科研机构长期工作的人员。他们对国际学术界的游戏规则更了解，能够更好更快地促进高校教师队伍的国际化进程。

4. 具有国外进修访问经历的教师比例仍然不足。自改革开放以来，国家和学校不断调整培养政策，增加经费投入，选派教师出国进修访问，开展国际交流与合作。但各高校教师队伍中具有国外进修访问经历的人员处于不平衡状态。国际交流开展较好的学校，具有国外长期进修学习的教师人数已占到教师总数的80%，但大部分高校有国外进修经历的教师人数不足50%，或者更低。

数量的不足直接影响效益。目前我国高校教师队伍的国际化程度还很低，因此，高校国际化课程体系的建构、实质性国际科研合作项目的开展、标志性国际化科研成果产生的能力还严重不足。高校应对国际化竞争的实力面临着严峻挑战。

三、造成目前这种状况的主要原因

任何事物的发展都要受到历史条件和现有资源的限制，教师队伍的国际化问题也不例外。造成目前这种情况的原因，主要存在以下几个方面：

1. 观念认识不够。人们已逐渐意识到观念和认识是制约改革和发展的重要因素。无论是学校还是院系所，无论是管理人员还是教学科研人员，都已经认识到教师队伍国际化的战略意义，但很多时候还停留在务虚层面，认识程度有待进一步提高。由于认识的局限，在制度设计、环境建设和具体操作时，投入的时间、精力和经费就大打折扣，国际化进程的速度自然受到影响。只有观念认识到位了，政策才跟得上，措施才落得实。

2. 规划制定不实。作为指导思想和行动纲领，一个质量优良、指向明确、切合实际、具较强可操作性的规划是工作顺利开展、取得较大成效的重要前提和根本保证。没有规划，做任何事情都是盲目的。教师队伍国际化行动规划，是一所大学发展国际化事业的必需。目前，许多大学对国际化建设缺乏一个系统的规划，不能统筹考虑引进与培养、专职与兼职、教学与科研等方方面面的问题。由于缺乏科学合理的整体规划，难免导致在具体的工作中不能从实际出发，或者不能从需求从发。

3. 制度建设不力。为了促进学校教师队伍的国际化进程，学校必须从教师的录用、使用、培养、晋升、考核、发展等各个环节入手，制定相应的倾斜政策，以增加吸引力。目前看来，学校的制度建设跟不上形势的需要。例如入口把关不严，对教师来源控制不够，对补充人员的国际化发展潜力强调不够，给学校未来发展带来被动；对做出国际认可的学术成果的教师，在职务晋升和聘任考核时，没有给以特殊的政策倾斜，没能跟上足够的政策导向和激励机制，等等。目前在我国，把"国际化"作为高校发展定位的大学很多，但缺乏的往往是行之有效的配套制度和措施。

4. **经费投入不足**。无论是引进人才还是培养人才，都离不开经费的投入，没有足够的经费投入，教师队伍的国际化只能是一纸空文。目前高校在引进国际化人才和选派教师出国学习方面，经费投入面临着巨大的困难。学校投入的经费在引进高层次国际化人才方面缺乏足够的吸引力，在培养国际化人才方面还以利用国家留学基金和争取国外学校经费支持为主，教师培养的主动性和针对性受到很大限制。很难想象，经费投入不足的大学在国际竞争中能处于主动地位。经费投入仍然是大学国际化建设的最大瓶颈。

5. **环境开放不够**。开放是大学的基本特征。开放的环境是保证教师队伍活力和持续发展的基本前提。一个封闭的系统注定是要僵化的。一个系统，只有建立了流动的平衡才能生机勃勃，才能持续发展。由于受到观念、利益、条件等因素的影响，目前中国大学办学环境不够开放，教师来源不够多元，用人机制单一，交流渠道窄，等等。要办好大学，必须实行开放的政策，对国外开放，对校外开放，校内各单位之间开放。开放是为了了解，开放是为了合作，开放更是为了发展。环境开放了，思想势必进一步开放，行动就更快一些。纵观世界各地大学的发展历程，可以清楚地看到这样一种行踪轨迹：凡成功的大学，无不走开放之路；早走开放之路，就早获成功之果；开放得越全面，成果就越丰硕。

四、促进教师队伍国际化的政策建议

"引进和培养"是高校教师队伍建设的基本原则，也是教师队伍建设的基本途径。引进能够保证教师队伍的多元结构，培养能够提高教师队伍的整体素质。教师队伍的国际化建设同样离不开引进和培养，学校要在引进和培养上做文章，在扩大规模和提高质量上下功夫，相互协调，不断优化教师队伍结构，提升教师队伍国际化水平，为学校建设发展提供能够应对国际竞争的人才支撑。

1. **提高认识，从实际出发，制定切实可行的教师队伍国际化建设中长期规划。**

学校各级领导要进一步解放思想，提高对教师队伍国际化重要性的认识，把教师队伍的国际化建设当做一件大事来抓，花大力气抓，长期不懈地抓。学校必须从实际情况出发，制定切实可行的国际化教师队伍建设规划，要科学合理地谋划未来国际化人才队伍建设工作，充分发挥规划统领全局、指引方向、紧握重点、安排节奏的功能，应该从宏观与微观、现实与未来、过去与现在、整体与局部等的相关联之中对下一个阶段的人才队伍建设工作进行全面、立体和深层次的思考和设计。制定规划时，要分析学校发展的需要，分清轻重缓急，了解约束条件，做到切实可行。

2. **不断创新用人机制，通过强有力的政策导向，优化教师队伍的国际化结构。**

创新用人模式，有条件的高校可以创设灵活、宽松、形式多样的聘用机制，提供与国际接轨的薪酬体系和科研条件，有计划地引进外籍教师，调整教师队伍结构，营造学校的国际化氛围，提升学校的国际知名度，为学校的学术发展注入生机和活力。在国家现有政策体系尚不完善的情况下，高校要引进外籍教师，必须创新现有的用人模式，打破现行的用人机制，开辟一条新的道路。如利用"985工程"科技创新平台建设的契机，围绕科研项目，吸纳外籍人员参与科学研究，或聘请国外知名专家来校做讲座教授，开设课程和讲座。

利用国家已有的人才项目或学校自设人才项目，使用灵活多样的用人形式，引进在国际学术界有影响的高层次人才。"长江学者奖励计划"已实施多年，为高校引进高层次人才起到了很好的示范作用。各地区、各高校积极设立自己的人才项目，加大投入力度，明确支持学科，吸引了一批优秀人才，为学校的建设和发展作出了很大贡献。事实证明，这是一条行之有效的道路。

加大力度引进具有国外高水平大学博士学位的毕业生，尤其对重点学科或重点发展领域，一定要采取强硬政策提升补充人员的层次，限制本校毕业生留校人数，增加国外高水平大学毕业生录用比例，关注录用人员的学术背景，优化学缘结构，提高用人层次。

3. **完善教师培养体系，加大经费投入，提升现有人员的国际化程度。**

充分利用各种渠道，选派青年骨干教师出国进修访问。一方面学校要保证派出规模，如预留机动编制，院系所在不影响教学科研的情况下，有计划选派教师出国进修学习；提高出国人员在出国期间的待遇，以增加派出项目的吸引力；下放管理权限，使院系所在派出人员的选拔和管理上有更大的自主权；从政策上鼓励教师积极开展实质性的、深度的、长期的国际合作项目等等；同时，进一步完善学术休假制度，保证教授利用学术休假定期出国访问，建立高端联系，保证持续合作，另一方面学校要不断提高派出质量，坚持"三个一流"的原则，实行目标管理，把质量问题真正落到实处；同时要有配套政策，协助教师扩大国际交流与合作的成果，如设立专项基金、支持学院承办国际学术会议、支持教师在国外重要期刊发表学术论文或出版学术专著，提升学者、学科、学院和学校的国际知名度，扩大国际影响力。

4. 树立长远战略眼光，有计划地建设学校国际化教师队伍的人才储备库。

随着高校教师队伍国际化进程的推进，国际化教师的培养主要在职前完成。教师入校之后应依托于承担的教学和科研工作来不断提升自己的水平和实力，专门的学习、培训更多的是为了完成具体任务而进行的短期出国学习。这就对高校录用教师工作提出了更高的要求，高校必须树立长远战略眼光，有计划地建设人才储备库，为学校教师队伍建设提供高质量的目标人群。根据学校学科建设和教师队伍建设的需要，在校内选拔优秀学生赴国外高水平大学攻读博士学位，并为其出国学习提供经费支持或其他条件保障；同时要瞄准国外高层次人才"校友资源"，增加合作机会，增加感情投入，或吸引其回校工作，或调动其积极性，为学校人才培养、科学研究牵线搭桥，以多种方式为学校国际化发展作出力所能及的贡献。

高校教师队伍的国际化对学校的长远发展至关重要。但教师队伍的国际化建设是一个长期过程，也是一个系统工程，不能急于求成，不能急功近利。高校必须根据自身的发展定位和实际情况，充分利用国家政策，统筹考虑学校资源，把握好规模、结构、质量和效益的关系，实事求是，尊重规律，紧紧抓住机遇，积极应对挑战，使高校教师队伍的国际化建设工作迈上新台阶。

科学发展视阈下的高校公派留学工作探微

郑承军[1]　　李秋实[2]

[1]北京语言大学人事处　[2]北京语言大学图书馆

提　要　教育部自2007年起设立了"国家建设高水平大学公派研究生项目",为我国高校的人才培养提供了新思路和新模式。但是,新项目的实施是一个不断探索的过程,如何发现和解决实施过程中遇到的问题将成为今后一段时期内留学研究工作的主题。

关键词　科学发展观　公派留学　人才培养

据资料统计,截至2010年,国家留学基金委共录取各类国家公派出国留学人员13021人。其中"国家建设高水平大学公派研究生项目"共录取5123人,派往的国外高校或科研院所主要在美、英、德、日、加、澳、法、荷等国,大部分位居各学科领域世界前列,其中世界排名前100名的留学院校约占47%。在2011年的《国家公派出国留学十年规划》中,公派出国留学的规模将进一步扩大,总规模到2015年将在原有基础上翻一番。为了加快创建世界一流大学和高水平大学的步伐,培养拔尖创新人才,国家在高校公派留学方面的规模也将相应扩大。(以上数据来自刘京辉,2011)规模的扩大不仅是数字的增长,同时也需要提高人才培养质量,这有赖于科学发展观的统筹指导。科学发展观是推进我国各项事业改革和发展的一种方法论,也是中国共产党的重大战略思想。《国家中长期教育改革和发展规划纲要(2010—2020年)》中明确指出要扩大教育开放,同时2011年适逢我国"十二五"规划的开局之年,在规划中也将"创新驱动,实施科教兴国战略和人才强国战略"放在突出位置。在科学发展观的视阈之下，高校的公派留学工作也有必要深化对于以人为本、全面、协调、可持续发展的理解，总结既有经验，树立清晰的发展目标，将科学发展观与具体工作结合起来，为推动新时期公派留学工作，为国家培养合格的高层次、创新型人才作出积极的实践与探索。

一、公派留学工作应始终围绕"以人为本"的核心

"以人为本"是科学发展观的核心，是国家人才培养的核心，也是高校公派留学工作坚定不移的核心所在，公派留学工作始终要围绕着这一核心展开。

1.1 树立以人为本的人才观念

《国家中长期人才发展规划纲要（2010—2020 年）》中对国家人才队伍建设进行了主要任务的部署，目标之一是"培养一线创新人才和青年科技人才，建设宏大的创新型科技人才队伍"。主要举措包括"创新人才培养模式，建立学校教育和实践锻炼相结合、国内培养和国际交流合作相衔接的开放式培养体系"，以此来"发展创新文化，倡导追求真理、勇攀高峰、宽容失败、团结协作的创新精神，营造科学民主、学术自由、严谨求实、开放包容的创新氛围"。国家对于人才培养和发展的高度重视，本身体现了"以人为本"这一理念，而高校的国际交流合作作为人才培养的主要举措之一，特别是作为整体人才发展体系中的一个重要环节，理应秉承"以人为本"这一核心。

1.2 在具体工作中落实以人为本

在明确树立以人为本的整体人才观念基础上，高校公派留学工作在具体实施层面也应贯彻这一核心原则，包括项目的选择和制定、人员的选派等等流程，都应充分体现以人为本原则，即，根据国家发展的切实需要以及人才培养的具体需求设立出国项目，力求使培养项目与国家的发展建设充分协调一致，同时使人才的个人发展得到充分满足。

2007 年，经国务院批准，财政部、教育部设立了国家建设高水平大学公派研究生项目，该项目为高校打造国际化人才、实现高层次人才的培养和国际交流

搭建了平台，扩大了我国与国外一流大学、一流学科专业的交流与合作途径，在五年计划中每年选派五千名一流研究生赴国外一流的院校、专业，师从一流的导师，大批青年学生通过较长期的国外科研经历学习西方先进的科学技术知识，同时深入了解异国的风土人情、民族文化，对于提升整体综合素质有着极大的益处。高校的公派留学工作应该抓住这一机遇，配合国家做好对学生相关留学工作的一条龙服务，在每一个具体的工作环节中都体现出以学生为本的态度。

1.3 制度保障层面的以人为本

以人为本还体现在制度保障层面。邓小平同志 1978 年作出的关于扩大派遣留学生的指示成为我国留学工作重新运行的起点，随后这一工作得以日渐丰富和成熟，当中也遇到一些问题，需要不断在制度上加以完善和解决，通过使公派留学工作步入法制化发展轨道，逐步建立起长效的高层次人才培养机制，来为国家发展提供有效的人力资源保障。

二、高校公派留学工作应坚持全面发展的原则

"全面"是科学发展观的基本要求之一，高校公派留学工作上的"全面"可以从以下几个方面作出努力，即，全面宣传，全面覆盖，全面培养。

2.1 全面宣传

目前我们的公派留学项目正呈现出逐年增多的良好势头，越来越多的人有机会借助公派留学的平台到国外学习交流，丰富对于世界的认知，提高自己的科学文化水平。而如何更大范围地使各类优秀人才受惠于公派留学项目则有赖于宣传工作的全面铺开。通过在高校各个专业进行大力、深入而持久的宣传，使更多的学生了解公派留学工作的项目情况、流程和选拔条件，令有潜力的优秀学生找到提高自身能力、贡献祖国建设的有效途径。

2.2 全面覆盖

公派留学工作的"全面覆盖"包含三个层次的内容：首先，是项目重点领

域的全面覆盖。根据《国家中长期科学和技术发展规划纲要》要求，国家留学基金委公派留学项目和选派的重点领域紧紧结合涉及能源、资源、环境、农业、制造、信息、生命、空间、海洋、纳米及新材料、人文及应用社会科学等方方面面，高校应结合自身的发展特点和学科设置尽量全面地建立国际交流合作项目。其次，是在派出人员层次的上全面覆盖。高校的各类公派留学人员中应尽量全面涵盖博士学位研究生、联合培养博士生研究生、高级研究学者及访问学者、硕士生、短期研修生、本科生等各层次人员。第三，是在对人才进行选拔的过程当中应注意全面覆盖，放宽口径、严格选拔，也就是说，在选拔范围上有针对性地扩大覆盖面，增加高校优秀人才参与项目选拔的机会，在此基础上严格按照选拔评审程序和标准进行遴选，优中取优。

2.3 全面培养

全面培养主要是指高校公派留学工作要深入领会《国家中长期教育改革和发展规划纲要（2010—2020年）》中的要求，同时了解国家公派出国留学的具体规划，通过加强国际交流与合作提高我国高校教育的国际化水平，使培养出的人才不仅能够掌握高精尖的本领域技术，同时还具有国际化视野，通晓国际规则，能够参与国际事务，具有较高的综合素养，以适应国家经济社会对外开放和国际竞争的要求。

三、高校公派留学工作应坚持协调的发展原则

科学发展观的另一项基本要求是"协调"，高校公派留学工作中的"协调"主要是要协调好三方面的关系：

3.1 与国家人才培养需求相协调

"国家公派出国留学面向的是高层次人才，也是我国高层次人才培养的重要途径。自改革开放以来，国家公派出国留学始终坚持为国家发展战略服务的宗旨，以国家发展战略、国家重大工程项目对人才的需求为导向，以培养一批能够提升自主创新能力、具有国际视野的拔尖创新型人才为目标，为国家发展提供强

有力的人才支撑和智力保障。"（周一、张鹤，2009）高校公派留学项目的设立、选拔人员的专业领域都应符合国家人才培养的需求，与国家人才发展规划协调一致。

3.2 与高校的发展目标相协调

国家公派留学不仅要与我国的人才培养需求相协调，还要与人员派出高校的自身发展协调统一，在参与国家公派留学的过程中，高校可以通过项目间的国际交流获得有利的发展契机。国家建设高水平大学公派研究生项目就为学校的发展提供了广阔的空间，它搭建起了国家、高校、个人三者之间的桥梁，通过学校的参与推进了项目进行，在得到高校领导高度重视的前提下，充分调动起高校人才参与项目的积极性和主动性，推动高校将培养高层次人才作为一项重要工作常抓不懈。这有利于实现创建高水平国际化大学的目标，也有利于高校的学科建设和师资队伍发展。

3.3 与个人自身发展相协调

国家公派留学工作归根到底是进行人才的培养，不论搭建什么样的平台、设立怎样的项目都是为了使派出学生有机会提高个人的知识技术能力水平，那么高校在工作中就理应注意协调与个人自身发展的关系，项目应充分调动参与学生的求知热情，人员的选派应特别注意与高层次科研项目相结合，使留学生在积累理论知识的同时获得丰富的实践经验，同时项目的学习也应充分考虑留学生个人的长远发展，使他们真正能够发挥所长，学有所用。

四、高校公派留学工作应坚持可持续的发展原则

国家公派留学工作是一项长期的任务，它已经伴随中国的改革开放走过了关键性的历史时期，在它发展的过程中根据出现的具体问题始终进行着调整和改革，而高校在这一进程中也需要相应地在科学发展观的指导下进一步寻求可持续发展的途径。

4.1 形成可持续的工作链条

要做好公派留学工作，首先要确保每一个工作环节都做精、做细，环节与环节之间要连接顺畅，形成可持续的工作链条。在制定重点选派专业和领域的计划时应加强针对性，明确国家经济建设发展对于人才的需求，同时充分结合高校自身定位、学科建设目标和人才培养方向；项目计划制订好后要做好先期宣传工作，使留学人员对项目充分了解，并且在管理上完善政策措施，在报名选拔过程中组织领导带队的专家小组严格审核把关，制定、完善项目的实施方案和管理规定，明确校方和留学者本人的权利义务；在办理留学手续的过程中优化流程，做好指导工作，并且将相关政策及审批程序实行网上公开，随时接受监督；加强对留学人员的行前教育工作，使他们进一步明确国家在留学工作上的培养目的和管理规定，明确自身在国家人才发展战略中的地位，加强爱国主义教育，增强留学人员的使命感和荣誉感，使他们将海外留学看做是将来回报祖国建设的强大动力。

4.2 形成可持续的运作循环

形成顺畅的工作链条只是高校整体公派留学工作中的一个片段，要让这一工作能够更加长期、高效、有机地运转还有更高的要求，那就是形成可持续的运作循环，只有整体工作循环起来，才可能在过程中通过发现问题、解决问题，增强公派留学工作的生命力。因此有这样几项工作需要引起高校的重视，也是以往工作中容易被忽视的薄弱环节：

首先，要加强派出后的监管工作。高校的公派留学工作绝不能在人员派出后就停止了，而是要持续关注留学人员的学习、生活状况，保持联系，经常沟通。在制度上建立约束和监管机制，通过事先签订的协议确保国家、学校、派出人员的利益不受侵害，也确保留学人员能够遵照协议按期回国，为祖国服务。在情感上，每逢国内的重大节日，向留学人员致慰问信表达校方的祝愿；遇到留学人员所在国发生突发状况时，第一时间与他们取得联系，使他们知道虽然身在他乡，但一直是母校师生的牵挂；校方有机会访问留学人员所在地时尽可能争取机会与他们见面，使他们感受到学校的关怀；设立专门的校方联络员，通过便捷的网络通信技术随时关注他们在外的心理健康，等等。这样做一方面体现了高校公派留学工作的法制化，通过对派出人员留学情况的密切追踪可以及时发现工作中的问题不断进行调整改进，对于提高归国率起到重要的推动作用；另一方面能够加深留学人员与学校的感情，增强他们的使命感和责任感，使他们坚定归来报效祖国的信念。

第二，要做好回国认证和课程衔接工作。留学人员归国后所面临的一个重要问题是认证问题，而这项工作虽然是发生在派出人员回国之后，但是相关手续的流程、安排却是应该事先做好并加以制度化管理的，不能够临时抱佛脚，等到人员回国才发现工作中哪些环节出了问题，部门间哪里沟通不畅，给认证工作带来障碍。这将违背国家对于优秀人才培养的初衷，也将对高校公派留学工作的长远发展带来不利影响。另外，还应该做好归国学生的课程衔接工作，使他们在国内外的课程既不存在重叠，浪费教育资源；又不存在隔阂，避免他们在国外的所学独立于国内的课程体系，影响整体的知识架构。

另外，建立公派留学的反馈体系也是十分必要的。反馈体系是发现问题、解决问题的直接来源，通过对于项目派出人员所在学校、导师的反馈，了解本校留学人员的整体面貌和特殊问题，以便加以及时导正；通过留学人员的反馈，了解项目进行的实际情况，考察项目的设立是否达到了预期的目的和效果；通过对于公派留学各个具体工作环节上的反馈，发现流程上的疏漏，完善、改进和加强相关工作机制，真正实现这一工作的良性循环，做到可持续发展。

高校的公派留学工作是国家整体留学工作的重要组成部分，并且承担着我国培养高层次创新型人才的艰巨任务，以往的高校公派留学工作在国家统一发展规划的指导下走出了一条健康发展的道路，今后在科学发展观的继续引领下，通过在工作中落实以人为本，全面、协调、可持续发展的精神，还将取得更为突出的成绩，为国家长远的发展建设提供更高质量的人才保障。

参考文献

董志学　2007　探索公派留学人员的服务机制，《神州学人》第 9 期。

《国家中长期教育改革和发展规划纲要（2010—2020 年）》。

《国家中长期人才发展规划纲要（2010—2020 年）》。

黄　芳、董郁倩　2009　加强公派留学　促进教育发展,《现代经济信息》第 18 期。

刘京辉　2011　认真贯彻落实教育规划纲要　推动公派留学工作科学发展,《世界教育信息》第 1 期。

周　一、张　鹤　2009　科学发展公派留学事业　促进高层次人才培养　服务国家发展战略——访国家留学基金管理委员会秘书长刘京辉,《世界教育信息》第 9 期。

浅谈德国高校教师管理制度及改革

刘建设

北京邮电大学

提　要　本文介绍了德国高校人事管理的现状和特点，并分析了德国
现行人事管理制度存在的问题和改革的共向。

关键词　德国　高等学校　人事制度

上世纪 80 年代中期，中共中央做出了《关于教育体制改革的决定》，随后在我国高教领域掀起波澜壮阔的改革大潮。从 1999 年起，多数高校进行了系统的内部体制改革，其中人事制度改革首当其冲。目前，在各高校多年实践的基础上，由国家人事部主导的高校岗位改革和收入分配制度改革正在进行。为了保证此次重大改革的顺利进行，少走弯路，我们有必要充分了解和借鉴世界发达国家高校的人事管理经验。笔者有幸于 2006 年 12 月参加了由国家留学基金委组织的高校管理干部培训班，赴德国进行了为期三周的高校人事管理培训，比较全面地了解了有关德国高校的人事管理情况。现就德国高校的教师管理制度和改革作一综述，希望能对我国正在进行的高校人事改革提供帮助。

一、德国高校教师结构及管理

德国高校的人员一般分为学术人员和非学术人员，前者主要指教学科研人员，后者主要包括管理人员和雇员。而教学科研人员即高校教师，又包括教授、

助理教授和学术助手三个层次。助理教授和学术助手通常称为学术中层。

我们主要对学术人员的结构组织及其管理情况进行分析。

1.1 教授及其管理

教授是高校中的学术权威，在学校具有实质的权力，可以代表学校法人对外签订合作协议。在工作中，全面负责所带学术团队的教学、科研、企业合作、学校社会工作、学生管理、国际合作等工作。教授岗位分为三个等级，依其工资级别被分别称为 C2 教授、C3 教授和 C4 教授。其中 C4 的级别最高，原则上，只有大学和同级别高校才拥有该职位。教授身份为国家公务员，工资由政府负担。工资一般由基本工资和家庭补贴构成。每两年晋升一级工资。一共可晋升 15 级。德国的教授历来有着相当的威望和权利，并拥有令人羡慕的社会地位和生活条件。当今，教授们的权利有所限制，但依然是高校中的特权阶层。首先，教授是高校研究和教学活动的主要组织者和责任人；其次，教授几乎都是终身的国家公务员；第三，所有的非教学科研人员原则上仍像过去一样由教授安排；第四，教授拥有稳定而优裕的生活条件。

德国教授的选聘比较严格，实行教授资格备选制度。候选人必须具有两项条件：博士学位和论文、博士后的研究论文。在此基础上，才能参加教授备选资格考试，考试合格则具有教授资格。从讲师聘为教授没有时间的限制，但获得博士学位只能申请副教授职位，博士后才能申请正教授职位。由于德国以前实行教授终身制，经常存在具备了教授资格而没有教授职位的情况。也就是说在正常情况下，要得到教授职位，必须在大学毕业后再获得两个资格，即博士学位和教授备选资格。前者平均需要的时间约为 4 年，后者为 7—8 年，两者加起来大约为 12年。因此，在德国获得教授职位的道路是一条充满竞争和风险的漫漫长路。

1.2 学术中层及其管理

学术中层是高校的骨干教师，属于教授之下的教学科研人员。他们的被聘资格、工作任务、工资待遇、劳动关系、工作合同期限以及职业前景各不相同。其中高级助教或者高级讲师是具有教授备选资格的人员，他们的工作前景是等待教授职位，有一定的独立承担科研和教学的权利，其工资等级为 C2 级，等同于 C2教授的级别，工作期限大概在 4—6 年；而应聘科学助教和科学助手的人员，分别需要拥有博士学位和学士学位，他们的工作前景是取得教授资格，没有独立承担教研的资格，只能在教授的领导下完成研究和教学任务，其工资等级为 C1 级，前者的工作期限为 3—10 年，后者为 5 年左右，但是约有 1/4 的科学助手为终身职位；另外，还有约 5% 的人员是担任特殊任务的教师，他们具有丰富的专业知识，独立从事实践知识和技能的教学，大部分是终身职位，其工资级别为 C1 级。

学术中层的人员当中，大学毕业的科学助手占绝大部分，约为 86%，是德国高校中科研和教学的生力军。整个学术中层群体具有以下基本特征：(1) 在教授领导之下开展工作。除处在所谓的教授"等待职位"上的高级助教和高校讲师外，占高校科学人员人数最多的科学助手及其他科学人员则都必须在教授的指导之下从事科研和教学活动。(2) 多为有期限的工作，除担任特殊教学任务的教师及少数科学助手为终身职位之外，大部分人都为 4 至 10 年的有期限的职位。(3) 除拥有终身职位的人外，大部分人都是在争取博士学位或教授备选资格，并以谋取教授职位为最终职业目标。(4) 他们的身份不一，薪金的来源也不一。

从以上分析我们可以看出，德国的高校教师结构及其管理带着德国 19 世纪传统大学深深的烙印：(1) 大学教授职位的充分保障性。教授作为国家公务员，享有终身职位，工资由政府负担，这一制度保证教授可以不为其生存条件和世俗要求所困扰而能独立、自由地从事科学和研究活动。(2) 大学的科学研究活动与外界，特别是经济界较少发生联系，他们认为学者们在从事科学活动的时候，不介入政治，也无需考虑经济因素。(3) 教师结构上表现出反组织化倾向。政府在高等教育发展规划、学科设置、资源分配以及学历认定、教师的聘用等方面发挥着重要的控制作用。高度的组织化管理使得教师具有反组织化倾向，尤其体现在高校学术中层人员类型和教授选聘的过程中。(4) 教师结构的不合理性。德国高校学术中层的类型不但多样而且繁杂，而作为高校教师职业发展的目标——终身教授，没有前设职位，只有一系列的资质条件，包括大学授课备选资格。

二、高校教师管理制度改革

随着高等教育的大众化、全球性的教育经费匮乏以及国际竞争的加剧，人们对德国高校现行的教师制度产生了信任危机。为此，自 20 世纪 90 年代以来，德国政府、各党派、学术团体及各利益集团的组织纷纷提出有关高校内部人事制度改革的建议。虽然出于政治目的和集团利益的考虑，各组织及个人在有关高校内部人事制度的改革主张上有很大的分歧，有时甚至是针锋相对的，然而当前德国高校人事制度改革的大致走向和目标是相当明显的：改革学术选拔制度，缩短获取学术性职业资格的时间，即改善确定学术资格的程序；引入具有竞争性和业绩定向的工资制度，包括建立以竞争原则为基础的灵活的工资结构；创造良好的科研环境，增强高等学校校外研究机构和企业间的职业流动性，使教授在这三者间的自由流动成为一种普遍而正常的现象。

为此，德国高校教师管理制度的改革主要从以下几个方面进行。

2.1 改变教师结构，增设助理教授职位，缩短教育时间，促进高校科学后备人才

据统计，在德国获得博士学位者的年龄平均为 32 岁，而取得教授备选资格者平均年龄则要达到 39.5 岁。在此之前，他们不但经济上能力有限，而且其研究工作也受制于领导他们的教授。虽然 1985 年修订的《德国高校总纲法》已增设了高级助教（聘任期 4 年）、高级讲师（聘任期 6 年）以及科学助教（聘任期 3 年）等职位。但高校校长联合会和"高校劳动法改革"专家委员会均认为，为了解除大多数高校科学后备人才生活的后顾之忧，同时帮助他们取得独立的研究和教学经验，高校应当提供一个工作期限至少为 6 年的相当于 C2 教授的职位，且采取面向所有博士学位的教学科研人员的公开招聘形式。因此，需要增设助理教授职位，缩短科学后备人才的教育年限和首次受聘的等待期。

助理教授职位的增设改善了学术职业资格的确立程序，这一职位是有时间限制且主要以获取教授资格为最终目的的过渡性职位，但在任期内，享有独立从事教学和科研的权利，对其教学工作量也有相应的规定，让用人单位来决定助理教授的聘用与否及其是否具备了担任终身教授的资格；助理教授的工作应该是一种完全独立的学术工作，它本身不是一种正式的教授资格，而是提供一种经历，考察其是否具有了终身教授的资格，是一次性获得终身教授职位的规范性前提条件，从而废除了取得大学授课资格是德国教授必要的任职资格这一条件；助理教授的任职资格在时间上尽量和博士学位衔接，目前主要由学术助教（C1 级职位）和高级助教、高级工程师及讲师（C2 级职位）转岗而来；助理教授在其任期期间享有"教授"的称号，并同时成为博士生导师；助理教授任期 6 年，且必须在

受聘 3 年后接受中期评估，如果被任命为本校终身教授或定期教授，则在此前必须转换过一次学习或工作单位，若未立即获得聘任，也不得续聘，但可以在一个过渡期内寻找其他机会。

在缩短教育年限上，科学审议会、高校校长联合会和"高校劳动法改革"专家委员会的意见是基本一致的。大学教师的职业发展道路是：5 年的大学学习，接着是不超过 3—4 年的博士阶段，然后是任期为 2 次 3 年共 6 年的助理教授职位，最后是受聘终身教授。照此设计成功者，27 岁可以成为助理教授，32 岁可以成为大学终身教授，从而使学术后备人才尽早地在教研方面独立，提高德国高校在国内外的就业吸引力。

目前最实用的做法是在不改变高校学术人员现有法律身份的前提下，根据教研人员的特点，灵活调整劳资关系。

在公务员职业法的范围内，对教授的职位进行改革，提高它的灵活性。一方面要促进高校与社会的校外研究机构、企业、经济界人士等之间人才的流动性和渗透性，学科之间的界限越来越模糊，高校中的教授不仅要进行本学科的教学和科研，也要关注其他学科的发展，加强与社会的联系，乃至走向国际化，同时，公务员法保证其社会福利待遇；另一方面，增加教授聘任制度上的多样性，改变目前单一的终身制教授职位模式，增加其他形式的教授职位，例如，任期制的教授、非全日制教授和兼职教授等职位，从而促进人才的流动和成长，有利于加强高校与校外科研机构及企业的合作。

在职员法的领域内，进行学术中层职位的改革。由于引入了助理教授的职位，传统高校中学术中层繁杂的职位设置将被压缩，只保留学术助手职位。但是因为繁杂的固定职位可能会造成专业间的不平衡，从而在有限的财政支出下导致教授和助理教授职位的减少，所以改革的过程中应取消固定的学术辅助性功能职位，但非固定性的学术助手职位是培养高水平的科学后备人才和提高学术水准的必要手段和有效措施，应继续保留或作适当调整；制定与学术中层职位相适应的工资规定，不要直接套用一般公职人员的工资标准，而是增加业绩考核在获取工资中的比重。

2.2 改革教授的职位和工资体系，加强教授的业绩意识和竞争意识

目前德国高校教授的工资收入实行的是一种多等级的、由基本工资加家庭补

贴构成的工资形式。不分工作类别和范围，教授每工作两年，便晋升一级工资，另外还有相应的津贴，这些津贴理论上应该与教授的业绩相联系的，但实际上主要是依据他当时所应聘的职位以及他的工龄。可以说，这是一个基本不受教授实际工作业绩调控的工资体系，就导致了熬资历涨工资现象的出现。因此这种缺乏灵活性和业绩意识的工资制度必须加以改革，改革的目标就是提高教授工资收入中与业绩挂钩的津贴部分，而减少因年龄而增长的基本工资部分。

改革的具体建议如下：（1）取消现行工资的各个等级，将全体教授的工资分为两部分：一部分是基本工资，一部分是根据其岗位及其业绩挂钩的各种津贴。而现行工资制度中每两年递增的工龄津贴部分则被取消。（2）设定不同类型学校各级教授职位的工资标准，例如，为大学增设的助理教授的职位级别和工资标准为 W1，这个可由现行的 C1、C2 级别转化而来，前三年为 C1 级别，后三年为 C2 级别；为大学和高等专科学校等设定的两级职位和级别 W2、W3，其中 C2、C3 可以合并为 W2，而 C4 可以转化为 W3。具体哪种类型的学校设定哪种级别的教授，其决定权在各州。（3）在控制工资总量、不增加各州政府财政负担的前提下，各州和各高校可以确立不同级别教授的工资发放的基本原则。这要求州政府提供相应的资金，各高校自主协调制定发放标准。（4）变量工资即业绩津贴的发放。在以下三种情况下可以发放：一是任职前的谈判，根据教授对学校的学科建设发展的重要性以及社会市场的实际情况和需求来决定是否发放，这是根据应聘者的职业等级定期发放的；二是在高校担任某些特殊岗位的工作，例如负责学校领导和管理工作的校长、担任特殊领域或重要创新领域的学科带头人等，均可以获得这部分津贴，但这种职位津贴应该是有时间限制的，甚至可以一次性发放；三是在教学、科研、继续教育和培养后备优秀人才方面取得了突出成绩，这是建立在个人业绩之上的奖励资金，不应该受职位等级或时间的限制，应该将其作为基本工资的一部分。

三、结　语

综观德国联邦政府高校教师管理和改革，可以看出，这些改革具有革命性，打破了传统的"论资排辈"，引进了体现竞争和效率理念的业绩津贴；根据学术职业特点制定相应的职位和工资等级。但同时改革的成败关键也在于以下这些矛盾的解决：没有从根本上改变学术人员的法律身份和地位，以竞争、效率和业绩为导向的改革将很难落到实处；改革突出了教授的职位和工资，却没有明确制定全体学术人员的改革目标，不能维护所有学术人员的权利；政府控制资金投入总量不变和各州财政投入不足的矛盾，这种"零成本"的原则完全出于政府的"私心"，不合理也不太现实；同时，改革不太适用于年老的教师，只好采用双轨制来管理，对于年轻教授，也有不少高校持反对态度，尤其是传统的医药、理工学科学校。

参考文献

孙淑芹　2000　德国高校教师职务聘任与启示，《中国林业教育》第 4 期。

周丽华　2001　德国高校教师结构及工资制度改革动向，《外国教育研究》第 5 期。

浅析公派出国留学和校际交流的关系

王清源　　林　媛

中国人民大学国际交流处

提　要　在新世纪中国高等教育发展进程中，校际国际交流成为高校
国际化发展的重要组成部分，同时，公派出国留学成为了众
人关心的热点话题。本文结合中国人民大学的实例，深入分
析公派出国留学和校际交流之间互相促进的关系，探讨了二
者的良性发展在共同促进高校国际化建设过程中的重要性。

关键词　公派出国留学　校际交流　关系　作用

　　进入 21 世纪以来，随着中国高等教育国际化程度的进一步提高，越来越多的国内学生通过不同途径走出国门进行深造。与此同时，高校的国际交流与合作也呈现出蓬勃发展的良好势头，特别是在新的形势下，出国留学和校际交流之间愈加呈现出相辅相成、相互促进的态势。如何处理二者之间的关系，力争形成双赢的局面，是值得我们共同关注的问题。本文将以中国人民大学公派出国留学和校际交流活动的两方面情况为立足点，简要分析二者之间的关系。

一、校际交流的发展对公派出国留学的促进作用

　　总的来说，校际交流是以与国外院校签署合作协议为基础，通过来访接待、校级团组出访、师生交流、举办国际会议等多种交流形式实现的。作为学校整体

外事交流的有机组成部分，上述几个方面不仅在推动高校的教学科研工作上，而且在推动公派出国留学事业发展上发挥着非常积极的作用。

1．协议院校

截至 2007 年 11 月，中国人民大学已与世界上 42 个国家和地区的 154 所高校签署了校际交流协议。与 2000 年之前的情况相比，我校与国外大学协议的签署不仅在数量上取得了很大的突破，并且在区域分布上呈现出兼顾各洲、合理布局的特点（详见下表）。协议院校的增加不仅提高了我校的国际声誉，而且也为我校有效开展公派出国留学工作提供了良好的条件。

与我校签订学术交流协议的国外大学数量变化

截至时间	美洲	欧洲	亚洲	大洋洲	非洲	合计
2000 年	9	27	28	2	0	66
2007 年	23	55	51	9	1	139

众所周知，为进一步贯彻落实人才强国战略，推进高水平大学建设，增强建设创新型国家服务的能力，2007 年教育部隆重推出了"国家建设高水平大学公派研究生项目"，在重点建设的高水平大学中选拔一流的学生，到国外一流的院校、专业留学，并师从一流的导师。针对此项目，自 2007—2011 年国家计划每年选派 5000 名学生出国留学。第一期的派出工作在时间紧、任务重的情况下，我校充分利用了国外协议院校这一资源，建议学生在联系国外接收院校时，既可利用本专业与国外合作的既有途径，也可考虑向已与我校建立校际合作关系的国外优秀大学提出申请，学校外事部门给予必要的协助。最终我校 79 名学生成功申请此项目，其中 13 名学生的国外接收院校为我校著名的协议院校，如美国乔治亚理工大学、比利时布鲁塞尔自由大学、日本早稻田大学、澳大利亚国立大学等。

2．来访接待

作为我校外事部门的一项日常工作，来访接待不仅在树立学校国际形象上发挥着不容忽视的作用，并且也在开展公派出国留学事业中扮演着积极的角色，为学生们选择出国深造之国外接收单位提供了新的土壤。2007 年，我校先后接待了80多个国外高校代表团的来访，其中不乏知名大学，如美国康奈尔大学、法国巴黎第一大学、英国曼彻斯特大学、澳大利亚麦考利大学等。

在2007年11月英国曼彻斯特大学代表团来访期间，我校与该校签署了学生交换的具体协议。两校于1991年正式建立校际交流关系。此次协议的签署，标志着原曼彻斯特大学和曼彻斯特理工大学合并之后的新曼大和我校之间关系有了新的发展。曼彻斯特大学长期以来一直是中国国家留学基金委的友好合作伙伴，并为优秀中国学生提供了攻读博士学位的资助项目。可以预见的是，未来我校将有更多的学生参与到国家公派出国留学曼大的项目中。

另如，2007年5月，澳大利亚麦考利大学主管研究生和科研事务的副校长Jim Piper教授率代表团来我校访问，代表团成员均主要负责研究生事务和管理工作。我方和澳方就"建设高水平大学公派研究生项目"进行了深入交流，澳方表示十分欢迎我校学生赴该校学习、进修。

事实上，进入21世纪以来，随着我校在国外声誉的不断提升，接待国外团组的次数在逐年上升，团组级别和规格也在逐渐提高。尤其是近两年，更是呈现出迅猛增长的势头。我校和外方的合作交流也进一步向实质性、专项性发展，这无疑增大了我校派出学生国外接收高校的可选度，也为我校学生参加公派留学项目提供了更广阔的天地。

3. 校级团组出访

校级出访主要是指我校校领导率代表团访问我校的国外合作院校。相对于来访而言，出访更具主动性和目的性，是让国外学校更好地了解学校的窗口和平台，某种程度上，也是和来访的一种互动，形成了相得益彰的局面。

以2007年为例，我校共有12个校级团组出访。访问的学校有美国哈佛大学、密歇根大学，英国剑桥大学、牛津大学，德国洪堡大学，日本早稻田大学，俄罗斯莫斯科大学，希腊雅典大学，等等。我校近期以来坚持倡导在校级团组出访时把将为学生开辟公派留学国外接收单位为访问任务之一，并建议在必要时派出专门团组，游说于国外院校之间，为学生顺利出国深造提供了更大的选择空间。

在代表团出访过程中，我校不仅巩固了和国外"老朋友"的合作关系，如英国剑桥大学和牛津大学，目前我校已有学生通过"国家建设高水平大学公派研究生项目"前往这两所大学进修学习，而且也结交了很多"新朋友"，如美国康奈尔大学、瑞典皇家工学院、希腊雅典大学等。定期的校级团组出访使国外大学及时了解了我校的最新情况，如发展战略、新项目出台等，这一切将有益于公派出国留学项目的顺利开展。

4．师生交流

师生交流包含两个部分：学者互访和学生交流。学校的发展既离不开校领导的大力支持，也离不开学者和学生的积极参与和热情投入。

中外学者的互访交流被认为是大学国际化的驱动力。学者间的充分沟通和合作必然有助于学生之间的了解和交流，为学生出国留学创造良好的条件，也有利于激发学生参与出国留学项目的主动性和积极性。简言之，中方学者和外方学者建立起长期固定的合作关系，是本专业领域学生寻求国外接收单位最直接、最有效、最立竿见影的途径。以 2006 年"中法博士生学院"项目为例，根据国家留学基金委"关于遴选中法博士生学院留学人员"函件的布置，我校克服了遴选申报工作时间紧迫的困难，最终推荐两名国际关系学院博士研究生和两名法学院博士研究生参加第一期中法博士生学院留学项目的申请，以上四名学生均被成功录取。其中 3 名学生的国外接收学校均为法国巴黎第十大学。缘何如此？其根本原因在于两校法学院、国际关系学院学者间一直以来保持着良好的交流关系，此乃这一项目得以成功落实的有力保障。

学生交流是我校"以学生为本"理念的真实体现。我校长期以来鼓励学生珍惜参与国际学生交流项目的机会。如学生通过到国外短期夏令营的活动，结交新朋友，认识新老师，吸收新知识，不仅激发了他们参加出国深造的积极性，也为未来出国留学联系海外接收单位作了充分的准备。

5．举办国际学术会议

国际学术会议是国内外学者自由交流的平台。举办国际会议，不仅可以帮助参与者相互建立学术联系，而且也为学生们不出国门就能参与国际学术交流提供了难得的机会。

2007 年我校共举办不同规模形式的国际会议 23 次，会议内容丰富多样。学生们通过亲身参加交流，扩大了国际视野。很多学生通过导师的引见，与国外学者建立起联系，无疑为日后公派出国留学项目打下了基础。

二、公派出国留学的发展对校际交流的推动作用

校际交流发展有益于公派出国留学，而公派出国留学事业的蓬勃发展，也必将推动校际交流的开展。以下仅举二例。

1. 促进建立校际关系

中国综合国力的增强、经济的发展，带来了出国留学工作规模的扩大。这一现象受到了国外院校的普遍重视和欢迎。越来越多的中国学生前往国外院校学习，成为了中方高校与国外高校发展合作关系的纽带。

以我校和法国巴黎一大建立校际交流关系为例。我校法学院在教学和科研上拥有雄厚的实力，并在海内外享有盛誉。1995年我国主办第七次世界反贪大会期间，应我国政府邀请参加大会的巴黎第一大学著名教授戴尔玛斯院士和欧盟有关部门负责人倡议，由我校法学院选拔一批青年教师和硕士研究生赴欧洲进行欧洲法律的学习和实习，以促进中欧法律方面的交流与合作。同年我校就有 12 名师生成功申请此项目。自项目第一期至今，我校已有 63 人成功申请。以此为基础，我校和巴黎一大的全方位交流合作也日益成熟、稳定。2003 年，我校校长纪宝成教授率团访问巴黎一大，双方签署合作协议，标志着两校校际关系的正式建立，此后双方交流日趋频繁。

2. 提升学校国际声誉，寻求新的合作契机

学校国际形象的树立、国际声誉的提高，是发展与国外大学校际交流的前提条件。公派出国留学项目的参与者可被视为学校友好信息的传递者和搭建良好校际交流关系的纽带。作为公派出国留学项目的积极参与者，我校从中受益匪浅。

2007 年 11 月我校接待了新西兰著名大学惠灵顿维多利亚大学代表团。在会谈中，该大学常务副校长 Neil Quigley 教授提到，他对我校积极参与国家公派出国项目早有耳闻，此外，我校已有学生通过"国家建设高水平大学公派研究生项目"赴该校学习。鉴于我校在国内人文社会科学领域的实力以及对国际发展的重视，他真诚地希望我校能成为该校即将成立的新西兰中国研究中心的中方合作伙伴，进一步推动两校业已存在的校际交流关系。

三、实现公派出国留学和校际交流之间的良性互动

总的来看，公派出国留学和校际交流是相辅相成、互相联系的。学校应采取积极的措施，力争实现二者之间的良性互动。

1. 创建公派出国留学归国返校人员信息交流平台

对于公派出国留学返校工作的人员，学校应充分调动他们的积极性，利用多种渠道加强他们之间以及他们和校方之间的了解和交流。如通过召开座谈会、联谊会等多种形式，交流留学感想，听取归国人员对于学校建设、学校发展方面的想法和建议，发挥他们的积极作用。

学校需意识到，归国返校人员既是公派出国留学项目的受益人，也肩负着项目推广宣传和促进项目发展的责任。他们归国后的言行也无形中影响着在校师生对于公派出国留学项目实施的看法。因此，学校应在物质上和精神上给予归国返校人员支持和帮助，激发他们的主人翁精神，主动投入到促进校际交流和学校整体发展的事业上来。

2. 定期组织专门团组赴国外考察

正如上文所说，组团出访在推动公派出国留学项目中发挥着积极作用。根据不同的公派出国留学项目要求，学校定期组团进行有针对性的出访或进行综合性的出访，不仅有助于推广项目，而且能及时掌握国外高校对于项目实施的看法和建议，为项目顺利开展清除了接待方在某些方面的疑虑和担忧，为提高项目实施的效率和质量提供了保障。

在团组成员组成上，学校应根据项目的具体要求，派出与项目实施有关的职能和学术部门负责人和工作人员，重点访问国外一流高校，进行深入考察调研。这不仅能达到宣传推动项目的作用，同时也可促进校际交流的拓展。

3. 增加政府和学校投入

繁荣公派出国留学项目和发展校际交流，离不开人力、物力和财力做保障。未来政府和学校应进一步加大教育投入，坚持"以人为本"的理念，充分调动师生参与项目的积极性、主动性和创造性，使其成为公派留学和校际交流事业发展的参与者、受益者和推动者。

21 世纪是充满机遇和挑战的世纪，对高校国际化程度和高水平人才培养提出了更高的新的要求。如何通过我们的努力，使出国留学和校际交流二者有机地结合在一起，形成良性循环、优势互补，进而共同促进高校建设国际一流大学事业的发展，是值得我们从事国际交流具体工作的人员予以充分重视和加以深入思考的问题。

浅析中国高校教师队伍国际化现状与发展 *

李　珊　　唐爱国　　尹海云　　刘　波

北京大学人事部

提　要　高校教师队伍是决定大学竞争力的关键要素，教师队伍建设
　　　　实施国际化战略是创建世界一流大学的必然要求。本文从大
　　　　学实施教师队伍国际化的背景出发，探讨了高校教师国际化
　　　　的基本内涵和评价指标，以北京大学为例分析了我国高校教
　　　　师队伍建设国际化的现状和存在的主要问题，最后对我国高
　　　　校实施教师队伍国际化战略发展提出一些建议。
关键词　高校教师　国际化　现状　发展

一、引　言

　　在当今世界经济全球化的背景下，经济全球化已成为世界经济发展的现实存
在，它促使资本、人才、技术、信息在世界范围内越来越便捷和快速地流动，人
才竞争成为在经济全球化过程赢得竞争优势的关键因素。教育国际化已成为高校
发展的必然趋势，而大学教师是高校人力资源的核心，是决定大学竞争力的关键
要素，高校教师国际化水平是一所大学国际化程度的重要体现，也是大学实施国
际化战略发展的关键。本文从大学实施教师队伍国际化的背景出发，探讨了高校
教师国际化的基本内涵和评价指标，以北京大学为例分析了我国高校教师队伍建

* 本文得到北京大学国际高等教育研究中心承担的教育部课题"中国建设世界一流大学国际
　化战略研究"的子课题"高校教师留学与师资队伍国际化研究"的支持。

设国际化的现状和存在的主要问题，最后对我国高校实施教师队伍国际化战略发展提出一些建议。

"2003 年，国际大学协会（international association of universities）在全球的会员大学进行了一项'高等教育国际化的实践和优先权（Internationalization of Higher Education Practices and Priorities）'调查，当问及'为什么贵校高度重视国际化（why internationalization is a priority）'时"（周江林、房欲飞，2005），得到推动教育"国际化的重要动因排序"（周江林、房欲飞，2005），如表 1 所示。

表 1　国际化的重要动因排序

1	学生和教师的流动和交流（Mobility and Exchanges for Students and Teachers）
2	教学和科研的合作（Teaching and Research Collaboration）
3	学术标准和质量（Academic Standards and Quality）
4	科研项目（Research Projects）
5	合作和发展援助（Co-operation and Development Assistance）
6	课程发展（Curriculum Development）
7	国际与跨文化理解（International and Intercultural Understanding）
8	院校知名度的提升（Promotion and Profile of Institution）
9	教师和学生来源的多样化（Diversify Source of Faculty and Students）
10	区域问题和一体化（Regional Issues and Integration）
11	国际学生招收（International Student Recruitment）
12	收入多元化（Diversify Income Generation）

从表 1 中可以看出，在推动高等教育国际化的 12 项重要动因中，有 7 项（1、2、3、4、5、6、9）与教师国际化密切相关，其他如"国际与跨文化理解"、"院校知名度的提升"等也会与教师国际化建设相关，这说明高校教师队伍建设国际化是教育走向国际化的关键因素，可以说没有教师队伍的国际化，就不会有教育的国际化。

目前我国正在实施的如中国科学院的"百人计划"、教育部的"长江学者计划"以及国家新出台的"千人计划"等各种各样的人才计划，无不是以世界著名高校教师、科研机构的优秀学者为主要的吸引对象。这些人才计划本身就是实施教师队伍建设国际化的重要步伐。在当前国际金融危机的尚未退去的大环境下，正是吸引国际优秀人才的好机会，大力实施高校教师队伍的国际化战略，要尽国力、校力、人力而为，多方筹资，争取将一批国际著名高校的杰出人才吸引到国内来。

总之，如果适应经济全球化需要是高校实施教师国际化战略的被动选择，应对教育国际化是高校实施教师国际化战略是生存需要，那么推动落实科教兴国战略与人才强国战略是高校实施教师国际化战略的发展需要，建设世界一流大学则更是高校实施教师国际化战略的积极主动要求。

二、高校教师国际化的内涵

什么是高校教师的国际化？高校如何实施教师国际化战略？要回答这些问题首先需要了解教师队伍国际化的基本内涵。

高校教师队伍国际化的基本内涵是："建设一支有跨文化教育背景的多国化、多民族化的教师队伍，其目标应当是：有国际观念、国际意识和国际视野；具有跨文化教育背景，了解多文化；有较强的跨文化交流能力与语言能力；能把握本学科专业领域的现状和趋势，具有在全球范围寻找资源和进行资源配置的意识和能力；具有较强的协作、创新的教学、科研以及管理能力。"（冯海志，2007）这其中包括教师队伍的来源结构国际化、思想文化及活动空间国际化、素质能力国际化等各个方面。

2.1 教师来源结构的国际化

指教师本身来自不同国家、地区，无论发达国家还是发展中国家，不论种族、信仰、肤色，只要具备优秀的科研教学水平及素质就应广开胸怀来接纳，真正从"人"这个个体上体现大学的"有容乃大，兼容并包"。

2.2 教师思想文化及活动空间的国际化

由于语言、思维方式和生活习惯等方面的差异性，呈现出世界文化的多样性，面对不断国际化的生源、环境，大学教师应擅于尊重、接纳和吸收世界上不同的文化，以及具有无障碍的对外沟通交流能力。有人说过，"文化的交际才是衡量我们国际化的终极尺度"。

2.3 教师素质能力的国际化

包括在知识、经历、学缘结构方面拥有国际化的背景，教学方式采用国际通用、先进的方式方法，学术研究上具有先瞻性与创新性，等等。

三、中国高校教师国际化现状与存在的问题
——以北京大学为例

根据教师国际化的基本内涵，有些如教师思想文化的国际化程度难以用具体的指标来衡量。本文暂且先考虑以下一些国内高校比较容易统计和掌握的教师国际化指标，以北京大学为例分析一下我国高校教师国际化方面的现状及存在的主要问题。

3.1 高校教师国际化现状

3.1.1 外籍教师拥有率

外籍教师拥有率是指在本校教师中外籍教师所占的比例，这是提高高校教师国际化一个不可忽视的方面。以北大为例，基本上都是各个院系自己聘请外籍教师从事教学和科研，占教师总体规模的 4% 左右，外籍教师主要集中在外国语类课程的教学上，从事社会科学教学研究的较少，尤其自然科学里面外籍教师更是少之又少。

一所国际化、高水平的大学不但要吸纳本国优秀的人才，还要吸引世界各国的优秀人才加入其中，因而提高外籍教师的比例是一个不能忽视的方面。另外，目前高校中存在的外籍教师中有一些实际上只是拥有外国国籍的华人。

3.1.2 拥有国外博士学位（PHD）的教师比率

拥有国外博士学位的教师比率，是指从国外取得博士学位的教师占全体教师的比例。从这方面可以看出有关教师的知识、学历、来源方面的情况。国内著名高校要力争追赶世界一流大学，最终目标要迈入其行列中，应将任务之一锁定在培养有竞争力、国际化的人才上面，这必然要求要有一支更加强大的国际化的拥有更多世界著名大学和科研机构的博士学位学历来源的教师队伍。

如下图 1 显示的是目前北大校本部在职教师队伍中拥有国外博士学位教师人

数及来校时间趋势的基本情况。从图1总的趋势可以看出，拥有国外博士学位教师人数是不断增长的，说明北大教师的国际化程度是不断提高的，但从1951年至1980年，拥有国外博士学位的人员来校任教还是非常少的，从改革开放以后这种国际化的趋势明显加快，从1981年以后至今拥有国外博士学位背景的人呈现一个加速增多的态势，这可能与改革开放以后国家不断鼓励留学人员回国的政策有关。从2001—2005年，这个区间北大拥有国外博士学位背景的人来校任教达到136人，2006—2009年人数又有所下降。近年来对拥有国外博士学位的人来校任教的政策优惠已不像20世纪90年代那么多，是2006年至今回北大任教的国外博士学位者比2001—2005年间人数又有所下降的原因之一。

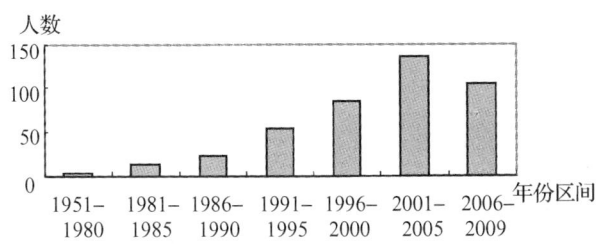

图1　拥有国外博士学位背景的教师人数及来校时间趋势图

目前，北大校本部拥有国外博士学位的教师约占全校教师总体的21.3%，相比 Harvard University、University of Southern California（USC）、University of Texas at Austin（UT Austin）、University of San Diego（USD），"超过半数的教师毕业于公认的世界一流大学，以 Harvard 的教师为例，博士学位授予学校排名前50名的比例高达87.5%（含本校），排名世界前200名的教师比例高达96.4%。"（姜远平、刘少雪，2004）所以国内大学拥有国外博士学位的教师与世界一些著名的大学还是有很大的差距。表2是北大校本部各类教师中拥有国外博士教师的来源分布情况。从表2中可以看出，取得博士学位的国别主要集中在发达的美、日及欧洲国家，这些国家科技发达，国际化程度也较高，其中不乏世界一流大学，这些大学和科研机构是培养国际化人才的重要基地。

表2 拥有国外博士学位教师职称、毕业国别分布表

职称 国别	教授比例	副教授比例	讲师比例	占全校教师 比例
美国	5%	3.2%	2.6%	10.8%
欧洲	3.3%	1.4%	0.2%	4.9%
日本	1.6%	1.6%	0.3%	3.5%
加拿大、澳大利亚	0.9%	0.5%	0.2%	1.6%
其他国家	0.2%	0.2%	0.1%	0.5%
合 计	11%	6.9%	3.4%	21.3%

数据来源：北大人事管理信息系统

3.1.3 国外访问交流或进行科研（教学）合作研究的人数／年度

校内教师去国外访问交流或进行科研（教学）合作研究也是教师队伍国际化的一个主要表现，它可以反映出教师活动空间及对外交流能力的国际化程度。

北大与国内其他一些高校相比，教师对外交流和去国外进行教学科研合作研究的机会还是较多的。如下图2是北大校本部近十年来6个月（含）以上的公派出国留学情况。从图2可以看出，每年除了通过国家留学基金的国家公派进修这一渠道，学校还有校际交流、单位公派合作研究、公派任教等形式，一般每年派出6个月（含）以上的教师规模年均在100人左右，占到总体教师的5%左右，每年有所差异。如图2还可以看出，1999—2009年间，各类出国项目人数的趋势先是呈不断下降趋势，到2008年处于最低点，2009年开始有所回升。其中单位公派合作研究下降的趋势最为明显，这与国内生活水平提高、教师近年来出国待遇相对下降有一定的关联，加之北大在2003年进行的人事制度改革强化了教师的岗位职责，使得教师职称晋升的压力不断增大，也是教师出国进行合作研究的积极性有所下降的原因之一。

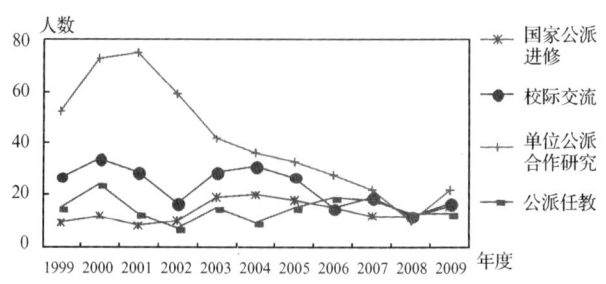

图2 教师1999-2009年出国交流分类趋势图

3.1.4 参加短期交流、接待国外学者来访的人次／年度

由于世界经济全球化、信息化带来的人们交流日益频繁，各种国际会议也日益增多。在各种学术文化交流的平台上，多元文化相互冲击与融合，也是教师思想文化及对外交流方面国际化程度的一个参考因素。近年来北大教师出国进行短期交流（包括 6 个月以下合作研究、访问交流、国际会议、短期讲学等）情况如表 3 所示：

表 3　教师 2006–2009 年短期交流分类表（单位：人次）

年度 类别	2006	2007	2008	2009
国际会议	850	984	1083	1227
访问交流	221	326	202	170
合作研究	158	181	167	208
短期讲学	29	37	34	34
进修培训	22	27	16	15
其他	27	35	14	44
总计	1307	1590	1516	1698

数据来源：北大国际合作部派出办

从表 3 可以看出，学校每年教师中都会有约上千人次出国参加各类学术会议，而且趋势是逐年增加的；每年有将近 200—300 人次进行访问交流；有 150—200 人次进行合作研究；有 30 人次左右进行短期讲学，说明教师进行短期出国交流的频繁度还是较高的。而且随着交流的不断扩大与深入，趋势是越来越多的教师会利用短期出国进行合作研究或参加国际学术会议。此外，校内每年也会组织各类国际学术会议几十个，各院系也时常有世界各国的学者来访。在各种学术文化的交流与融合的平台上，教师可以更好地了解国外文化、学术动态，有利于他们动察本学科领域的世界前沿与未来发展。

3.1.5 国内大学教师在国际上的影响力和认知度

国内大学教师在国际上的影响力和认知度也是教师队伍国际化表现的一个因素，很难用具体的指标衡量，但从派出教师对外教学，或与国外知名大学合作建立分校或共同的研究中心等，可以侧面看出其在国际上的影响力和认知度。北大

作为国内著名的高校之一，如今也被越来越多的国外大学、学生、学者所认识和熟知，但由于国际知名学者不多，也少有世界著名学术奖项的获得者，所以其教师整体在世界的声誉、影响力与认知度上还相对而言不强。

如北大像国内其他高校一样每年都会派出教师参与"孔子学院"等这种对外教学项目，教师在运用双语进行国外教学的过程中，无论是从知识、经验还是文化方面都可以不断提高自己，这种通过海外办学设立孔子学院的做法实际也为高校教师队伍建设的国际化创造了很有利的空间，提升了国内大学教师在国际上的影响力。

北大这些年来在海外办学、与世界著名大学合作办学做了许多努力，并取得了一些成果，如北大—耶鲁联合本科生项目、斯坦福北大分校项目是我校与世界著名高校在学生培养合作领域的两个最具代表性的项目，还有北大经济中心承办的北大—伦敦政治经济学院暑期学校项目、北大政府管理学院的肯尼迪项目等不断加大了北大教师与世界知名大学合作交流的机会，提高了北大教师在国际上的影响力和认知度。

3.2 高校教师国际化建设中存在的问题

教育国际化就意味着教育产业必然要在国际范围内竞争，世界各国高校争夺生源这个国际市场中的竞争也越来越激烈。欧美等发达国家本来就在教育国际化中处在优势地位，而我国高校处于相对劣势。

3.2.1 体制机制问题

目前，我国存在许多阻碍高校实施教师国际化战略的在体制机制问题，包括国籍与国民待遇问题、社会保障制度问题、学术假制度问题、薪酬体系问题等等。如目前国内大部分高校在没有实施学术假制度的状况下，对于出国进行合作研究的教师只保留基本工资，扣发岗位津贴，甚至有的高校在教师出国进修期间全部停发工资。这会使一部分生活压力较重的教师选择先不出国进修或进行合作研究，这不利于高校教师国际化的建设与发展。对于国际化人才来国内高校讲学和从事科学研究，也存在不少的政策问题，如聘用的外国学者来校讲学任教，其不能享受校内人员的待遇，也无基本的社会保险。吸引回国任教的华裔学者，他们大多已入外籍，在华工作期间是否能与中国公民一样可以购买含有福利性质的住房等等都没有相关政策支持，无法解决回国工作华人的后顾之忧。以上种种问题说明国内高校目前还欠缺国际化人才的聚集环境。

3.2.2 学术评价方式的国际化

目前我国高校的学术评价方式方法上还没有实现国际化。学术评价的国际化包括：评委的国际化，评价标准的国际化，评价方式的国际化。如我国大学缺乏对人才采用国际上科学评价的体系与相关制度，对引进的人才也很少进行在校期间的学术贡献评价，对于大学教师大多采用的还是国内传统的评价方式方法，往往以单一形式的科研学术成果为指标，这种"重科研数量，轻科研质量"现象十分普遍，诸如论文数量、引用次数、科研经费额度常被作为评价教师学术贡献的指标。目前国内的大学教师评价指标过于注重外在、显性、短期的绩效成果，忽视了国际上已采用的对教师个体潜力素质、职业发展等隐性指标的评价，评价时奖惩目的明确，这也极易导致学校组织和教师个体的行为短期化。

3.2.3 语言

语言障碍是高校教师国际化中的一个基本问题。英语是国际交流中最通用、最主要的语言，包括世界一流学术会议、重要科研成果主要都是运用英语来体现，总体而言国内大学教师英语运用能力还不够强，再用英语去发表文章与科研成果更是不易，因而国内大学在世界著名学术期刊上发表文章和科研成果还是较少，使得中国的科研学术在国际上的影响力还有待提高。

3.2.4 不同学科之间引进人才与对外交流的差异性

不同学科之间引进人才与对外交流的差异性较大，在人文社会科学内部，一般经济、管理类学科与发达国家的教育已经接轨，很多课程都是用英语授课，所以引进人才与对外交流的程度较高，如在北大，光华管理学院等院系近些年来教师来源几乎都是引进美国等发达国家的博士。自然科学方面，因国外发达国家水平较高，国内与之相比还有很大的差距，因而目前理科等院系大多与国外发达国家的科研交流合作在不断增多，但事实上比较难吸引世界著名大学的博士与学者回国任教。而大多人文社科类院系对外主要进行的是文化上的交流，接收的学者也是慕名来学习中国文化的为多。

四、对我国高校教师队伍建设国际化的建议

目前我国许多高校对实施教师队伍国际化战略还没有形成明确的意识，为了加快我国高水平大学特别是"985"高校建设世界一流大学的步伐，本文认为可以先从以下几个方面推进高校教师队伍建设国际化。

4.1 依靠国家的发展战略，突出自身特色，鼓励"985"高校首先实施教师队伍建设国际化战略

国内大学国际化是世界国际化潮流的必然选择，通过教师队伍的国际化提升我国高校在世界上的影响力和竞争力。"985"高校要在国家整体发展的大环境下，大学自身要注重制定学校的战略发展规划和教师队伍建设国际化的规划。国际化并不排斥多样性，反而应更加注重大学自身的特色与传统。"世界一流大学并不一定在每个学科领域都处于国际领先地位。比如，哈佛大学的法学、医学，斯坦福大学的心理学、电子学，剑桥大学的物理学、生物学，牛津大学的数学、政治学是世界一流学科"（汪旭晖，2007）。国内大学要在继承大学自身的特色与传统学科之上，大力参与国际化，不断提供机会与创造环境促进高校教师队伍建设的国际化。

4.2 加强有利于实施教师队伍国际化的体制机制建设

建立学术假制度。学术假是提高教师自身素质、提高外语能力，能有效推动国际化人才流动的制度设计。 国内各大学近年来已多次提出要实行大学教师的学术假制度，但尚未制度化地实施起来。国际通行的学术假制的基本特征可以概括为带薪休假、脱岗免责、合格批准、返校义务等。这种制度可以解除教师的后顾之忧，专心地作学术研究。

实行国际化招聘。一方面是招聘要面向全世界，改善人才服务政策，提高对国际化人才的吸引力与聚集性。另一方面是采用国际化的人才评价机制，特别是必须引入国际同行评价机制，即每一个岗位的招聘评审小组必须有相当比例的国外一流的同行学者，而不是由少数几个院系领导决定。

建立国际化的高校评价机制。一般世界大学学术评价主要采用国际认可的学术成果与学术表现作为主要评比指标，该指标分为下列四大类：教育品质、教

师品质、研究成果及机构规模，共包括六项指标内容，如毕业校友及教师获得 Nobel 及 Fields 奖情况，教师论文高度被引用情况，*Science* 和 *Nature* 论文发表情况，SCI 与 SSCI 论文数以及机构规模，等等。

4.3 关于具体措施的建议

鼓励教师发表国际高水平文章和多出原创性成果。 校方应多种渠道筹措资金，设立专门的基金奖励在国际著名学术期刊上发表文章和做出原创性成果的教师或学术团队，对相关研究也应予以资金支持。

以多种方式提高教师外语运用能力。 学校应创造环境和条件，鼓励和培养教师掌握一种或多种外语的能力，在对外交流与合作中熟悉不只在校内，而是更多地在国际这种环境中进行生活与工作，更多地发表英文成果，以增强我国大学科研水平的影响力，增多我国科研力量在世界学术领域中的声音。

"走出去"与"引进来"的战略融合与协调发展。 在不断注重教师"引进来"的同时，也要有步骤和规划地对校内的教师发展进行统筹安排，让他们更快地"走出去"，融入到与别国的合作项目和团队中去。在"走出去"与"引进来"的融合与发展中，由于教师来校方式不一样，所导致的同职位不同薪等问题，使得同职称教师之间有着身份、地位的差别，相关矛盾也日益突出，学校也应考虑尽早调研，并出台政策予以协调解决。

参考文献

冯海志　2007　地方高校师资队伍国际化探析，《韶关学院学报（社会科学版）》第 28 卷第 1 期。

姜远平、刘少雪　2004　世界一流大学教师学缘研究 [J]，《江苏高教》第 4 期。

汪旭晖　2007　高等教育国际化的动因与模式，《辽宁教育研究》第 8 期。

周江林、房欲飞　2005　教师国际化的历史回顾及发展趋势——以上海为例，中国教育和科研计算机网。

我国出国留学政策的历史演变及思考

段晓芳

北京科技大学国际合作与交流处

提　要　留学教育运动与中国的现代化进程是与密不可分的，因为不同的社会、政治背景形成了具有政府行为的留学政策，而政策在很大程度上引导留学运动的价值和目标取向。我国目前已经形成了比较稳定的出国留学政策。每一次随着时代背景和国内外环境的变化，留学政策内容也在相应发生改变。本文通过纵观出国留学政策的演变历史，尤其是回顾中国改革开放以来留学政策的演变过程，揭示出留学政策给中国社会所带来的影响，希望对日后留学政策的制定和实施提供一定的参考。

关键词　留学政策　历史演变　改革开放

一、中国近现代留学政策和制度的回顾与借鉴

中国近代的留学政策始于半殖民地半封建社会。一批又一批的炎黄儿女，为了国家的复兴，跨出国门，负笈西去或东渡，掀起了一次又一次的出国留学之潮。正是这种文化搏击，给处在危难之中的国家带来了生机，使中华民族在现代化的道路上往前迈出了一步。在这种社会和文化大变迁中，经过艰难的曲折逐步成长和发展的留学生运动具有举足轻重的地位。中国近代留学政策可以分为如下几个阶段：

1.1 清末的留学政策

这一时间段本文指从 1872 年第一批幼童赴美到中日甲午战争之前。选派机构不统一，是这一时期留学生选派的重要特点。总署、南北洋通商大臣、福州船政大臣等均参与过留学生的选派工作。设在上海的留美幼童预备局（简称"沪局"）只为具体操办幼童选派的临时性机构。闽厂生徒与使馆生多从学堂中直接考选出来，更无固定的选派机构而言。船政生是否有选派的必要只由"船政大臣与通商大臣会商主裁，外人不得干预"（《约章成案汇览》）。由于没有一个统一的选派机构，对选派工作没有一个通盘的筹划，选派时断时续，这在一定程度上影响了选派的进展。

留学生的选派方式不断改进，是这一时期选派政策在实践中摸索和调整的结果。如赴美幼童选派之初，"学生都来自东南沿海的省份，特别是广东香山、南海一带"。而船政生则"均为福建人"（李喜所，1987）。管理留学生的机构主要有总署、南北洋通商大臣、福州船政局等。直接管理留学生的机构则有设在美国哈特福德的留美事务所、设在欧洲的华洋监督及各驻外史署。由于幼童年龄均在十三四岁左右，"派出时并须以汉文教习同往"（刘晓琴，2005）。在留学生管理中重视品行修养和中文学习是这一时期清政府对留学生的基本政治要求。对中文的重视说明了清政府需要的是一批既能驾驭西学，又能符合传统封建伦理道德要求的中西合璧式的人才。对留学生的严格管理还表现在严禁加入外籍与禁止信奉基督教上。如《选派幼童赴美肄业办理章程》颁布伊始，即明确规定"不准在外洋入籍逗留"。对于留学生加入基督教的处置更为严厉，"如有私自入教者，即行撤回"（容闳，1981）。在船政生方面则表现为"若该生徒无故荒废，不求进益、有名无实及有他项嗜好者，均由两监督会商，分别留遣严究"（《中国近代史汇编》，1957）。

清政府的录用政策体现在任用与奖励两个方面。任用，主要是授以官职；奖励，主要是赐予出身，对留学生的奖励主要表现为赏以官职。"出洋留学，凡学有成效有优等凭照者，经过回华复试，一律分等级赐予出身，赏以官职。"（《中国近代教育史资料》，1961）此种做法对于激励留学生出洋起了促进作用，并且对整个晚清留学生政策也产生了巨大影响。回国留学生赏以官职的做法，一方面是在传统科举制度之外坚持"学而优则仕"，有助于激励将出洋留学视为畏途的学子们争取出洋,以开风气;另一方面也是为了巩固腐朽的封建统治,将部分留学生纳入官僚体系之中,对推动留学教育的发展起到了积极作用,对留学教育起了提倡作用,同时也拉开了晚清对留学生实行奖励政策的序幕,开后来洋科举之先声。

总的说来,甲午战前的晚清留学政策由于是在近代留学教育的初创时期,粗糙零乱的表现不可避免,比如重实业实科留学,重官僚贵胄留学,留学章程不正规等。加上当局未能对留学生的选派作一通盘的筹划,不能调动各地的积极性,这些必然影响留学教育的发展。对于某些政策的明显失误,当局不是从深层加以反思,致使某些弊端陈陈相因。由于甲午战前正处于洋务运动的发展时期,回国留学生大多进入了洋务事业各部门。进入学术思想界的则为数甚少,这不能不说与选派和任用政策有关。尽管存在很多问题,但毕竟留学教育已经开始起步,并取得了一些较为明显的效果,这为近代留学教育的发展提供了一些宝贵的经验。

1.2 民国初期的留学政策

中华民国成立以后,加强了对留学教育的统一管理,先后出台了几个有关留学教育的政策,但就政策本身的规定以及在具体执行过程中又存在一系列问题。1916 年 10 月 18 日,教育部公布了《选派留学外国学生规程》(陈学询、田正,1991),这是一个纲领性的留学指导文件,在北洋政府时期一直沿用,对规范当时全国的留学教育起了重要作用。规程中规定:"每届选派学生,先期由教育部议定应派名数、留学地方、留学年限、研究科目及各省应送名数",并举行第二次考试,合格者方可派遣。但是,由于当时政局混乱,军阀割据,实际上,中央和地方对此都执行不力。特别是该规程对自费出国留学缺乏资格限制和规定,因此自费出国程度不齐。但是,民国时期开始实施的出国选拔考试制度对以后的出国留学产生了巨大影响。尽管民国时期的各类留学考试在具体考试办法上存在差异,但大多具有"选拔性、综合性、统一性这些共同的特征"(张雅群,2003)。这对日后留学政策的制定有重大的参考意义。

1.3 民国的留学政策

南京国民政府时期,由于受政局混乱、经济停滞、社会动荡、财政紧张等的影响,留学政策起伏不定。1933 年 4 月 29 日,教育部公布了《国外留学规程》

（《中华民国史档案资料汇编》）。这是民国时期制定的最详备的留学政策，是南京国民政府时期有关留学教育的最基本法规。1937年抗战爆发后，出于为抗战建国节省外汇的考虑，同时也为避免出现留学所习科目不适合抗战需要的现象，1938年8月当时的教育部又公布了《修正限制留学暂行办法》，规定"在抗战期内公费留学生，非经特准派遣者，一律暂缓派遣；自费留学生，除得有国外奖学金或其他外汇补助费，足供留学期间全部费用，无须请购外汇者外，一律暂缓出国"。同时，对已在国外的留学生，视情况要求他们回国。抗战后期，取消了各省派遣留学生的权力。抗日战争胜利后，当时的国民政府教育部于1947年4月公布了《国外留学规则》(《中华民国史档案资料汇编》)。与1933年的《国外留学规程》相比，内容比较简略，反映了当时国民政府已经无暇对留学政策作进一步的调整。南京国民政府时期的留学政策，随时代的变化而不断调整，逐步加强了中央对留学教育的控制，使留学教育更加制度化。但也存在着很多问题，如存在重学位轻实学，回国后重留洋而淡本土的缺陷；留学生归国任教的地域以沿海城市多，内陆地区和边远省份少，造成地区间教育发展的不平衡，进一步加深了中国教育近代化进程的区域差别。

1.4 新中国成立初期的留学政策

由于以美国为首的西方国家对新中国实行封锁政策，新中国在留学政策上只能实行"一边倒"的策略。派遣方式是严格按计划由国家派遣，即完全实行国家公派；派遣对象是有工作经验和学术基础的知识分子；派往国家主要是苏联和东欧等社会主义国家，"前往苏联的留学生达到8213人，占派出人员总数的76.99%"(《中国教育年鉴》)。对被选人员实行严格的政治审查，出国学习的专业主要是理工科。由于党和国家领导人非常关心和重视留学工作，鼓励广大留学生学成回国，因此很多留学生宁愿放弃国外丰厚的待遇，学成后坚持回到自己的祖国。在此后数十年间，这些人多数已成为我国科技、经济和文化教育各条战线的领导骨干，其中不少人为现代化建设做出了出色的成绩，有一些人还担任了党和国家或中央部门的重要领导工作。1966年"文化大革命"开始后，留学教育完全中断。不仅如此，许多留学回国人员也被戴上"里通外国"的罪名而遭到迫害。1972年以后情况有所松动，少数留学人员被派出国学习外语。截止到1976年底，"我国仅向49个国家派遣留学人员1629人"(《中国教育年鉴》)。这个时期的留学政策，受"左"的思想影响比较大，具有鲜明的政治色彩，反映了当时国内的政治形势。

二、改革开放后我国留学政策的历史发展

出国留学政策伴随着我国改革开放的深入和社会主义现代化建设的发展而不断发展和完善。自1978年6月邓小平首先提出增大向外派遣留学人员的重大决策开始，近30年来中国政府的出国留学政策随着国家改革开放的深入而不断完善，逐步建立起一套与改革开放形势相适应的制度和政策。留学工作成为国家改革开放的重要组成部分，成为对外开放的一个重要窗口。从留学政策自身的演变过程以及所取得的成就来看，我国的留学教育的良性格局已经初步形成。从1978年起，经历了几个阶段的调整，逐步发展完善，形成国家公派、单位公派和自费留学相互补充的多渠道的培养高层次人才的留学政策。留学政策的演变，体现了在计划经济条件下的纯粹国家功利主义向市场经济条件下的国家功利与个人功利相结合，并向个人功利色彩越来越强的趋势转化。我国留学政策的演变过程可以分为1978—1992年以及1992年以后两个阶段。

2.1 1978—1992年的留学政策

共分为四个阶段。

第一阶段：1978—1982年。公派留学的总方针是"在确保质量的前提下，根据国家的需要和可能，广开渠道，力争多派"。1978年7月11日，国家教委向中央提交了《关于加大选派留学生数量的报告》，扩大派遣留学生的决策对于开创中国的出国留学教育工作具有划时代的意义。在公费留学打开渠道的同时，自费留学的闸门也打开了。1981年1月，国务院批转了教育部等七个部门《关于自费出国留学的请示》，并颁布了《关于自费出国留学的暂行规定》。《关于自费出国留学的请示》中说，"自费出国留学是培养人才的一条渠道，对自费留学人员和公费留学人员在政治上应一视同仁"。《关于自费出国留学的暂行规定》要求自费出国留学的范围和基本条件是：具有高中或大学文化水平，持有国外亲友负担其出国学习全部费用的保证书和入学许可证者，即可申请自费出国留学。1982年，中央根据出国留学总体形势的变化，作出了《关于自费出国留学若干

问题的决定》，国务院根据中央的政策精神重新修订了《教育部、公安部、外交部、劳动人事部关于自费出国留学的规定》，规定"高等学校的在校本科生、专科生以及高等学校的在校研究生，不准自费出国留学，高校毕业生工作两年后，经批准，才能对外联系自费出国留学"。自此，留学就不仅是为了国家的功利而有目的地选择一部分人出国接受教育，而是成为一种对公民受教育权利和机会的保护。留学教育从绝对的国家功利主义桎梏中解放出来，成为公民的一种法定权利和自主实现，并通过公民自身素质的提高与完善，最后达到服务于公民自己、服务于国家的目的。

第二阶段：1982—1985 年。基本方针是强调"解放思想"。1984 年国务院召开全国出国留学人员工作会议，会议提出改革出国留学人员的管理体制，增派留学人员，关心海外学子，改进分配工作，开创出国留学人员工作新局面。1984 年 12 月 26 日，国务院颁发了《关于自费出国留学的暂行规定》，重申"自费出国留学是培养人才的一条渠道，也是贯彻对外开放政策、引进国外智力的一个方面"。规定"凡我国公民个人通过正当和合法手续取得外汇资助或国外奖学金，办好入学许可证件的，不受学历、年龄和工作年限的限制，均可申请自费到国外上大学（专科、本科）、作研究生或进修"；规定"高等院校在校的专科生、本科生和在学的研究生，可以在学校或单位申请自费出国留学，出国后，保留学籍一年"；对取得硕士、博士学位的自费出国留学人员（包括由自费转为自费公派留学人员），回国参加工作的，由国家提供回国国际旅费。在国家公派留学人员的类型上，以"派出国攻读学位的研究生为主"。同时试行中外合作培养博士生和在国内建立博士后科研流动站制度。

第三阶段：1986—1989 年。基本方针是"按需派遣，保证质量，学用一致"。1986 年 12 月，国务院转发了国家教育委员会《关于出国留学人员工作的若干暂行规定》即著名的 107 号文件。这是大陆第一个公开发表的关于出国留学教育政策的法规性文件。《关于出国留学人员工作的若干暂行规定》明确了派遣留学生的政策是对外开放政策的组成部分，必须长期坚持；确定了新的留学方针，即"按需派遣，保证质量，学用一致"。国家公派留学人员为大学生、研究生、进修人员和访问学者；公派出国留学人员办理出国手续前，要与选派单位签订"出国留学协议书"；对自费出国留学人员，鼓励他们早日学成回国，为祖国的社会主义现代化建设事业服务。

第四阶段：1989—1992 年。根据国内外形势的变化，确定了"调整结构，精选精派，力争保质保回"的方针。政府一方面仍然坚持派出工作，同时在政策上作了若干调整。1990 年国家教委实施《关于具有大学和大学以上学历人员自费出国的补充规定》，强调大学以上学历人员应当完成服务期后方能申请办理自费出国手续。自 1991 年起，公费出国访问学者采用"限额申报，专家评议、择优录取"的办法。国家公费出国留学以选派访问学者和高级访问学者为主；选派学科仍以应用学科为主；在派往国别上，坚持"博采各国之长"的原则；对攻读博士学位的研究生，在立足国内培养的前提下，根据重点学科建设和目前国内尚不具备培养博士生条件的薄弱、边缘、新兴学科的发展需要派出少量攻读博士学位和联合培养的博士生。此外，采取国内外校、所之间以双边交流和科研合作等形式向国外教学、科研水平高的重点大学、研究机构和企业成组配套派出留学人员，以提高出国留学效益。

2.2 1992 年以来我国的留学政策

20 世纪 80 年代末、90 年代初，国际国内形势出现新情况、新问题。国际风云变幻莫测，苏联解体、东欧剧变，社会主义运动处于低潮，国内改革开放正处于一个关键的历史时刻。在这样的背景下，我国改革开放的总设计师邓小平于 1992 年春赴南方考察。邓小平的南方谈话廓清了中国改革开放进程中出现的许多重大认识问题，彻底突破了社会主义只能是计划经济的误区。这次南方谈话成为改革开放推进到新阶段的宣言书。自此，我国的留学有了新的发展和变化，公派留学进一步规范化、法制化，留学教育的效益进一步提高，自费留学人员剧增。1992 年，党的十四大首次提出大陆经济体制改革的目标是建立社会主义市场经济体制，坚持对外开放。改革开放促使中国由计划经济向市场经济过渡，这是形势发展的必然结果，中国的留学政策当然也要适应这一变化，提出进一步放开留学教育，把"支持留学，鼓励回国，来去自由"作为留学工作的总方针，核心依然是鼓励"回国工作"，以各种不同的方式为祖国服务。邓小平 1992 年视察南方时说："希望所有出国学习的人回来。不管他们过去的政治态度怎么样，都可以回来，回来后要妥善安排。这个政策不能变。告诉他们，要作出贡献，还是回国好"。（邓小平，1994）

1993 年 7 月国家教委颁布了《关于自费出国留学有关问题的通知》，彻底解除了大部分中国人不能申请自费出国留学的限制。在国家公派留学方面，1996年6月成立了国家留学基金管理委员会。同年，对国家公派出国留学人员实行了新的选拔办法，即根据国家经济建设和社会发展的需要，在政府宏观指导下，实行"个人申请，专家评审，平等竞争，择优录取，签约派出，违约赔偿"的办法。新办法体现了"公开、平等、竞争、择优"的原则。自费出国成为主要的留学方式，吸引高层次留学人员回国工作成为留学教育政策的重心。

在 2000 年 7 月国家人事部召开的全国留学工作会议上，提出了创造良好环境，重视和开发我国留学人才资源，吸引更多的留学人员回国工作，为国服务的留学教育思路，并明确把吸引高层次留学人才回国视为当前留学工作总体目标，形成了《关于鼓励海外高层次留学人才回国工作的意见》。它的出台，对吸引海外高层次留学人才回国工作或以多种形式为国服务，提供了有力的政策和机制上的保证，是对以"鼓励回国"为核心的新时期出国留学教育政策的完善和落实。2003 年 9 月 30 日，胡锦涛主席在人民大会堂会见出席全国留学回国人员先进个人和先进工作单位表彰大会的代表时发表了题为"建设小康社会 为留学人员提供宝贵机遇"的讲话。胡锦涛强调，中共十六大提出了全面建设小康社会的宏伟目标，这既为广大留学人员报效祖国、施展才华提供了宝贵的机遇，也对大家更好地为国服务、创业发展发出了新的召唤。

我国的出国留学政策随着改革开放的不断深入而更趋开放、稳定、完善和成熟，留学政策的这一策略性的变化，使得相关各部门纷纷结合本部门的特点，充分运用国家的这一留学政策，陆续推出了一些吸引海外留学人员为国、回国服务的措施和工作方法。随着全球化的进一步发展，国家之间的竞争主要体现在人才的竞争之上。留学人员是我国重要的人才资源，随着中国加入 WTO，要想进一步融入到全球经济中，就需要大量的掌握世界先进技术和知识、熟悉国际政治经济和国际规则、懂得市场经济运作的高层次人才。

三、如何完善出国留学政策

如何使出国留学政策更好地服务于我国的经济建设，培养全球化背景下的人才？我们应加强和加快对留学政策的规范化、制度化和法制化建设，进一步完善出国留学具体政策和管理办法，使其适应我国经济发展和社会进步的需要。

3.1 保持留学政策的稳定性和连续性

出国留学政策的稳定性，主要表现在国家对出国留学工作采取鼓励还是限制的态度，以及这种政策能否保持一定的连续性。由于政策具有全局的指导意义，对出国留学工作有着重大影响。政策稳定性对于政策权威与政策执行都有着重要的影响，政策如果缺乏稳定性，那么政策调适对象将会对政策失去信心。

从清末第一批留学生的派遣开始，中国的出国留学政策就随着政治关系、经济局势的变化而多变。由于还在探索期阶段，特别是自费出国留学政策，因考虑不周而造成的反复，使不少人对出国留学的稳定性缺乏信任。很多留学人员对我国 1992 年以来所实行的"鼓励出国，欢迎回国，来去自由"的新留学生政策是支持的，但也有一些留学人员担心这些政策能否稳定不变，基层实施时能否与中央保持一致，一些单位制定的土政策以及有关工作人员的具体做法与中央的政策和精神大相径庭，使一些留学生缺乏信心。

国家特别是有关业务部门应加快立法论证，制定相应的法律框架，早日将留学立法列入国家的议事日程，使整体的留学工作事务有法可依，有章可循，保持政策的稳定性，保持留学工作的稳定性，保持人心的稳定性。为了维护政策稳定性，一方面规定政策的调整要经过必要的法定程序，防止政策因某个领导人的变动而出现改变；另一方面要加大对执行政策进行的监督，及时更正现实中出现的随意更改政策的现象。

3.2 加强留学政策的法制化和规范化建设

留学作为我国对外进行科学技术交流、学习和引进国外先进科学技术的一种必不可少的途径，有必要使之制度化。为使留学工作具有一定的连贯性和稳定性，应建立一套完整的留学政策，使之规范化，以适应我国现代化建设发展的需要。过去，许多重大留学政策的出台往往以文件、通知和讲话的形式出现，无论在体例上还是内容上都不太规范，而且不稳定。从 20 世纪 80 年代中后期开始，随着留学政策的日趋成熟和完善，有关留学政策的调整和决策开始采用"规定"的形式，但"有关的意见"、"通知"等形式，也仍继续使用。制定留学政策时，往往先考虑管理方面的便利，因而实行以单位为主体的选拔方式，这有其优点，但也在某种程度上导致公平与效率关系的失衡。另外，由于管理体制、办法和手段等多方面因素的限制，对留学人员在权利与义务方面的界定不明晰。提高留学教育政策的法制化水平，应该遵循如下原则：一是公平原则。作为一种教育形式，从理论上讲留学教育应是每个人都应享有的权利，留学的大门应该对所有符合条件的人开放。二是权利、义务对等原则。保障人们留学权利的充分实现，同时也要求他们学成后对国家尽义务。三是开放性原则。应加强对自费留学的疏通与引导，既重视派出国外的留学，也重视接待国外来华留学。应增强政策的透明度，促使我国的教育对外交流与合作在质和量上都达到一个新的水平。

宏观的教育法规只能对留学教育作一些概括性的规定，这就需要制定专门法规（例如留学教育法），要求系列配套、层次分明、结构合理，使留学工作中的选拔、派遣、管理、回收、经费等都有法可依，真正实现规范化、科学化管理。留学教育法规应明确各方的权利、责任，制定相应的条文，解决各种纠纷。在留学经费的筹措方面，也应该有具体、详尽的规定。此外，国家与留学人员的关系应该在法律上加以明确，强化契约关系的法律约束力。只有基本确立了留学教育的法制化框架，并在此基础上进一步修订并颁布一系列规章制度和办法，才能保证留学教育的规范和有序。

3.3 着力营造留学人员施展才能的良好环境

在人才流动的去向上，教育的、经济的、社会的、政治的和文化的因素，父母的期望，朋友或同事的评价，大众传播媒介的诱导以及个人的生活经历等都会起作用。因此，需要动员全社会的力量，从不同的方面开展工作，建立起一种吸引人才、留住人才、尊重人才和爱护人才的良好社会环境。国内社会要有效地吸引留学人员回归，充分发挥他们的作用。除了要解决必要的工作条件外，还必须营造一个让留学人员施展才能的良好环境。首先，要有一个真正"尊重知识、尊重人才"的社会大环境，动员全社会的力量，从不同角度开展工作，建立起一种吸引人才、留住人才、尊重人才和爱护人才的良好社会环境。其次，回国人员非常希望在研究上能独立自主，需要营造一个相对宽松自由的工作环境，让人能学有所用，施展才华，因此要有一个宽松自由、平等竞争的学术环境和团结协作、和谐愉快的工作环境，避免以官僚主义、行政权力过多干涉学术研究，建立竞争机制，制度要保证透明性和公正性。

鼓励留学归国人员在经济领域开拓新天地。随着我国经济走向市场化步伐的加快，股份制企业、三资企业和民营企业等各种形式的经济成分迅速发展，为留学人员回国参与国内经济建设提供了新的广阔领域和天地。留学人员创办企业对国内高新技术产业和服务业的发展、提高我国民族企业的国际竞争力，将会有较大的促进作用。目前，有很多留学归国人员选择了自主创业。著名的留学生企业如斯达康、搜狐、新浪、亚信、当当、百度、盛大等，"已经成为中国第三产业的领跑者"（王辉耀，2001）。

现代科技日新月异，西方先进国家，尤其是美国在教育管理、知识创新体制、行政运作等方面的经验非常丰富，留学归国人员在国外不但学习到先进的科技知识，同时也学习到国外先进的管理知识，并感受到高效的行政运作实际经验。如果可以让他们中有愿望从事行政管理的人才，通过公务员考试制度，加入到国家行政机关，一定会大大提高我国行政运作和科研管理运作效率，为国家知识行政管理体系的进一步完善以及充分发挥其效能提供强有力的支持。

参考文献

陈学询、田正平　1991　《中国近代教育史资料汇编·留学教育》，上海教育出版社。

《邓小平文选》（第三卷）　1994　北京：人民出版社。

李喜所　1987　近代中国的留学生，北京：人民出版社。

刘晓琴　2005　《中国近代留英教育史》，天津：南开大学出版社。

刘　真主编、王焕深编著　1980　《留学教育》，（台）"国立编译馆"，第 2183 页。

容　闳著，徐凤石、挥铁憔译　1981　《西学东渐记》，长沙：湖南人民出版社。

王辉耀　2006　当代海归创业潮，《南方人物周刊》第 11 期。

《约章成案汇览》乙篇卷 32 上：17。

张亚群　2003　民国时期留学选拔考试的特点与启示，《湖北招生考试》第 27 期。

《中华民国史档案资料汇编》（第五辑），第一编，教育（一），南京：凤凰出版社，1994。

中国教育年鉴编辑部　1984　《中国教育年鉴（1949—1981）》，上海：中国大百科全书出版社。

《中国近代教育史资料》（上）　1961　北京：人民教育出版社。

"中央研究院"近代史研究所　1957　《中国近代史资料汇编》，台北："中央研究院"近代史研究所。

我国近年留学工作发展与人才流动的思考

孔繁敏

北京联合大学应用文理学院

提　要　留学作为人类社会特有的一种跨文化交流活动，对培养各类国际型人才和加强国家友好往来发挥着特殊作用。我国自1978年改革开放以来，出国留学快速发展，多次出现留学热，近年又出现了回国潮。与此同时，来华留学事业也有较大发展。辩证看待留学人才的外流与回归，是发展留学事业、优化人力资源、构建和谐社会的重要内容。

关键词　改革开放　留学工作　留学政策　人才流动

留学作为人类社会特有的一种跨文化交流活动，对培养各类国际型人才和加强国家友好往来发挥着特殊作用。留学生的流动，从本质上说是不同文化的碰撞、学习和交流。随着经济全球化的加快和科学技术的进步，各国都对留学给予了高度的重视。许多国家都在调整留学政策，一方面努力招收大量的留学生到本国学习，另一方面又支持本国学生出国留学。这样就使得留学生在世界范围内的流动规模日益扩大，成为国际社会中的一种独特的现象。我国自1978年改革开放以来，出国留学快速发展，多次出现留学热，近年又出现了回国潮。与此同时，来华留学事业也有较大发展。辩证看待留学人才的外流与回归，是发展留学事业、优化人力资源、构建和谐社会的重要内容。

一、我国改革开放以来留学政策的演变

我国的公派留学政策，始于 20 世纪 50 年代初期。当时在冷战状态下，为迅速培养工业化建设急需的各种专门人才，政府向前苏联及东欧国家大量派遣留学人员。1966—1971 年的 5 年中，由于"文化大革命"运动，完全停止了公派留学的工作。自 1972 年开始我国恢复了公派留学，是年向法国和英国分别派出了 20 名和 16 名学习语言的留学生。到 1978 年，共向 57 个国家和地区派出留学生 1416 人，平均每年大约 200 人。70 年代后半期，结束了长达 10 年的"文化大革命"，开始了改革开放的新时期，留学政策也发生了重大变化。

北京大学陈学飞教授在《改革开放以来大陆公派留学教育政策的演变及成效》(陈学飞，2004) 论文中，依据大量文献，分析了改革开放以来我国公派留学教育政策的五个发展阶段，即：第一阶段，1978—1982 年，公派留学的总方针是"在确保质量的前提下，根据国家的需要和可能，广开渠道，力争多派"，留学采取了国家公派、单位公派和自费出国等形式。第二阶段，1982—1985 年，基本方针是强调"改革出国留学人员管理体制，增派留学人员，改进分配工作"。第三阶段，1986—1989 年，国家确定了新的留学方针，即"按需派遣，保证质量，学用一致"，并相应地将国家公派留学人员由以研究生为主转向着重派出进修人员、访问学者。第四阶段，1989—1991 年，鉴于国际国内环境发生了重大变化，大量留学人员逾期不归，国家公派留学生的选拔取消了将名额分配到具体单位的做法，实行"限额申报，专家评审，择优录取"，后来又实行了"按照项目确定人员，定向（项）派出"的方法。第五阶段，1992—2002 年，经过两年多的徘徊、调整，到 1992 年，党的十四大提出建立社会主义市场经济体制目标，坚持对外开放政策。与此相适应，进一步放开留学教育，把"支持留学，鼓励回国，来去自由"作为留学工作的总方针。国家公派留学实行个人申请、专家评审、平等竞争、择优录取、签约派出、违约赔偿的办法。这一阶段，鼓励留学人员回国或为国服务成为了留学工作的一个重点，政府制定了一系列计划，采取了不少具体措施，取得了较明显的成效。

从宏观上看，自 1978 年改革开放以来，我国留学政策根据形势变化几经摸索和调整，至 1992 年党的十四大提出建立社会主义市场经济体制目标，1993 年 11 月党的十四届三中全会通过的决议中明确提出了"支持留学，鼓励回国，来去自由"十二字新时期中国留学工作的总方针，留学政策基本稳定下来。2004年国务院批准的《2003—2007年教育振兴行动计划》提出深化留学工作制度改革，扩大国际间高层次学生、学者交流，实施中国教育品牌战略，按照"扩大规模、提高层次、保证质量、规范管理"的原则，积极创造条件，扩大来华留学生的规模。2007年公布的教育部制定的《国家教育事业发展"十一五"规划纲要》指出，"十一五"期间，中国将继续坚持"支持留学，鼓励回国，来去自由"的方针，改革和完善国家公派出国留学选派和管理制度，加大高层次人才选派力度，为重大科研攻关和重点学科建设服务。这说明近十几年来，我国留学工作方针政策稳定发展，留学工作制度改革不断深化。

受教育部的委托，1996年6月成立了国家留学基金管理委员会，组织公派出国留学人员的选拔，使国家公派出国留学工作迈上了新台阶。1998年，教育部会同公安部和国家工商行政管理局联合制定了《自费出国留学中介服务管理规定》，加强对自费留学中介服务机构的管理，以保障自费出国留学人员的合法权益。据《中国教育报》2006年12月8日第1版报道：从1996年至2006年9月底，国家留学基金管理委员会共派出国家公派各类留学人员26658人，到期应回国22984人，实际回国22331人，按期回归率达到97.16%。迄今，我国的留学工作已建立起一整套与社会经济发展相适应的管理和运行机制，形成了国家公费、单位公费和自费出国留学的三大主渠道，成为我国改革开放的重要内容和中外交流的重要窗口。

我国留学工作长期以来受到党和国家领导人的亲自关心。1977年8月1日邓小平同志在关于教育的谈话中指出："要派留学生出去，请人来讲学，把愿意回国的科学家请回来。"1978年6月23日，邓小平同志在听取中国教育部工作汇报时指出："我赞成中国留学生的数量要增大。""要成千上万地派出，十个八个不行，今年数百个，明年几千个，要成千上万地派出。"邓小平同志在1979年1月访问美国期间，与美国政府正式签订了中美互派留学生的协议，并在中国驻美国使馆接见了我国改革开放后首批公派赴美的留学生代表。他还说过，中国能否最终实现现代化，能否实现"三步走"的战略目标，在21世纪中叶，成为中等发达国家，实现中华民族的伟大复兴，这取决于中国知识分子的数量和质量。历届领导集体都把留学工作作为落实科教兴国战略和人才强国战略的重要组成部分，促使留学工作不断完善和发展。历届党和国家领导人对留学工作的高度重视和亲切关怀，是留学工作发展的重要条件。

二、出国留学与自费留学热

据联合国教科文组织提供的资料，1970 年全世界约有 47 万留学生，到 50 多个国家留学，其中近 56.4％的留学生集中在 7 个主要发达国家。到 1980 年，这个比例上升到 63.2％，到 1995 年上升到 69.4％。具体比例分割情况如表 1：

表 1　7 个主要留学生东道国市场份额比较（单位：人）

国家	1970 年	比例 (%)	1980 年	比例 (%)	1995 年	比例 (%)
美国	144708	30.2	311882	33.5	453787	28.3
英国	24606	5.1	56003	6	197188	12.3
德国	31119	6.5	88585	9.5	159894	10.0
法国	34877	7.3	110763	11.9	138191	8.2
俄罗斯	17400	3.6	62942	6.8	67025	4.2
日本	10471	2.2	6543	0.7	53847	3.4
澳大利亚	7104	1.5	8777	0.9	4784	3.0
以上 7 个国家的总和	270285	56.4	645495	63.2	1117766	69.4
50 多个东道国接收总数	477837	100	930183	100	1600000	100

资料来源：转引自复旦大学高教所熊庆年、王修娥《高等教育国际贸易市场的形成与分割》。参见教育部教育管理信息中心《教育参考资料》2000 年 1—2 期，第 27 页

上引资料中显示，1995 年世界上接收外国留学生最多的 7 个国家是：美国、英国、德国、法国、俄罗斯、日本、澳大利亚。这 7 个国家共接收外国留学生 111 万多人，占当年世界各国接收的外国留学生总数的 69.4％。其中美国当年接收的外国留学生人数为 45.3 万多人，占当年世界各国接收的外国留学生总数的 28.3％。而出国留学生最多的国家则集中在亚洲、欧洲和阿拉伯地区。仅亚洲国家和地区（除阿拉伯国家）当年的出国留学生就有 48 万多人，去向主要是美国和欧洲。发达国家纷纷把扩大高等教育贸易的目光投向亚洲，争夺留学市场份额。

据联合国教科文组织统计，2004 年世界接收外国留学生最多的前 10 个国家

分别是：美国、英国、德国、法国、澳大利亚、日本、俄罗斯、加拿大、西班牙、新西兰。与1995年世界上接收外国留学生最多的7个国家排序相比有一定变化。美国是世界上接收外国留学生最多的国家。美国的外国留学生多数是学习自然科学技术的留学生，说明学习自然科学技术仍然是派遣留学生国家的主要目标。另据经济合作与发展组织2006年最新报告显示，自1995年以来，全球各国高等学校的外国学生数量已增长1倍，达270万人。据预测，到2020年，国际留学生规模将从2003年的210万人上升到580万人。

我国从1978年到2003年，各类出国留学人员总数为70.02万人，留学回国人员总数为17.28万人。以留学身份出国在外的留学人员有52.74万人，其中，有35.66万人正在国外进行学习、合作研究、学术访问等。从1978年到2004年底，我国各类出国留学人员总数为81.48万人，留学回国人员总数为19.78万人，以留学身份出国在外的留学人员有61.7万人，其中，有42.7万人正在国外进行学习、合作研究、学术访问等。从1978年到2005年底，我国各类出国留学人员总数为93.34万人，留学回国人员总数为23.29万人，以留学身份出国在外的留学人员有70.05万人，其中，有51.28万人正在国外进行学习、合作研究、学术访问等。这些数字在世界各发展中国家，特别是人口大国中，无论是绝对数还是百分比都位居前茅。

据国家出国留学生服务中心介绍，截止到2002年底的综合统计，中国在国外的各类留学生约有43万多人，遍布世界100多个国家和地区，其中约有20多万人在美国，约有7万人在日本，约有8万人在欧洲，约有7万人在加拿大、澳大利亚等国家。近几年内实际成行的出国留学人数基本保持在每年十几万人的水平，其中，国家公派出国人员，自1996年成立国家留学基金管理委员会以来，一般每年派出2000至3000人，2004年始，在贯彻提高层次、保证质量、增强效益方针的同时，逐步扩大国家公派出国人员规模。2007年国家留学基金管理委员会将着眼今后10至20年的各项事业的发展，培养高层次的创新型人才和"领军人物"，加大研究生选派规模，重点选派优秀青年出国。在自费出国留学人员方面，2000年为3.2万多人，2001年为7.6万人。2002年以后连续超过10万人。据教育部统计，2002年度，各类出国留学人员总数12.5万人，其中自费留学11.7万人；2003年度，我国各类出国留学人员总数为11.73万人，自费留学10.92万人；2004年度，各类出国留学人员总数为114663人，其中自费留学

104281 人。2005 年度，我国各类出国留学人员总数为 11.85 万人，其中：国家公派 3979 人，单位公派 8078 人，自费留学 10.65 万。2006 年度，我国各类出国留学人员总数为 13.4 万人，其中自费留学生人数为 12.1 万人，占 90.2%。自 2006 以后 5 年，国家公派留学生将大致保持每年 5000 人。数字显示，近些年公派的留学生人数稳定增长，而自费出国留学则大幅增长。

自 20 世纪 90 年代以来，自费出国留学中介服务机构应运而生，全国经教育部、公安部联合审批的这类机构至 2004 年就有 270 家。目前我国自费出国留学人员的地理分布达 109 个国家，由改革开放初期主要集中在美国、加拿大、英国、日本、澳大利亚、德国等国迅速扩展到全球。

自费出国留学是一种世界潮流。上个世纪 80 年代初期，世界各国的留学生总数不到 100 万人，现在已超过 200 万人，其中绝大多数是自费留学生。我国自费留学生越来越多，其主要原因是：从国际上看，经济全球化使人才流动加快，市场配置人才的力度加强；自费留学的路径增多。同时，近年来我国教育的发展提高了学生素质，为留学创造了知识条件；我国居民生活水平的提高，为留学提供了经济条件；国家的"支持留学，鼓励回国，来去自由"的方针，为留学创造了政策环境；青少年要了解世界，实现人生价值，为留学准备了内在动力。此外，国外大学的生源不足，因而采取多种吸引留学生的优惠政策，加之教学环境比较优越，教学手段比较活泼等等，也增强了出国留学的吸引力。

在自费留学的总人数中，中学生比例有所增加，许多媒体对小留学生的现象作了系列报道和讨论。例如，北京地区出国留学人数以年 5000 人左右的速度递增，2001 年达到 2 万余人，2002 年以来达 3 至 4 万人，其中"低龄留学"的中学生增幅较大。在上海，1993—1997 年出国留学生的年龄总体高峰在 26—35 岁之间，约占 44%，而 1999 年 1—10 月，高峰年龄降至 21—25 岁，约占 50%。随着年龄重心的下移，学历重心也在下移，由主要攻读硕士、博士发展到攻读本科和中学为主，高中及高中以下的留学人数急剧上升。据有关调查问卷显示，广州及深圳的中学生希望出国的比例高于大学生。

出国留学的低龄化现象，应当说是比较特殊的暂时现象，它从某种角度反映了我国现有的办学体制、教育模式的弊端，教育资源、教育质量缺欠，一些有经济基础甚至缺乏经济基础的家庭，为了孩子的前途，宁愿花上一大笔钱送孩子出国深造。

三、来华留学与海外汉语热

从 1950 年到 2005 年底，我国接收各类来华留学人员总数为 884315 名。改革开放以来，越来越多的外国学生寻求到中国学习的机会。从教育部获悉，2004 年全年共有来自 178 个国家的 110844 名各类来华留学人员在我国 31 个省、自治区、直辖市（未含港澳台地区）的 420 所高等学校和其他教学、科研机构学习。其中获得中国政府奖学金来华留学生 6715 人，自费生 104129 人。2004 年来华留学生的数量与 2003 年相比，增加了 42.63%，是近 10 年来增幅最大的一年。

2005 年来华留学生再创新高。各类来华留学人员总数达到 141087 人，其中：中国政府奖学金生 7218 名，自费留学生 133869 名。按洲别统计，来自亚洲的留学生人数仍然最多，计 106840 名，占 2005 年来华留学生总数的 75.73%；欧洲为 16463 名，占 11.67%；美洲为 13221 名，占 9.37%；非洲为 2757 名，占 1.95%；大洋洲为 1806 名，占 1.28%。按国别统计，来自韩国、日本、美国、越南和印度尼西亚的留学生人数仍名列前 5 位，分别为 54079 名、18874 名、10343 名、5842 名和 4616 名。按留学生类别统计，学历生 44851 名，占总数的 31.79%，比 2004 年增加了 41.86%；非学历生 96236 名，占总数的 68.21%，比 2004 年增加了 21.47%。

据统计，截至 2006 年 12 月 31 日，2006 年全年共有来自 184 个国家和地区的 162695 名各类来华留学人员在我国 31 个省、自治区、直辖市（未含台湾省和香港、澳门特别行政区）的 519 所高等学校和其他教学、科研机构学习。与 2005 年相比，2006 年来华留学生总人数增加了 21608 名，涨幅 15.3%。按洲别统计，来自亚洲的留学生人数仍然占首位，计 120930 名，占全年来华留学生总数的 74.33%。2006 年是新中国成立以来来华留学生数量最多、生源国家和地区数量最多、就读学校数量最多的一年。来中国学习汉语，正呈现出一个新的热潮。

近些年，来华留学教育认真贯彻国家有关留学工作方针与原则，使各类来华留学生，不论是他们的规模和国别，还是他们来华留学的层次和水平，都呈现出一个非常快的好的发展势头。"十五"期间，我国每年接收来华留学生的增长速度高达 20%。2006 年，共有 8200 多名中国政府奖学金生在华学习，具有接收来华国际学生资格的高等学校达到了 568 所。出现这种情况的主要原因，首先是因为我国改革开放以来，综合国力不断增强，我国和平友好合作的外交方针，以及我国十分重视对于周边国家"以邻为友，与邻为善"共同发展的共享方针，同时这也是由于中国的教育事业的各个层次、各个类别在我国改革开放和经济社会的发展中，取得了优先发展的重大战略地位以及取得了历史性的突破，使得中国的教育事业在世界的吸引力越来越大。我们所设定的将中国建设成亚太留学目的地国的方针正在开始实现。

与此同时，中国经济的快速发展，催生了全球汉语学习热，汉语国际推广成效显著。据联合国《2005 年世界主要语种、分布与应用力调查》显示，2005 年汉语已经超过了德语，排在世界十大语言的第二位。目前全球超过 3000 万人学习汉语，约 100 个国家和地区、超过 2500 余所的大学在教授中文，中国计划在全球建立 1000 所孔子学院，汉语水平考试已在 37 个国家设立了海外考点。到 2005 年年底，被称为"汉语托福"的汉语水平考试（HSK）的考生总数超过 100 万人次，海外在校学历教育层次的学习汉语人数达到 500 万人。从 2004 年开始，我国在海外陆续建立了以教授汉语和传播中华文化为宗旨的非营利性的公益机构"孔子学院"，2007 年 4 月 9 日，孔子学院总部在北京正式成立。目前，全球已开办孔子学院 140 多所，分布在 50 多个国家和地区，遍布世界各大洲。

从中国发展战略来看，发展来华留学事业和在海外推广汉语，有利于世界更好地了解中国，了解中国文化，也有利于中国走向世界，推进多元文化的交流和各国人民之间的友谊。

四、留学人才的外流与回归

当今经济全球化的发展，国际间联系的加强，为教育上的合作、交往及学生的进一步流动提供了便利条件。采取各种不同措施吸引外国留学生已经成为很多国家的普遍政策。由于世界各国发展不平衡，发达国家往往凭借实力大力实行"教育出口"政策，通过大量招收留学生赚取外汇，增加知识资本，并扩大本国的国际影响，而发展中国家不得不派出留学生向发达国家学习先进的科学技术和管理知识。派出的留学人员不少不按期回归，滞留在外者较多，难免出现人力资源培育和开发利用过程中的投入大于产出的局面。有人比喻留学生人才如同一头大奶牛，他们吃草喂养在本国，而成熟产奶在外国。这就是事实上存在于国际社会中的通过留学渠道而进行的知识资本掠夺和剥削现象。

我国改革开放以来留学回国人员在教育、科研、高新产业、金融、保险、贸易、管理等工作岗位上发挥着重要作用，成为我国国民经济和社会发展的一支重要力量。与此同时，我国相继制定和出台了一系列旨在支持和吸引在外留学人员回国工作或以多种适当方式为国服务的政策性规定，建立健全了相关的管理及服务性机构和留学人员人才库，并设立了多种针对留学人员的专项基金。这些政策、措施收到显著成效。

据统计，新中国成立至今，我国共有 90 余万留学生在海外求学，其中 20 多万已学成归国，占留学生总数的近四分之一。从 1978 年到 1996 年，我国出国留学人员总计约 27 万余人，回国 9 万人，回归率为 33%。其中：国家公派 4.4 万人，回国 3.7 万人，回归率 84%；单位公派 8.6 万人，回国 4.8 万人，回归率 56%；自费留学 13.9 万人，回国 0.4 万人，回归率 3%。在上述三类人员中，国家公派留学人员的回归率是最高的，其次是单位公派，最低的是自费留学。自 1996 年以来，这三类人员的回归率均有提高，尤其是国家公派，回归率已达 95% 以上，自费留学的回归率也以每年 13% 以上的速度递增。据《中国教育报》有关报道：2003 年度国家公派留学 3002 人，公派留学回国 2638 人。2004 年度国家公派留学 3524 人，公派留学回国 2761 人。2005 年度国家公派留学 3979 人，公派留学回国 3008 人。近几年，回国人员的增长幅度连续超过了出国留学人员的增长幅度。在外留学人员还通过短期回国讲学、学术交流、合作科研、引进项目和资金、提供信息和技术咨询服务等灵活多样的方式为国服务，产生了很好的经济效益和社会效益。尽管如此，人才的外流对于我国而言仍是客观存在的事实。

对于人才外流现象，学者们有各种不同角度的解释，其中一个影响较大的理论被称之为"推拉理论"。这种理论把人才流出国的各种不利因素统称为"推"的力量，而把人才接收国的各种有利因素统称为"拉"的力量。促使人才外流的"推力"和"拉力"是在特定条件下形成的，随着条件的改变，推力和拉力也会相互转化。因此，要减少人才外流，吸引在外留学人员回国和为国服务，最根本的是改善本国的条件和环境，使推力转变成拉力。

人才的国际性流动是一种历史现象，并且有不断增强的趋势。人才外流是发展中国家在对外开放的过程中不可完全避免的现象，在当代它又呈现出更为复杂的状态。人才外流并不等同于人才流失。不少居留在外的学者都在以各种方式为国服务,虽然这种服务一般都是间接的。就直接回祖国作贡献而言,国家公派留学人员的比例是最高的,而自费留学人员的比例在当前还相当低。据学术界研究,国际人才流动良性的出国与回国比例为2:1,现在我国的情况约为3:1至4:1,这对我国的经济和社会发展在短期内会带来某些不利影响。鉴于这种情况,我们需要采取积极的优惠政策吸引留学生,努力创造适合留学生回国工作的环境和条件。《中共中央关于制定国民经济和社会发展第十个五年计划的建议》中提出,把吸引和用好留学人员作为大力开发人才资源的重大战略任务,要继续实行支持留学、鼓励回国、来去自由的方针,鼓励留学人员回国工作或以适当方式为祖国服务,要千方百计营造鼓励回国留学生干事业、支持回国留学生干成事业的社会氛围。根据多次调查显示,许多人员,尤其是大学生选择出国留学,目的是为了"学习借鉴国外大学的方法,提升自己的能力,为回国就业作准备"。他们出国留学后不仅开阔视野,增长见识,而且更加恋土爱国。很多回国留学人员已成为我们国家的栋梁之才,所以我们要为留学人员回国工作提供良好的政策环境和条件。

在鼓励留学人员回国工作的同时,还必须加快我国高等教育的发展。高等教育的发展实际受供求关系影响。在大学教育供不应求情况下,教育追求数量的扩张,在供求关系缓解后,必然追求质量的提高。我国高等教育毛入学率2002年达15%,已进入国际公认的大众化教育阶段。北京高等教育在1980年代末已实现大众化,2003年毛入学率达52%,已进入普及化教育阶段。我国是穷国办大教育,与许多发达国家相比,我国高等教育毛入学率还非常低,我国人民不断增长的教育需求同教育供给不足的矛盾,仍是现阶段教育发展所面临的基本矛盾。但近些年的高校扩招毕竟使这一矛盾得到缓解,教育的大众化、普及化,以及多元化、国际化毕竟给人民带来了多样的教育机会。以前人们对高教主要追求有学上,现在逐步转向追求上好学校,或"洋学校";以前不少高分考生没学上,现在一些高分考生录取后不去上,复读再考立志选择自己满意的学校。这反映出人民对优质教育的追求。因此,在大力发展高等教育的过程中,要把发展优质教育放在重要地位。应特别注意树立速度、结构、质量和效益协调发展的全面质量观。要加快高等教育的发展速度,同时要注意调整和优化教育结构,提高教育质量和办学效益,提高在国际上的吸引力和竞争力,不断满足人民群众对优质教育的需求。我们还必须用长远的开放的观点来看待所谓"中国人才外流"问题。人才特别是高智力人才的流动自有其客观规律。世界上许多国家或地区在经济繁荣之前，都经历过人才外流的时期。例如，18 世纪后期德国大学成为世界上科学研究水平最高的大学，美国有大量留学生去德国大学留学，学习德国大学的先进科学技术与办学经验。1950 年左右以后，美国大学在科研水平上全面超过德国，成为世界上科学研究水平最高的大学。欧盟国家在二次世界大战后，新兴工业化国家和地区如韩国、新加坡和我国台湾地区在经济起飞前，都曾经历过人才大量流向美国的时期。但在本国或本地区经济发展到一定程度后，这些国家或地区同样又有大量海外人才回流。人才外流与回流的上下界限一般在人均 GDP 1000 美元至 4000 美元之间。中国人均 GDP 刚达 1000 美元以上，还会持续出现出国热。在经济全球化、资源配置全球化和信息技术高度发达的今天，我们应该摒弃过去的狭隘的人力资源利用观念，树立人才利用全球化的理念：不管人才在哪里，只要能为我所用，就是我国人力资源的一部分。一国的人力资源的流进流出实际上是在动态中平衡的。中国改革开放之初，外国产品和外国资本流进，中国人力资源流出；随着中国经济不断发展和科研条件的进一步改善，学成回国的人员将会越来越多，最终将会向"中国产品和中国资本流出、人力资源流进"方向转变。即使长时期不能回国工作的，实际其中很多人仍心系中华，效力祖国。因此，我们应实施更加开放的政策，建立更加灵活的机制，支持留学人员出国学习或工作，促使各类人才以多种方式为祖国服务。

参考文献

陈学飞　2003　试论新世纪我国公派留学的指导方针及政策选择，《北京大学教育评论》第 1 期。

陈学飞　2004　改革开放以来我国公派留学教育政策的演变及成效，《复旦教育论坛》第 3 期。

苗丹国　2003　出国留学教育的政策目标——我国吸引在外留学人员的基本状况及对策研究，《清华大学教育研究》第 2 期。

宋卫国　2003　留美中国博士生的流向与就业，《北京观察》第 10 期。

谢秀英　2003　自费出国留学热及其低龄化趋势的经济学分析，《陕西青年管理干部学院学报》第 1 期。

中国地质大学学生自费出国留学的基本情况、成因分析及对策研究

刘典波

中国地质大学国际合作处

提　要　中国地质大学从 2000 年开始派学生自费出国留学，到 2007
年已经向俄罗斯国立莫斯科大学、俄罗斯地质勘探大学、俄
罗斯伊尔库茨克大学、加拿大滑铁卢大学和比利时 Group T
鲁汶工学院共 5 所大学派出 108 名学生。本文通过分析中国
地质大学目前学生出国留学的现状并分析其成因，提出了三
点工作建议。

关键词　自费　出国留学　联合培养

随着教育全球化的发展，中国地质大学的国际合作工作也得以进一步的开
展，近几年我校学生自费出国留学的人越来越多。在这种背景下，分析我校学生
自费出国留学的基本情况并分析其成因和进行对策研究具有重要意义。

一、出国留学现状

1.1 学生自费出国留学模式

学生自费出国留学主要是通过学校与国外院校签订的协议到国外去进行联
合培养。按照我校与国外院校签订的联合培养协议，我校的学生在中国学习两年
基础课，后续两年的专业课到国外院校进行学习，学生学习成绩达到毕业要求后

可以同时获得我校和国外院校的学位和毕业证书。如果国外院校为非英语教学的国家，学生到了国外还要进行一年的教学语言学习。目前我校派到俄罗斯学习的培养模式主要为2+3，即在中国学习两年，到俄罗斯的院校学习3年，其中第1年学习俄语。派到使用英语教学的国家学习的培养模式为2+2，即在中国学习两年，在国外学习两年。

学生自费出国留学的相关的费用由学生自己支付，当然由于是校际之间通过协议进行的联合培养，有的国外院校在学生的学费方面会给予一定的优惠，或者在奖学金方面给予一定的照顾。

1.2 学生自费出国留学的院校和分布情况

我校从2000年开始派出第一批学生到俄罗斯国立莫斯科大学学习以来，到目前已经有108人到国外于我校签订联合培养协议的院校学习过。与我校签订联合培养协议的院校已经有很多，但是我校实际派出学生到国外院校学习的只有5所，分别是俄罗斯国立莫斯科大学、俄罗斯地质勘探大学、俄罗斯伊尔库茨克大学、加拿大滑铁卢大学和比利时Group T鲁汶工学院。学生每年出国留学人数和院校如表1所示。

表1 学生自费出国留学情况一览表

年份、学校、人数	俄罗斯国立莫斯科大学	俄罗斯地质勘探大学	俄罗斯伊尔库茨克大学	加拿大滑铁卢大学	比利时Group T鲁汶工学院	总计
2000年	10					10
2001年	19					19
2002年	9		8			17
2003年	10	2	9			21
2004年	9					9
2005年	1			5		6
2006年	5			3	4	12
2007年	4			10		14
总计	67	2	17	18	4	108

二、出国留学成因分析

2.1 家庭经济背景是决定学生是否能够自费出国留学的前提

出国留学的费用是决定学生能否出国留学的前提。因为是自费出国留学，而且国外院校一般不提供奖学金或者只为极少人提供奖学金，所以只有家庭比较富裕的学生才能承担起相对国内来说非常高昂的学费和生活费。表2将粗略估计并简单对比我校派往俄罗斯、加拿大和比利时学生的费用支出情况。由表2可以看出，到国外通过联合培养的模式留学，虽然比大学4年全部在国外留学的费用有所降低，但是费用一般也都在10万人民币以上，其中以加拿大留学费用最高，接近40万。学生在实际花费中应该会超过这个数字，因为还要包含国际旅费、签证费、公证费等若干相关费用。同时由表2可以看出，留学俄罗斯的费用变化明显，随着俄罗斯经济的重振，留学俄罗斯的费用也增长了约50%。不同家庭经济背景的学生往往会根据不同大学的留学费用选择适合自己的大学自费留学。

表2 学生国外费用支出情况对比表

	2000 年俄罗斯	2006 年俄罗斯	2006 年加拿大	2006 年比利时
留学期限	3 年	3 年	2 年	2 年
每年学杂费	2500 美元	4500 美元	19000 加元	4000 欧元
每年生活费	1500 美元	2000 美元	9000 加元	4000 欧元
生活费、学费合计	12000 美元	19500 美元	54000 加元	16000 欧元
支出人民币合计	约 100000 元人民币	约 156000 元人民币	约 360000 元人民币	约 160000 元人民币

2.2 对国外优质教育资源的追求

追求国外优质教育资源和语言环境是重要原因之一。国外比较宽松的教学环境、先进的仪器设备、现代化的图书馆和实验室、灵活多样的教学方法、活跃的课堂气氛等软、硬件总体条件要好于我校目前的条件。与我校签订联合培养协议的院校大都是国际知名院校。俄罗斯国立莫斯科大学是俄罗斯规模最大、历史最悠久的综合性高等学校。学生到俄罗斯的学校学习，不仅可以享受莫斯科大学的优质教育资源，学习到专业知识，同时可以学习俄语，掌握除英语之外的第二门外语。加拿大滑铁卢大学是加拿大排名前三甲的学校，学生在滑铁卢大学除了可以学习专业知识以外还能提高英语的综合能力。比利时 Group T 鲁汶工学院也是使用英语授课的院校，学生在比利时不仅可以提高英语水平，同时还可以感受欧盟国家独特的文化。

2.3 国内就业压力也是推动学生出国留学的重要原因

从 1998 年我国大学扩大招生以来，随着毕业大学生的不断增多和毕业生就业制度改革，就业形势变得越来越严峻。在同等条件下有海外留学背景毕业生的就业情况要明显好于没有海外留学背景的毕业生。因为在海外留学的学生除了在国外接受到了工作必备的专业教育以外，其语言方面与国内的学生相比要具有明显的优势，所以国内的很多单位更愿意接收海外留学回来的毕业生。同时学生在出国留学之前咨询时也非常关心以往派出学生的毕业后工作情况，留学毕业生的就业状况往往能够影响打算出国留学学生对国外院校专业的选择。

2.4 国外大学积极推动

国外大学积极推动中国学生到国外院校就读有以下几方面的原因。（1）当前很多国外高校都存在生源不足问题，大量招收中国学生恰好可以解决这一问题。目前中国已经成为国际教育市场上最大的教育出口国。（2）国际学生的学费都很高，这是一个不争的事实。招收中国学生可以为学校带来数量可观的经济收入。（3）教学不仅传授的是专业知识，也是一种重要的文化传播途径。在培养国际学生的同时进行文化输出，扩大学校的国际影响力。

三、对策研究与建议

3.1 扩大派出途径

每年到我校留学生派出部门咨询出国留学的学生都很多，由此可见学生出国的热情还是很高的，学生已经认同联合培养这种自费出国留学的模式。目前我校派出的学生主要为地质相关专业，很多非地质类专业的学生也希望能够通过联合培养的模式到国外留学。因此学校应该进一步开展工作，与更多的国外知名院校签订联合培养协议，给不同专业的学生提供自费出国留学机会。

3.2 通过联合培养，促进学校的学科建设

作为中国的学校，不应该仅仅为国外的高校输送优质的生源，还应该在联合培养学生的过程中学习国外高校的教学方法，通过引进参考国外的课程设置，引进国外的教育资源来促进国内高校的学科建设。我校在与国外每一所学校签订的联合培养协议中都签订了互派教师到对方任教的相关条文，但是在实际执行协议过程中由于种种原因，都没有得到很好的执行，这种情况在以后的留学生派出过程中应该得到重视。

3.3 加强自费出国留学学生的服务和管理工作

对自费出国留学学生的服务和管理工作包括出国前和出国留学后两部分。学生出国前，学校负责派出留学生的工作人员应该为学生提供尽量多的国外大学的资料，使学生能够更加清楚地了解国外院校的情况，做到理性出国，在学生决定出国后尽可能为学生出国办理签证等方面提供指导。学生出国后，学校相关部门与学生的沟通就变得困难，学校负责派出留学生的工作人员应该起到桥梁的作用，继续做好出国留学学生的服务和管理工作，同时要及时了解学生在国外的学习动态和生活等方面的情况，以便更好地为后面打算出国留学的学生做好咨询工作。

参考文献

姬郁林、潘燕玲、彭晓菊　2002　加强出国留学管理　促进学科建设发展，《西南民族学院学报（哲学社会科学版）》[J] 第 2 期。

梁　可　2004　从国际教育展看自费留学趋势——写在第 9 届国际高等教育巡回展之前，《21 世纪》[J] 第 2 期。

王永龙　2002　评论中国学生自费出国留学，《出国与就业》[J] 第 11 期。

抓出国留学工作　促学科队伍建设

——北京师范大学出国留学工作的思路和实践

张奇伟　　张芳兰

北京师范大学人事处

提　要　教师是大学发展和兴旺的关键所在，而出国留学是教师队伍
建设的重要途径。本文梳理了北京师范大学改革开放以来出
国留学工作的基本思路、做法，取得的成绩和经验，以及进
一步加强出国留学工作为学科队伍建设服务的设想，供同行
借鉴。

关键词　出国留学　学科队伍建设

人们这样表述大学实现其功能的内在要素：办学以学生为本，教学以教师为本。大学的生存和发展在于有源源不断的优质生源和质量上乘、社会适用的毕业生，而大学能够吸引优秀学生和培养出高素质人才的根本在于拥有学术大师、科学巨擘和一支水平一流、结构合理、素质高超的教师队伍。从这个意义上说，教师是大学发展和兴旺的关键所在。建设和构成一支高素质、高水平的教师队伍的办法和途径可以有很多，而面向世界、开放借力，送出去、请回来，出国留学、海外引进，是其中非常重要的措施和手段。在高等教育走向国际化的今天，尤其是这样。

北京师范大学作为一所学术底蕴深厚的百年著名高校，始终把出国留学作为学校教师队伍建设的重要途径，与教师的在职培训和进修提高有机地联系在一

起。特别是近 25 年来，北京师范大学对出国留学工作高度重视，整合资源，积极派出，规范管理，提高效益，取得了显著的成效和不少的经验，有力地促进了教师队伍的建设。

一、北师大出国留学工作的基本情况

1. 近 25 年（1978—2003 年）教师派出的基本情况

教师出国留学总数为 1714 人，其中，国家公派 635 人，单位公派 813 人，自费出国 266 人。

就出国身份或方式而言，访问学者 1273 人，占总数的 74.3%；攻读学位 170 人，占总数的 9.9%；其他 271 人，占总数的 15.8%。

就回归率看，国家公派为 77.6%，单位公派为 71%，自费出国为 34.9%，总的回归率为 67.9%。

2. 近 4 年（2000—2003 年）来出国留学的基本情况

2000—2003 年是北师大出国留学工作取得较大进展的时期，比较具有典型性，在一定程度上能够说明北师大近年出国留学工作的特点。请看下表：

年度	人数	公派方式		出国身份				技术职务			学科	
		国家	单位	高访	进修	合作研究	其他	教授	副教授	其他	理科	文科
2000 年	41	8	33	0	17	12	12	6	24	11	25	15
2001 年	80	24	56	5	36	18	21	25	28	27	42	38
2002 年	85	34	51	17	26	15	27	24	37	24	39	46
2003 年	62	18	44	4	22	6	30	15	31	16	22	40
合计	268	84	184	26	101	51	90	70	120	78	128	140

由上表可以看出这样几种情况：

第一，四年来，出国留学的教师人数呈上升的趋势。特别是 2000—2001 年，人数增长明显，增幅达 95.1%；

第二，单位公派已超过国家公派，成为教师出国留学、进修的主要方式。2000 年单位公派教师是国家公派的 4.12 倍，2001 年是 2.3 倍，2002 年是 1.5 倍，2003 年是 2.4 倍，4 年平均为 2.19 倍。

第三，以进修或访问学者（普访）身份出国的教师人数高于以其他身份出国的教师。在几种主要的出国身份中，就人数而言，普访位居第一，其余依次为其他（国际会议和短访）、合作研究和高级访问学者。

3. 现职在岗人员出国留学情况

北师大现有专任教师约 1200 人，其中有出国留学经历者约 830 人，占教师总数的 69.2%。其中，校级领导 12 人中出国留学 6 人，占总数的 50%；两院院士 14 人中出国留学 11 人，占总数的 78.6%；院、系（所）负责人 200 人中出国留学 128 人，为总数的 64%；省部级以上教学、科研基地主任 35 人中出国留学 35 人，占总数的 100%；博士生导师 471 人中出国留学 353 人，占总数的 69.5%。

二、北师大出国留学工作的基本思路和做法

1. 出国留学工作紧紧围绕学校的办学目标和历史转型

北京师范大学作为一所百年老校，有着深厚的学术积淀。在长期的办学过程中，北师大人以优异的教育成就创出了自己的特色。另一方面，教师教育的固有体制和由此而形成的一些思想观念也限制了北师大的进一步发展。改革开放以来，北师大一直在探索教师教育的新突破、探讨北师大未来的定位和发展目标。几十年来，人们在尝试着打破单纯和封闭的教师教育模式，努力把北师大办成多学科、研究型的高水平师范大学。正是在这样的办学理念指导下，学校始终从高素质教师队伍建设的高度重视出国留学工作，把它作为建设高水平师资队伍的重要手段。20 多年来，历年累计出国留学的教师数量超过现职现岗的教师数，超过的幅度达到 41.7%。1998 年 6 月，北师大第十次党代会进一步统一了大家的思想，确定了北师大的办学目标，即把北京师范大学办成综合性、有特色的国内一流、世界知名的高水平研究型大学。

2. 以学科发展为中心，为学科的调整和布局服务

学科是一个高校从事人才培养、科学研究和社会服务的依据和平台，从这个意义上说，学科建设是学校建设的核心。因此，北师大的出国留学工作一直紧紧地围绕着学科建设和学科调整进行。长期以来，数理化等基础学科是北师大的优势学科，在出国派出时就进行必要的引导，有目的地组织派出。据统计，目前化学系 64 位教师出国留学近 56 人次，数学学院 62 位教师出国留学 63 人次，物理系 54 位教师出国留学 48 人次，均高于全校在职教师出国留学的比例，分别达到本学院（系）教师的 87.5%、101.6% 和 88.8%。教师教育是北师大的特色学科，也是学校重点支持的学科群。教育学院 80 位教师出国留学 61 人次，占学院教师的 76.3%。低能核物理研究所是学校的以实验学科为主的研究所，该所 24 位研究人员中先后出国留学 20 人次，占全所教师的 83%。特别值得一提的是，随着经济的发展和社会的需求变化，环境工程和资源学科成为急需发展的学科，北师大面向经济和社会的需要，迅速发展环境工程学、环境科学、以水沙治理和自然灾害防治为主要内容的资源科学以及地球遥感学科，形成了以资源、环境研究为代表的新的学科群，成为学校学科发展和调整的一个亮点。而在这一学科群的发展过程中，我们在分配出国留学资源方面给予了大力的支持和倾斜。学科群现有教学研究人员 110 人，而出国留学者近 90 人次，占学科群教师总数的 81%。正是由于教师，特别是学科带头人与国际同行保持经常和稳定的交流和沟通，使学科实现高起点和跨越式的发展有了人才和队伍的保障。

3. 充分利用现有资源，多元参与，多层投入

从出国留学工作涉及人员的调配和需投入大量经费而言，它实际上是一项资源的配置使用的工作。随着国家经济发展和社会进步，也随着高等教育的突飞猛进的发展，出国留学的资源投入主体已由国家一元变化为国家、地方、学校、院系等的多元机制。相应地，经费投入渠道也由国家留学基金为主渠道变化为现在的多渠道。我们及时把握这一变化，制定了充分利用现有资源、多方面筹措经费、多主体派出的工作方针。首先，我们紧紧抓住国家公派这一主渠道，做扎实和细致的工作。每年我校国家公派的教师数量在北京地区都是名列前三名。其次，我们积极扩大学校与国外（境外）学校的合作关系，充分利用校际交流的资

源，争取派出更多的教师。最后，我们积极发展单位公派。我校有许多当前国民经济和社会发展急需的学科，有许多发展势头非常好的学科，它们有不错的科研项目经费支持，单位也有良好的经济支撑。我们在不违背国家法规和政策的前提下，创造条件，提供便利，让院系的专家学者们充分运用个人或单位与国外（境外）同行的联系，运用自己能够支配的经费，多次出国进修、访问和合作研究。现在这种方式已经成为我校环境资源等学科国外（境外）派出的主要方式和途径。

4. 促进国内外双向交流，建立国际沟通渠道

在出国留学工作中，北师大一方面积极派出，另一方面也大力引进，采取的是"派出去，引进来"相结合的工作方法。自 1999 年以来，北师大从校外引进人才约 200 余人，其中从国外引进的教授、副教授和博士后研究人员约为 55 人。与国内派出进行短期进修访问的学者相比，这些在国外获得学位、工作多年和从事相当一段时间科学研究工作的学者受到了系统的西方学术训练，对国外的科技发展有更深的了解。他们的引进可以更快、更直接地把国外先进的科学理念、科学技术带到学校，从而带动相应学科的快速发展。生命科学学院从美国引进从事细胞学研究的何大澄教授。他的到来使北师大的细胞学研究一跃位居国内的领先地位。地理和遥感学院从美国引进李小文教授，他作为学科带头人在短短的几年中使地球遥感学科从小到大、由弱到强，发展成为国内一流、紧随国际前沿的强势学科。同时，通过大量深入细致的协调和服务工作，帮助各院系通过教师的派出和引进与国外的学术组织、高校和学者建立了稳定的联系和合作关系，采取互邀互派、出席会议、短期访问讲学、合作研究等方式保持密切的联系，力图形成与国外学术界良性互动、沟通交流的稳定渠道。

三、推进国际化，促使出国留学工作的更大发展

1. 从高等教育国际化的高度重视和推进出国留学和国际交流

随着改革开放的不断推进，国家的综合实力快速增长，高等教育获得了前所未有的发展。目前，在促进高等教育持续、良性、快速发展和创建一批世界一流

和知名大学的过程中，北师大高等教育的国际化成为一个极其重要的环节和评价指标体系。高等教育国际化的内涵是丰富的，而高校教师的国际化是其中最为重要的一个方面。教师的国际化应该包括在开放的环境中，外籍教师占一定比例、获得国外最高学位的教师占一定比例，教学科研人员在国际间经常性交流，教师赴国外定期进修学习，教师与国外同行日常性交流和合作，等等。要达到教师队伍国际化和教师工作国际化的目标和相应的指标体系要求，出国留学工作者所从事的高校出国留学工作和引智工作就显得如此的突出和关键。因此，一定要从创建世界一流和知名大学的宏观角度重新审视出国留学工作，从高等教育国际化高度重新构建这一工作的思路，作出新的调整，推出新的举措。在如此视野下的出国留学工作，就不再是一种权宜之计，不再是一项需要人为地特别提出来的工作，它本身就是推动大学建设和发展的非常重要、极其日常和需要永久开展下去的工作。经过这样的深层反思、理念重建和操作调整，出国留学工作无论在展开的宽度、力度和长度上，还是在工作的方式、体制和机制上都会发生巨大的变化。

2. 增强出国派出工作的规划性和指向性

为学科建设服务是出国留学工作的重要原则。在过去的工作中北师大坚持了这一原则，在以后的工作中仍然必须坚持。我们要根据学校的学科规划和学科发展趋势做好出国留学的宏观规划，强化工作的导向性。我们除了要一如既往地支持如数学、物理、化学、生物、历史、中文、教育等传统优势学科、基础学科的发展和教师队伍的建设外，更要把重点放在目前社会需求量大的新兴学科、应用学科、交叉学科上，如环境科学、资源科学、社会学、管理学、政治学等。目前，我们重点就是要大力支持学校的 16 个国家重点学科建设，支持结合国家"985 工程"建设而构建的若干个学科平台。北师大正在着手制定具体的实施细则，在操作程序上、资源的整合和投放上加以落实。学校的学科建设重点会随着国民经济和社会发展的需要和学校整体长远的发展战略而不断调整和发生变化，那么，出国留学工作也要随之作出相应的调整和变动。因此，作为具体从事出国留学工作的部门就要十分关注学校的发展思路和学科的发展方向，时刻围绕学科建设来布局和运作，充分发挥出国留学在学科发展和调整过程中的队伍培养、人才遴选、学术交流和合作研究等人才队伍和科学研究方面的保障和促进作用。

3．与国家的培养计划相衔接，整合资源，加大投入

目前，出国留学工作的资源主要有国家、学校和院系三个层次。相应地，出国留学的工作机制也就有了国家公派、校际交流和单位公派三种类型。北师大的工作方针是抓住两端，加强中间，整合资源，达到效益的最大化。据统计，北师大有留学经历的现在岗教师中，通过单位公派出国的达到222人次，为总数的50.5%；通过国家公派出国的达到113人次，为总数的25.7%；通过校际交流出国的为50人次，为总数的11.4%。不难看出，国家公派仍然是学校出国留学的主渠道。由个人联系的单位公派现已占到我校全部出国留学的一半，而且随着科研经费的增长，和教师、院系与国际同行联系的日益增强，通过这一途径出国所占比例还会进一步扩大。而通过校际交流出国的所占比例偏小，尚有较大发展空间。

因此，我校今后的工作思路是：第一，充分运用国家公派出国资源，抓住每一个公派项目，以积极的态度、细致的工作将优秀的、有发展潜力的教师派出去，争取较高的国家公派派出率。第二，采取更为灵活的管理方式和提供更为便捷的服务，促使教师个人联系或院系联系的单位公派出国有较大的发展。第三，加强与国外高校的联系，使校际交流逐渐成为出国留学的一个重要渠道。第四，将把上述各类资源加以整合，以派出计划为指南，运用政策导向统一调配使用。目前要及时配合教育部《高等学校"高层次创造性人才计划"实施方案》中"创新留学工作机制，扩大高等学校教师出国留学规模"的思路和要求，以高层次人才培养为核心，设立学校出国留学专项经费，支持入选相应人才计划的教师的派出。同时，以此为龙头，带动各层次人才的培养。采取学校资助、校院（系）分担配套、院（系）资助和个人承担等多种多样的资助方式，争取更多的教师因需派出，使有限的资源发挥更大的效益。

4．积极开拓资源，加强政策导向，深入开展工作

在以后的工作中，北师大还将在以下几个方面有所作为：

加强学校的对外宣传，扩大学校的国际影响。学校历来高度重视对外宣传，今后将抓住一切机会，运用各种手段，凭借各种媒介，通过各种渠道和途径，提高学校的知名度，从而争取更多的国际学术交流资源。

坚持培养与引进并重的原则。学校将在努力扩大派出的同时，积极地直接引进有国际教育背景的高层次学术人才。在今年的职务聘任中，我们首次面向国内外公开招聘，有三位在国外学习和工作的学者获聘我校教授职务。我们将进一步开发多种途径，加大从国外引进人才的力度。更为重要的是，我们将国外引进与派出培养紧密地联系起来。不仅通过引进加快教师队伍的建设，而且通过引进扩大国外交流途径，开辟新的交流资源，促进派出培养工作的开展。

健全政策，积极引导。我们将国际交流背景下的教师培养进修作为教师队伍建设的重要一环。在政策的健全上，将逐步加强这方面的引导。比如，我们规定自明年开始，教师职务晋升的外语水平考试由本校自办改为要求参加国家组织的出国人员外语水平考试（WSK）。其目的之一就是鼓励和引导广大教师通过相应外语水平考试为国家公派出国留学作好准备。同时，就教师的在职进修提出要求。我们要求教师必须在一定的时间内安排一次半年左右的国内或国外本专业进修，学校将给予经费资助。学校还将推出学术休假制度，休假的地方可以是国内也可以是国外。这些政策规定就是要使国外的留学、进修和交流成为教师个人发展的动力。

关注青年教师，做深入扎实的工作。在工作中发现，教师的第一次出国留学比较关键，同时也比较困难。资历浅、职务低的青年教师尤其是这样。为此，拟分学科和专业、有针对性地制定具体的首次派出方案。根据学科发展的需要将从事相应学科研究和教学的有潜质的教师派出去，使他们获得国际交流的首次经历和进一步开展国际合作交流的人际和物质资源，为他们以后的交流和进修奠定坚实的基础。为教师提供周到的服务，必要时为需要的教师提供一定的经费资助。为确保方案的落实，需要作大量的调查研究，并提出切实可行的实施措施。其目的就是要使出国留学资源得到不断的开拓，使出国留学成为教师进修提高的极为有效的手段，并稳定和持续地发挥其重要作用。

做好出国留学工作　建设高水平教师队伍

赵军武

北京语言大学人事处

提　要　派遣教师出国留学是教师队伍建设的重要环节，对于教师了
　　　　解新知、开阔视野，学习先进教学理念、教学方法、先进教
　　　　育管理模式，加强教育国际合作与交流等方面具有重要意义。
　　　　北京语言大学通过健全教师出国留学制度、积极拓展出国留
　　　　学渠道、规范出国留学管理等方面做好出国留学工作，提高
　　　　了选派质量，提升了教师队伍素质，为建设高水平教师队伍
　　　　作出了积极贡献。

关键词　教师　出国留学　制度化　规范管理　效益

"国以才立，政以才治，业以才兴"，人才是至关紧要的。全国人才会议进一步提出，"人才资源是第一资源"。北京语言大学一直把选派教师出国学习和工作作为人才队伍建设的重要环节。学校实施了"优秀人才出国培养规划"，每年都有计划地选拔教师出国留学或工作，既锻炼了队伍，也促进了教师业务素质的提高。

一、强化认识，充分认识出国留学工作的重要意义

近年来，教育部根据国家经济建设和社会发展的需要，扩大了高校教师出国

留学的规模，提高了对高校教师出国留学的支持力度；高校教师也把出国留学作为拓展国际视野、提升自身素质的内在要求。因此，高等学校要借国家重视选派高层次人才出国留学的大势，充分认识出国留学工作对于建设高水平教师队伍的重要意义。

1. **选派教师出国学习是高等教育对外开放的需要**。在世界经济、文化发展相互影响和相互融合的今天，教育的全球化也已成为必然趋势。现在，关起门来办教育是不可取的，也是不可能的。我国的教育，尤其是高等教育必须融入到国际教育之中，才有可能获得大的发展机会。同时，我国在加入世界贸易组织（WTO）时，已将教育作为服务贸易的一种对外开放。因此，选派教师出国留学是中国高等教育对外开放的必然要求。

2. **选派教师出国学习有利于吸收海外的优质教育资源，培养高层次创新人才**。要发展中国的高等教育，缩短与发达国家高等教育之间的距离，必须吸收海外的优质教育资源。吸引海外优质教育资源的最重要途径有两个：一是直接引进海外高水平的学者，二是利用海外优质教育资源培养我们需要的人才。就目前的情况看，直接引进海外学者成本太高，实践上看也难以引进最急需的人才。最好的和最有效的办法就是选派具有较大潜力、具备一定基础的校内人才到海外高水平大学或研究机构进修，培养了解国情、适合需要的高层次创造性人才。

3. **选派教师出国学习有利于培养具有国际视野的人才**。邓小平同志提出，"教育要面向世界，面向未来，面向现代化"。这一教育思想的实质和精髓就是要培养具有国际视野、适合中国国情的人才。要实现这一目标，首当其冲的是教师必须具有全球眼光、国际视野。选派教师出国留学，可以最直观地让他们建立国际意识，使他们跟踪学科发展前沿，了解学术发展的最新动态，在全球化的背景中审视自己的研究领域和研究方法，把自己的教学和研究工作放在本学科国际同行研究的总体视野中来进行。只有这样，我们的学术研究才能够适应国际学术研究的发展方向，少走弯路。

4. **通过在国外学习和工作，有利于培养教师献身祖国教育事业的责任感、使命感、紧迫感**。在工作中我们发现，教师出国以后，爱国意识、民族意识会更加强烈，许多回国教师提出："要培养教师的爱国意识，最好的办法就是把他们送到国外去。"教师在国外的亲身体验证明了一个道理：一个强者背后必然是一个强国，落后就会被人看不起，教师在国外生活有利于强化祖国意识。同时，派出的教师也是一个文化的使者，在哪一个国家有一名中国教师，就在哪里树起了一面中国旗帜。

二、健全制度，把出国培养人才作为教师队伍建设的重要环节

北京语言大学主要从事对外国留学生的汉语教学和中国学生的外语教学，对教师的外语和外国文化素养要求比较高，因此教师出国培养的任务更加紧迫。鉴于此，学校把出国培养人才的工作制度化，并使之不断健全，不断完善。

派遣教师出国留学、任教或进修是北语师资队伍培养的重要内容。作为一名对外汉语教师或外语教师，只有深入了解对象国的文化传统、思想意识、生活习惯、思维方式，才能提高自身的人文素质，才能更好地因材施教、探索有针对性的教学方法。在人才队伍建设中我们坚持把教师出国任教、进修的阅历作为重要的素质指标进行考察。学校在"十五"规划中专门提出了"教师出国培养工程"，要求汉语教师都要有出国任教的经历，外语教师都必须到所学语种国家进修学习。在《北京语言大学专业技术职务岗位设置及管理办法》中对这一条又作了具体的规定，晋升高一级专业技术职务的汉语教师必须有在海外任教一年以上的经历，外语教师必须有在目的语国家进修学习一年以上的经历，从而在政策上保证了北语教师出国工作和学习的培养环节。学校每年制定具体的实施计划，并在经费上大力支持，2000 年至 2003 年，学校累计投入 300 多万元支持教师出国学习和工作。

三、积极拓展，多种渠道选派教师出国学习和工作

2000 年 1 月至 2003 年 12 月，学校通过各种途径派出了 60 多位教师赴国外高水平大学、研究机构进修、攻读学位或进行合作研究，每年学校还派出教师 50 多人出国工作，累计派出了 300 多名教师。在国外学习、工作的教师一直保持在每年 60—80 名，他们在世界上 60 多个国家和地区辛勤传播着中国语言和文化、培养、结交对我友好的国际友人。目前，北语的教师有出国学习或者工作经历的人超过了 80%，其中一半以上的教师多次出国。

作为国家对外汉语教学的唯一核心基地，保证教学质量、培养质量和办学效益，建立学校独特的品质尤为重要。学校的独特品质某种意义上主要由教师队伍的素养体现出来。一个好的教师必须具备三个条件：一是较高的专业知识水平；二是掌握科学、实用的教育理念和教学方法；三是对教育对象即学生的文化背景有深入了解。就前两个条件而言，属于在各高校中对教师的共性要求。北语留学生集中，老师面对的是来自不同国家的学生，教学的针对性、学生学习的个性差异、在教学中不同文化之间的冲突等都是教师必须认真思考和解决的问题。选派教师出国工作和学习，便于了解对象国的国情、人情和文化背景，便于把教师培养成为对该国学生教学的专家，这是北语在对外汉语教学领域保持龙头地位的独特优势。

在派出渠道上，学校通过接受国家任务、纳入国家留学基金委计划、校际交流等方式，注重建立长效机制。每年年底，学校根据学科建设和教学建设的需要着手制定选派教师出国计划，主要采取单位推荐和个人报名相结合的办法，列出本年度出国学习和工作的教师名单，同时选拔参加国家汉办出国任教工作的人选，报校长办公会审批确定，人事处按照计划和需要派出。近几年，在争取更多的国家公派出国名额的同时，学校进一步加强了国际交流与合作，建立校际交流关系。北语已与世界上 26 个国家的 135 所高校和教育机构建立了合作交流关系。这种交流由于采取互相承担学习费用的办法，相对来说投入要低一点。学校还注重与国外高水平大学的合作，高水平大学在专业选择和学习环境等方面都有优越条件，可以减少教师出国的盲目性，增加针对性，提高教师出国留学的效益。

四、规范管理，提高选派教师出国学习工作的效益

选派教师出国，不能光从经济收入的角度考虑问题，要切实从培养出发，为教师的成长创造更大的空间。在选派教师时，学校注意计划性、实用性、目的性的结合，提高培养效益。

1. **结合学科建设选派教师。**学科建设是学校工作的重点之一。在出国教师的选派上，北语优先选派学科建设需要的人才。北语的语言学与应用语言学学科是国家重点学科，比较文学与世界文学、汉语言文字学是北京市重点学科，因此在选派教师出国时，就优先考虑这些学科建设的需要。

2. **结合队伍建设的需要选派教师**。在出国教师的选派中，我们结合学校人才梯队建设进行选拔。根据不同学科人才梯队的构成情况，包括梯队的年龄结构、学历结构、职称结构来考虑为不同对象国的派出人选。比如，根据北语教师在职攻读博士学位人数较多、在职教师课时量较大的实际，学校最近重点选派已修完博士学位课程，进入论文写作阶段的教师出国学习。同时，注意利用国家公派留学机会，选派一些有潜力的教师到国外高水平大学攻读博士学位。从实际工作的效果来看，这些做法对于教师队伍建设极为有利。

3. **注意选派教师到国外高水平大学学习或工作**。要建设一流的教师队伍，就必须了解世界一流大学教师队伍建设情况，教学、科研情况，掌握同专业的前沿学术动态。近年来，北语派出了多位优秀中青年教师到美国哈佛大学和斯坦福大学、英国牛津大学和剑桥大学、日本东京外国语大学、瑞士苏黎世大学等世界一流大学学习、工作，使他们亲身感受一流大学的氛围，与世界一流大学的教师对话、建立联系，为他们今后的职业生涯打下良好的基础。

4. **加强学校与外派教师之间的交流和沟通**。学校保持与出国教师的联系，注意沟通信息，增进与派出教师之间的感情交流，使他们了解学校改革、发展的现状，增加学习工作的动力。出国后，要求教师在一个月内寄回在国外的联系方式和地址，三个月汇报一次在国外的学习生活情况；对于相对集中的国家或城市，学校指定联系人，要求他们之间保持经常的联系；在春节、元旦之际，人事处给他们寄送由校长签名的慰问信和贺年卡，平时定期寄发学校的校刊；回国后，每位教师要撰写学习、工作总结，汇报收获和成果。

5. **完善出国教师的管理制度**。出国学习和工作对教师个人来说自由度更大些，为了加强管理，学校出台了《公派出国人员管理规定》；建立了教师出国前谈话制度，每位教师出国前人事处都专门与他们谈话，对他们的学习、工作、研究提出要求，关心他们的生活、安全，帮助他们尽快作好到国外学习的心理准备；对重点人员，校长要亲自谈话。每位出国人员要与学校签订《出国协议书》，明确责任和义务。学校创造政策条件和良好环境，对期满回国人员妥善安排，充分发挥他们的创新作用。

做好公派留学工作　培养创新型人才

胡晓阳[1]　　　庞志荣[2]

[1] 北京大学研究生院　[2] 北京大学国际合作部

提　要　为配合我国新时期国家重大发展战略，培养一批拔尖创新人才，2007 年 1 月，"国家建设高水平大学公派研究生项目"正式启动。本文以北京大学在项目执行过程中的实践为基础，针对该项目规模大、层次高、执行时间紧的特点，归纳和总结了高校在国家公派留学项目的实施过程中从指导思想、组织实施、国际资源利用等方面的经验，最终实现公派留学服务于创新型人才培养的目标。

关键词　国家建设高水平大学公派研究生项目　国际化　选拔　派出

为贯彻落实"建设创新型国家，实施人才强国"的战略，满足国家中长期发展对拔尖创新人才的需要，教育部、国家留学基金委于 2006 年 11 月启动了"国家建设高水平大学公派研究生项目"。该项目的启动，是提升国家高层次人才培养和科技发展水平的重要途径。对于北京大学来说，这是一个进一步推动学校学科建设、人才培养等方面国际化进程的重要契机，因此，学校领导给予了高度的重视。在校领导的关心下，北京大学研究生院、国际合作部以及各学院（系、所、中心）为该项目的具体落实做了大量扎实有效的工作，在时间紧、任务重的情况下，使该项目的选拔、推荐和派出等各项工作得以顺利完成。

一、指导思想明确是项目实施的重要基础

北京大学作为国内一流的综合性研究型大学，近年来，学科的建设和发展迅速，国际交流与合作日益活跃，研究生培养过程中的国际化程度也在快速提高。许多院系、课题组和教授都与国外一流大学或研究机构保持着长期、紧密的合作关系，每年在校研究生都可以通过多种渠道参与出国学习、进修、学术会议等各种国际交流活动。因此，当不少院系的领导和教授们，特别是理科院系的教授们得知要在短时期内从自己的身边派出数量较多的研究生时，很多人都有些担心这将影响到既定的科研计划和原有的出访安排。所以，他们在一开始的时候积极性并不高。针对这种情况，统一认识、明确指导思想就成为了保证该项目在北京大学顺利实施的重要因素。

为此，学校领导和相关职能部门在接到有关文件之后，立即采取迅速而有效的措施，对各院系的主管负责人和有关教授、学科负责人进行了深入细致的工作，使得他们能够充分了解该项目的重要性。同时，要求各院系和科研机构以国家社会经济发展的大局作为出发点，统一认识，积极配合该计划的实施。林建华常务副校长就一再要求大家要从国家、学校和学生个人的发展等多个层面去认识该项目的重要性，提出北大的每一位教授都应着眼于为国家社会经济的发展作贡献，而不是仅仅从目前的课题或局部的科研工作得失去考虑问题。

学校的相关职能部门则通过会议与印发材料等多种形式，宣传落实这一项目的重要意义，指出这次"国家建设高水平大学公派研究生项目"无论从项目规模还是留学层次上来讲，都是建国以来公派留学工作中前所未有的，它体现了国家中长期发展对创新人才的迫切需求。而北京大学在创建世界一流大学过程中的一项重要的工作，也就是为国家培养拔尖人才。因此，我们必须抓住这一有利时机，充分利用该项目所提供的资源，进一步优化北大学科创新型领军人才的培养模式，全面提高研究生的培养质量。

通过这样一些深入细致的工作，虽然有些教授或课题组因人手不足而使自身科研工作受到一定的影响，但是他们最终还是以大局为重，将身边一些素质很高，同时还承担了重要科研任务的博士生选派到国外的大学和科研机构进行联合培养，为保证北京大学能够顺利地落实这一计划作出了无私的奉献。

在选拔过程中，我们还一直强调的是，尽管该项目的实施为研究生提供了出

国交流学习的机会，但是我们的研究生出国不是简单的"镀金"，更不是去为国外学校和科研机构廉价"打工"，而必须是以名校、名师为目标，通过这样的一些交流活动，来提高北大研究生的科研能力和水平，并填补我校现有课题组在技术、方法、管理等方面的不足，以便为学科未来更快地发展打下基础。例如，数学学院某位派出研究生所属的课题组进行的是复杂流体方面的跨学科研究，但是该课题组中缺少分子动力学模拟方面的研究人员，此次派出的博士生就将以联合培养博士生的身份前往德国著名的马普研究所（Mark-Plant Institute），学成回国后将填补该课题组科研工作的薄弱面。同时，根据这位派出同学本校导师的计划，他还肩负着一个重要的任务，就是了解国外一流课题组的内部管理机制，以作为北大课题组未来发展的经验借鉴。

根据我们对最终录取结果的统计，北大入选研究生的留学目的国家，基本上集中在美、日、德、英、法等高等教育发展处于世界领先水平的国家；留学接收院校主要是世界一流大学和科研院所，其中包括哈佛、斯坦福、麻省理工、耶鲁、牛津、剑桥、爱丁堡和早稻田等世界著名大学；联合培养的国外导师基本上都是世界一流的专家和学者，不少导师还是所在国家的科学院、社科院院士，其中包括诺贝尔经济学奖获得者斯蒂格里茨教授。此外，北大入选研究生的留学专业，也基本上涵盖了该项目重点支持的各个关键和战略领域。

可以说，在整个项目实施的过程中，我们在要求院系以国家社会经济发展大局为出发点的基础上，充分调动了多方面的积极性，力求选派真正优秀的学生，从而实现既培养人才，又促进学科交流与发展的双赢局面。

二、国际化程度高是项目顺利开展的有力保障

此次国家建设高水平大学公派研究生项目，规模大、影响远，对于北京大学来说既是机遇也是挑战。如何在短时间内快速有效地与海外高校进行沟通，使得原有的学术合作落实到研究生的联合培养这样深层次的合作关系，成为项目顺利开展的关键所在。在此过程中，我校充分发挥国际化程度高的优势，调动各种力量和资源，为学生搭建畅通有效的申请平台。国际合作部和相关院系在立足已有资源的同时，还积极向外拓展合作关系，构建出一张通达欧洲、美洲、亚洲和大洋洲的国际交流网。通过学校与学者两个渠道双管齐下，确保每个研究生的成功

申请。

首先，明确目标，具体指导。 为实现该计划"选拔一流的学生，到国外一流的院校、专业，师从一流的导师"的目标，国际合作部迅速确定重点合作院校名单，指导学生填报，并提供详尽的学校与专业信息，使申请者有的放矢。在我校现有的 200 多所校际交流院校中，有近 50 所世界知名学府，如哈佛大学、耶鲁大学、慕尼黑大学、爱丁堡大学、莫斯科国立大学、柏林自由大学、早稻田大学等，这些学校与北京大学有着长期的交流合作关系。项目启动后，我校主动与对方国际交流部门联系，推介和说明该项目。基于已有的良好合作基础，这些海外院校都给予了我们极大的支持和帮助。

第二，加强与海外大学的联系，协商学费互免事宜。 根据项目规定，国家将为公派研究生提供生活费和国际往返旅费，而学费需依靠学生所在院校与海外大学的校际交流关系予以免除。因此，300 人的海外派出规模，对是否能保证所有学生都获取免学费的交流机会提出了巨大挑战，许多学生都在初始阶段碰到了学费不能免除的问题。针对这一情况，我们反复与海外院校进行沟通和协商，争取他们的支持。例如，我校与德国慕尼黑大学虽有交流协议，且每年也有学生互换，但是，在已有项目之外再向该校派送需免除学费的国家公派留学生，对于慕大来说确有难处。经过多次沟通和积极努力，最后对方欣然接受了我校 6 名学生，不仅免除了学费，而且给予他们交流学者身份，免除相关费用和繁复手续，使学生能够顺利成行。与此同时，我校也将为慕尼黑大学提供 6 名免学费的交流学生名额，可以说，这在另一方面也拓展了我校留学生的交流层次和规模。

第三，北大学者的国际交流能力和资源是推动项目顺利进行的加速器。 在此次选派过程中，学生们的成功申请多得益于导师们的鼎力支持。北大的导师们在各自的研究领域都非常活跃，许多教授或课题组在国际同行中有很高的声望，日常的国际交流也非常频繁，通过与国外同行的深入交流和联合研究，建立了长期良好的合作关系。该项目启动后，导师们充分利用自己的国际学术合作关系，为研究生们联系留学事宜，节省了沟通成本，提高了沟通效率。很多教授还给予学生资金方面的帮助和支持。数学学院的王诗宬院士为学生垫付了高达 2 万元的出国保证金，解决了贫困家庭学生的后顾之忧。还有许多教授以各种形式为研究生申请该项目提供经济上的资助。

第四，主动寻求新的交流院校，签订协议，扩大交流范围。 作为国内一流名校，北京大学每天都在接待来自世界各地大学代表团的访问，我们在交流的过程中，主动介绍该项目的情况和意义，并且有选择性地加强对重点院校的宣传。许多学校对项目表现出极大的兴趣，纷纷希望能签订协议，接收我校学生。目前，已有纽约大学、澳大利亚国立大学、新西兰奥克兰大学等院校与我校签订了针对这一项目的交流协议。此外，还有一些大学通过其他渠道获悉此项目，也主动提出希望与我校建立交流关系，甚至提出了许多优惠条件。随着项目的开展和深入，相信会有更多的学校加入到我校国际交流网中，从而为我校研究生提供更多的选择和机会。

三、积极有效地做好组织、选拔和派出工作
是实施项目的重要条件

为保证该项目有关工作顺利进行，北京大学专门成立了"北京大学国家公派研究生项目领导小组"和"北京大学国家公派研究生项目工作小组"。常务副校长林建华教授担任领导小组组长，校长助理兼国际合作部部长李岩松和研究生院副院长高岱教授担任工作小组组长，工作组成员包括研究生院、国际合作部、科学研究部、社会科学部等多个校内职能部门的负责人，由研究生院和国际合作部负责项目的具体实施。这样一种工作机制的建立为项目的顺利实施提供了有效的保障。

此后，根据项目有关文件的精神，并结合学校的具体情况，北京大学最终确定以"985"重点建设的平台、基地以及国家重点学科和重点实验室作为选派研究生出国学习重点支持的学科和领域。在此基础上，再结合学科发展的实际情况和需要，分院系、学科、专业等制定了我校详细的选派指导方案。

为真正落实该项目的选派工作，便于研究生导师和学科负责人充分了解该项目的意义，北京大学召开了由林建华常务副校长主持，包括医学部各教学、医疗单位的40多个学院（系、所、中心）主管负责人、81个国家重点学科负责人等100多人参加的工作会议。在这次会议上，林建华常务副校长着重强调了该项目对国家人才战略、北大发展以及研究生培养的重要意义，国家留学基金委杨新育副秘书长也应邀详细介绍了项目相关背景、目的、意义和具体办法等情况。研究

生院和国际合作部编制了有关的工作手册，公布了工作进程表和各项工作的详细要求，制定了相应的选派原则和办法。此外，为了使北大的研究生对这一项目有更透彻的了解，研究生院和国际合作部还针对在校研究生联合召开了该项目的工作说明会，就项目实施的具体情况进行了详细的介绍，受到了研究生们的热烈欢迎，并在他们中间产生了非常积极的影响。同时，深入跟踪学生申请状态，通过电话、邮件、面谈等各种形式及时解决他们申请过程中遇到的困难和问题。

在整个评审过程中，我们一直本着"公正、公平、公开"的原则，重点支持优势学科和与国家发展建设密切相关的学科。同时，按照有关文件的要求对申请人的条件进行严格审核，并对申请人提交的材料逐项反复核实，以确保选派质量。

在推荐名单上报国家留学基金委以后，研究生院和国际合作部立即提前启动了录取以后公派出国的相关准备工作。首先，在入选学生中建立了"院系联络人"制度，各院系在被录取者中确定一名专人，负责本项目相关信息的传达通知和材料的收集发放，保证了信息渠道的畅通及各项材料的高效传递。同时，以项目为整体，按照特殊程序简化派出手续，提供快捷服务，并坚持整个假期办公不休，保证了日常工作的高效进行，确保学生按时、顺利出行，为该项目开辟了"绿色通道"。

为使派出工作能够顺利进行，研究生院和国际合作部还共同召开了一次"国家建设高水平大学公派研究生项目"的派出工作说明会。研究生院、国际合作部的相关工作人员和教育部留学服务中心的老师在会上对派出工作和留学期间需要注意的问题进行了具体的指导，并现场回答同学们的疑问，取得了非常令人满意的效果。

同时，我校研究生院还统一编写了该项目入选同学的通讯录，以地域相近为原则组成了14个公派留学小组，并确定了组长，以便在同学之间、同学与学校之间建立起有效的联络机制。此外，以派出研究生为主牵头组织，在我校未名BBS上开设了"公派留学"专版，方便了同学之间的信息沟通、资源共享和感情联络，也使研究生院、国际合作部与项目录取人员之间多了一条新的联系渠道。这些工作都受到了入选研究生们的一致好评。

四、对实施结果的总结分析，有助于进一步做好这项工作

"国家建设高水平大学公派研究生项目"是一个长达五年的连续项目，是国家科教兴国战略的重要组成部分。如何进一步利用该项目的资源，使它更好地为北京大学创建世界一流大学服务，也是我们一直思考的重要问题。为此，在选派工作基本结束后，我们对北大入选的研究生进行了统计分析和问卷调查。

据统计，在我校 2007 年最终入选的 282 名研究生中，校本部有 243 人，医学部有 39 人。其中，联合培养博士研究生 275 人，攻读博士学位研究生 7 人。其中约 60% 的博士研究生为直博生、硕博连读生或医学长学制博士生，他们是目前北大科研工作中最重要的骨干力量之一。

同时，统计分析还显示，在北大入选的研究生中，人文社会科学的博士研究生占有了一定的比例。众所周知，北京大学人文社会科学领域的研究水平在国内一直占据着领先地位，有关学科在国际上也享有颇高的声誉。近年来，北大的人文与社科院系和科研机构，先后承担了许多与国家社会经济发展密切相关的研究课题，如世界经济、国际法与欧盟研究、现代化与全球化、国际关系与大国兴衰等等，这些课题的研究结果无疑会对国家未来的社会经济发展产生重要的影响。所以，在此次派出选拔工作中，北大有近百名人文社科类的优秀博士研究生获得了这一难得的学习机会。应该说，这也是北大在公派留学选拔工作中的一个富有特色之处。

根据问卷调查的相关结果，我们发现北大入选的研究生中，约有 75% 过去尚无出国经历，此次入选是他们第一次获得出国学习的机会。同时，问卷结果还显示，有近三分之二入选研究生的国外导师，均为国际一流学者，这无疑为他们进一步开阔视野、提高自身的科研能力和学术水平创造了有利的条件。由此可见，该项目的长期实施，必将为北大的研究生们提供更多的走出国门、向世界一流学者学习的机会，其结果必将会对北大研究生教育的国际化和培养质量的大幅度提高产生积极而深远的影响。

通过问卷调查还发现，研究生的指导教师在项目的实施过程中有着不可替代的重要作用，他们是研究生能够进入到一流学校和一流专业，并在一流导师的指导下进行科研工作和学术研究的可靠保证。因此，如何进一步发挥指导教师的潜力，帮助他们开拓和建立更多和更有效的派出渠道，也是我们应该认真思考的一

个重要的、有着战略意义的问题。

此外，针对项目选拔、评审和派出过程中遇到的比较突出的问题和困难，例如免学费问题、项目的对外宣传问题以及学生的在外管理问题等，我们也将在今后的工作中，进一步调动各方面力量，探索解决的途径，为做好公派留学工作建立一个坚实的基础。

今后，我们还计划以研究课题的形式进一步完善对项目的跟踪调研，并对该项目实施以后实际取得的效益作出实证分析和评估，从而在此基础上，进一步完善我校公派留学的工作机制，为创新型人才的培养提供一个国际化的平台。

综上所述，此次"国家建设高水平大学公派研究生项目"的选拔在时间紧、任务重的情况下，我校能够顺利完成各项工作，主要是校领导重视，指导思想明确，选派计划周密，项目宣传和工作落实到位，各部门协调配合的结果。同时，我校长期以来对国际交流活动的重视和发展也为项目的成功实施提供了有力的保证。在未来年度的公派留学工作中，我们将进一步总结经验、完善机制，并对项目实施情况进行追踪调查和深入研究，力争让项目资源得到最充分的利用，并在国家、学校和研究生个人的发展等多方面发挥最大的综合效益，让公派留学工作能够真正成为北京大学建立创新型人才培养平台的推进器。

历史篇

改革开放 30 年公派留学工作回顾与展望

——以北京大学为例

夏红卫　　黄　葵　　郑晶晶

北京大学国际合作部

提　要　在国际化日益深入的今天，北京大学作为国家对外人才交流的主要窗口之一，不仅要在实践上做好公派留学的服务工作，更应该在理论上深入研究，力图为未来中国公派出国留学工作的发展与改革提供思路。本文首先回顾了改革开放以来北京大学公派留学发展的概况，然后结合数据重点阐述了近年来北京大学公派留学工作发展的新趋势，再针对实际，分析北京大学公派留学工作中存在的问题，提出了相应的对策，最后对北京大学公派出国留学发展作出了简要的展望。

关键词　北京大学　公派出国留学

　　1978 年改革开放开始，为保证国家现代化建设，尽快缩短我国与世界先进科技、教育和文化的差距，我国开始选拔一批优秀学术人才和学科带头人由国家资助前往世界主要发达国家进行学习深造。1978 年至今，改革开放走过了 30 年，总结公派留学工作的 30 年发展历程，反思 30 年的发展问题，对于我们提高公派留学的工作效率、进行机制改革以适应激烈的国际和国内人才竞争至关重要。

本文通过对北京大学 30 年来公派留学工作的回顾和总结，结合统计数据和相关图表，对最近 10 年工作中的成绩和问题进行分析，指出北大在公派出国留学工作中存在的效益、服务效率和职能专业化问题，并试图提出一些解决公派留学工作发展问题的方法和建议，为未来我国及我校更好地进行公派留学工作提供一些思路。

一、北京大学公派留学工作发展情况

1978 年 7 月 11 日教育部出台《关于加大选派留学生的数量的报告》，标志着改革开放新时期公派留学工作的正式开始。北京大学于 1981 年出台《北大选派出国人员办法》，规定学校选派工作由教育部下达派出指标，人事处统一管理，对出国人员的年龄、次数进行了严格限制，经费发放也有严格规定，另外，公派出国留学人员在国外获得的一切收入，抵偿生活费后都必须上缴。

这一阶段公派留学工作还很不成熟，行政色彩较强。这一时期，校际间的学术交流成为北大公派出国留学的特色项目，不仅每年有 200 名以上的教师、研究生顺利出国访问，还吸引了大量留学生、外国专家来北大学习交流，先后有 20 多所学校与北京大学签订了学生互访的校际交流协议。

1989 年 2 月，国家教委在《关于选拔国家公费出国留学人员的通知》中指出，国家公派出国留学人员的选拔，除个别部门、地方外，不再采用分配国家公费出国留学人员名额的办法，而由各部委各省市自治区组织所属单位按照统一规定的项目推荐人选，然后由国家教委设立的专门机构组织专家评议后审核确定。

北京大学作为国内公派留学改革最早的试点高校之一，在这一阶段专门成立了国际合作部派出办公室，负责公派出国留学人员的审核和服务工作。这一时期，北大在选拔机制、人员派出数量和质量、校际交流合作等方面都有了突飞猛进的发展。从图 1 可以清楚地看到改革开放后二十年间北京大学出国人次增长了 22 倍。

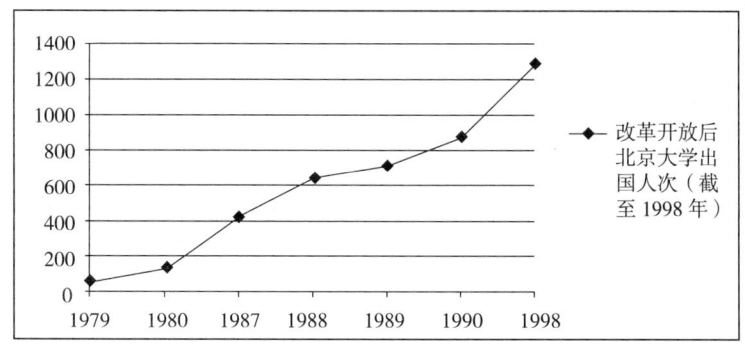

图1　1979–1998年北京大学出国人次变化趋势图

2005 年，教育部提出"三个一流"的选派办法，即"选拔一流的人员，派到（国外）一流的学科专业，师从一流的导师"。在这一形势下，北京大学注重选择关键的院校作为战略合作伙伴，并在重点领域、重点学科实行"强强合作"的战略，公派留学工作也发展到一个新的阶段。

1.1 北京大学公派出国工作现状

迄今为止，北京大学已与世界上 50 个国家的 200 余所著名的大学建立了全方位、多层次的校际交流与合作的关系。得益这种良好的互动关系，我校每年出访人数呈现递增趋势，公派出国出境规模达 5000 人次左右（其中，出国 3000 多人次，出境 1000 多人次）。以 2008 年公派出国人员统计信息为例，在 2006—2008 年间，2007 年与 2006 年相比，出访人次增长率为 22%，2008 年较之 2007 年出访人次增长率为 3%。

由表 1 可见，比较教师与学生出访人次，一个显而易见的增长趋势是学生的出访人次增长显著，其中 2007 年的增长率为 43%，2008 年的增长率为 14%，远远高于总的出访人次的增长比率。尤其在 2008 年，与 2006 年相比，学生所占全部出访人次的 33%，增长为达到全部出访人次的 42%。

近年来学生出访人次显著增长的一个重要原因是北京大学积极创造条件，帮助在校学生搭建全方位多层次的国际交流平台，譬如 2003 年成立的学生海外学习（Education Abroad Program, EAP）办公室，为学生创造各种海外学习的机会，收效显著。而且随着国际暑期学校交流项目和学生社团交流项目的发展完善，更多的学生获得了出国访问的机会。另一方面，教师学术能力的增强以及与海外学术领域多层次交流的发展，对学生的海外交流活动也起到了传帮带的良好的促进作用，不少与海外保持良好国际交流的教师带领自己的学生参与海外国际会议和国际交流。

表1　2006-2008年北京大学出访人次统计

年份	出访总人次	教师出访人次	学生出访人次
2006年	2549	1700	849
2007年	3115	1904	1211
2008年	3214	1832	1382

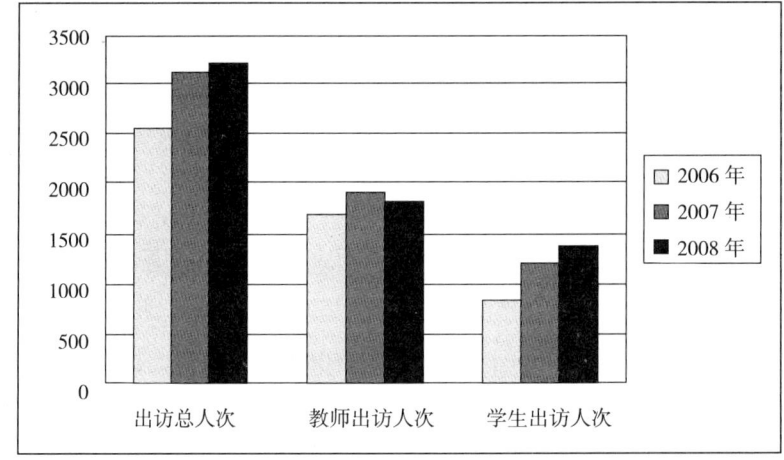

图2　2006-2008年北京大学出访人次统计

就出访类别而言，参加国际学术会议的教师和学生人次呈逐年递增的趋势。从图3和表2可见，2007年参加学术会议的人次较2006年增长17.9%，2008年的增长率则为19.8%，保持了持续平稳较快的发展。在出访总人次增长率为3%的2008年，参加学术会议人次近20%的增长率显得尤为突出。2008年访问考察人数的减少，与学校根据中央精神加强因公出国的管理政策紧密相关①。以上表明近年来北京大学公派出国留学工作更加注重学术导向，重点建设高水平、学术型的留学项目。

---

① 根据《北京大学关于进一步加强因公出国（境）管理工作的通知》（校发<2009>36号）的规定：根据中央文件精神，学校加强因公出国（境）管理工作，压缩因公出国（境）经费、人数，缩短因公出国出访时间，减少参团人数，审核审批部门严格把关。

表 2 2006-2008 年北京大学出访类别统计情况

	出访总人次	学术会议	访问考察	校际交流	合作研究
2006 年	2549	1187	424	269	265
2007 年	3115	1400	471	342	281
2008 年	3214	1677	442	267	279

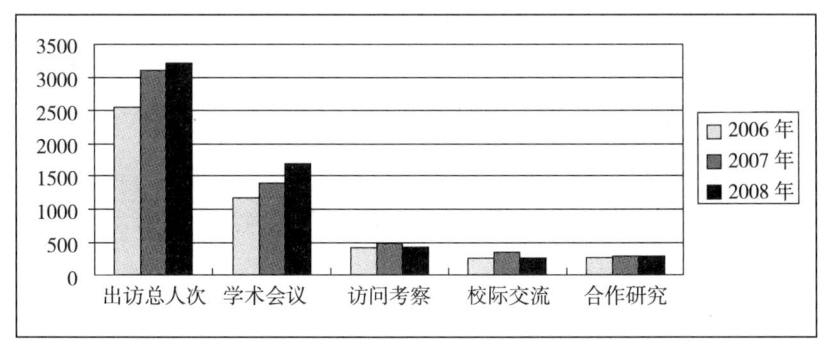

图 3 2006-2008 年北京大学出访类别统计情况

1.2 北京大学公派出国留学特别项目分析

2001 年中国入世以后，国家对高层次国际化人才需求量越来越大。国家留学基金委员会于 2006 年 11 月启动了"国家建设高水平大学公派研究生项目"，计划在 2007—2011 五年间，每年选派 5000 名研究生，到国外一流院校和专业，师从一流导师学习，其中包括攻读博士学位与联合培养博士生。

在该项目的支持下，北京大学 2007 和 2008 两年内共派出 450 余名在读博士研究生，以联合培养的身份，赴世界 30 多个发达国家的知名高校和科研院所、师从一流导师和专家学习，专业覆盖文、理、医等各个领域。短短两年时间，北京大学"国家建设高水平大学公派研究生项目"在人才培养、提高科学研究水平、加强国际交流合作等方面已经初见成效，取得了不少成果和经验。下面我们主要以 2008 年的数据进行相应的说明。

1.2.1 派出学生学科分布合理，符合我国建设现代化国家的人才专业需求

根据 2006 年 12 月 7 日召开的 2007 年国家公派出国留学选派工作会议精神，国家留学基金委确定能源、资源、环境、农业、制造、信息等关键领域，生命、

空间、海洋、纳米和新材料等战略领域以及人文和应用社会科学为公派出国留学优先重点资助领域和学科。根据北京大学公派留学统计数据，2008 年北京大学共派出 230 名研究生赴国外攻读博士学位，其中医学部 45 名、文科 80 名、理科105 名，学科类别结构合理。

1.2.2 所派国家集中于欧、美、日等发达国家，留学目的学校主要是世界一流大学和科研院所

从图 4 可见，北京大学公派出国研究生的留学目的国 76% 为美国、德国、日本几个世界经济、教育发达的国家；留学目的院校则主要是包括哈佛、斯坦福、耶鲁、普林斯顿、牛津和剑桥等著名大学在内的世界一流大学和科研院所；国外导师基本都是一流的专家和学者，不少导师是所在国家的科学院、社科院院士和著名奖项获得者，其中包括诺贝尔经济学奖获得者斯蒂格里茨教授。

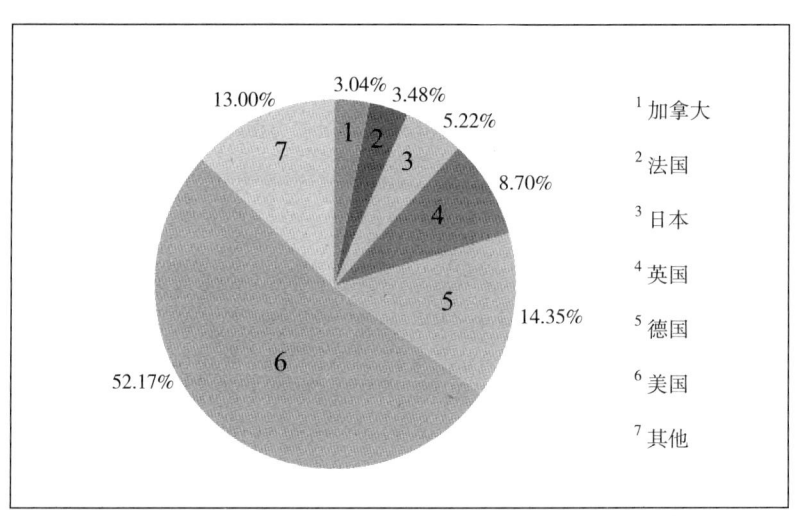

图 4　北京大学 2008 年公派留学目的国分布情况

1.2.3 开辟"绿色通道"，简化派出手续，为出国人员提供便捷服务

北京大学研究生院、国际合作部派出办公室结合留学基金委的相关通知及政策要求，采取"以项目为整体、专人负责"的形式，及时为被录取者做好录取材料发放、签证材料准备、出访手续办理等后续服务工作，并召开派出工作说明会，专门邀请了教育部留学服务中心出国留学事务处的相关工作人员到会介绍公派留学的总体政策、机票订购、委托留服办理签证、留学人员在外管理、留学服务中心网上签证系统等与派出工作密切相关的内容，并解读不同国家和地区办理

签证的准备及办理过程，为出访研究生的顺利出访提供了保证。

1.3 北京大学公派出国留学工作制度建设

随着国际人才竞争的日趋激烈，改变工作理念、提高工作效率、增加派出效益成为新时期北京大学公派出国留学工作制度的重点改革方向。北京大学以人性化、全方位、立体周到的服务为根本理念，以"加强服务意识，服务教学科研，促进学生交流，提倡创新思维，提高工作效率，扩大信息化服务"为目标展开工作。为了保证出访的质量，学校在出访人员的申报、审批和财务审核等方面都做出了严格的规定，制订了完整的出访人员审核模式，建立了规范的信息管理系统。

1.3.1 北京大学公派留学管理制度建设

1.3.1.1 领导挂帅，归口管理

审批权下放以来，北京大学在教育部等国家部委的支持下，成立了以主管外事的常务副校长为核心，以外事管理框架下的各部门领导和各院系职能部门领导为基础的外事审批工作小组，统一思想，严格按照教育部的规定，创设并发展了一系列有利于国际交流的制度措施与外事审批工作平台，派出大量优秀学者到国外参加学术交流。而外事审批工作的具体执行，主要由北京大学国际合作部来完成。

同时，为了提高管理效率，确保外事审批工作有条不紊的进行，北京大学对外事审批工作实行归口管理，设计了多种专门的申报表格，如《北京大学出访人员申报表》、《北京大学学生出访申报表》等，以方便分类工作和作后续的统计分析。为了更好地完成派出管理，在校领导的高度重视和大力支持下，北京大学国际合作部还配备了专门负责表格设计和网络设计等基本工作的专业工作人员，严格执行上级部门的规定，力求保质保量地做好外事审批工作。

1.3.1.2 建立制度，规范流程

为了认真落实教育部关于外事审批权下放的政策，我校高度重视，严密部署，制定了一系列的规章制度。在公派出国留学方面，学校在出访人员的申报、审批和财务审核等方面都做出了严格的规定，制定了完整的出访人员审核模式——"三级管理，部门联动"的管理制度，即在校内建立了三级管理体系，分别为：主管外事校领导；国际合作与人事部、教务部、研究生院和社科部、科

研部配合协调；各院系主管外事行政和党委领导、外事秘书和国际会议负责人层层审批。在审批过程中，各级管理部门相互配合，最终由主管外事的校领导进行审查批准。

这种严格的管理制度大大调动了院系及学校各级领导的积极性，规范了审批工作程序，对出访人员派出的审批工作做到了层层把关。在出访人员申报方面，我校教职员工和学生收到邀请信后，需填写《北京大学出访人员申报表》和《北京大学学生出访申报表》，表中除规定的填写项目和必要的填写说明以外，对各院、系、所的领导在签署意见时有严格的要求，首先要注明出访人员的教学、科研有无妥善安排，如果是参加国际会议的情况，需注明申请人论文观点是否正确，有没有泄露问题。尤其要注意的是审查出访活动中有无"两个中国"、"一中一台"问题。同时申请人需对出访经费使用情况作详细说明。

在出访审批方面，由申请人所在单位、相关单位、国际合作部和学校领导三级部门层层把关，对申请时间、出访时间、承担的教学工作都有严格的要求和规定。经院系相关单位审核，学生还需到教务部或研究生院进行审核，通过后，出访人员将申报表及相关材料送国际合作部派出办公室以后，经办人详细审查所有材料是否符合上级主管部门的要求，材料合格送至国际合作部领导审查、签署意见后，送主管校领导签发。校领导签发的申报表盖章后，连同所有材料返回派出办公室出具任务批件或任务确认件。最后送到教育部护照处申办护照、签证。

在财务审核方面，北京大学严格执行中共中央的政策和文件精神，特别是自2008年"5·12"地震以来，中央办公厅、国务院办公厅印发《关于进一步加强因公出国出境管理的若干通知》，对因公出国出境团组的计划审批、经费管理以及监督、检查等问题提出明确要求。秉承中央的文件精神，我校于2009年3月6日发文，《关于进一步加强因公出国（境）管理工作的通知》校发（36）号，要求进一步加强因公出访经费的规范管理，实行更加完善的经费审批制度，对领导和院系一把手出访的经费申报也作出了更严格的规定，对因公出国的人数和时间进行压缩。同时还进一步规范财务审核制度，所有出访经费都必须经过财务部严格审核，并由纪检部门进行审计和监督。

1.3.2 北京大学公派留学服务制度建设

1.3.2.1 人性化的服务理念

为了进一步实践"以人为本"的科学发展观，坚持人性化的服务，我们以人性化、全方位、立体周到为根本的服务理念，设身处地为出访人员考虑。为了方便出访学者了解签证等相关信息，在网上以文件形式贴出了签证材料和签证须知，缩短了出访人员的信息查找时间，以便其及时办理相关证件。

为了尽可能地保证出访人员顺利成行，北京大学与上下级对口单位建立了良好的合作关系，与留学生服务中心、教育部护照部等部门关系和谐，这在保证出访人员顺利出访方面起到了重要作用。

为了保证出访教师在海外的安全和就医便利，我们为65岁以上的出访教师购买了境外医疗保险，保证出访教师在海外能够及时就医。

此外，在办理完批件后，国际合作部还对每个团组或个人进行邮件通知，以保证出访人员可以尽快领取批件并进一步办理相关手续。

1.3.2.2 节时增效的服务模式

国际合作部是出访审核部门，也是出访服务部门。为保证学者的顺利出访，国际合作部建成了高效、简单、系统、规范的派出服务流程，实现护照、签证、外汇审核单一条龙服务。为了及时了解出访动态，派出办公室专门对出访信息进行了统计，制作成表格，作为后期工作的重要参考资料。为了方便广大出访学者及时、便捷地了解出访审批和手续办理情况，派出办公室还建立了网上信息服务系统公布出访信息，并计划建立网上申报系统，以减少其往返于各个部门的时间耗费，避免工作人员重复录入信息，保证出访人员信息安全。目前，出访人员从提交申报材料到获得批件，一共只需2—3个工作日时间。

1.3.2.3 与时俱进的服务创新

北京大学每年都有大量的国外学者来任教和交流，这些学者不属于北京大学的正式编制，在出国参加学术交流的经费审批上就出现了问题。针对这一问题，在上级领导的支持下，北京大学国际合作部联合财务部，特别为这些"绿卡学者"开辟了绿色通道，将这些学者的出国交流纳入公派范围中，为这些学者出国交流提供物质保障。

此外，随着近期世界各国对中国文化的兴趣高涨，北京大学还支持一些教授到其他国家大学的孔子学院担任院长、教授。针对这些特殊项目，国际合作部特别为其进行创新服务，以满足不同出访任务的不同需求。

二、北京大学公派留学工作发展问题

北京大学公派留学工作经过了近 30 年的发展，取得了可喜的成绩与宝贵的经验，但是在前进中依然有不足之处，一些地方还存在值得改进的问题。其中，公派留学服务效率和公派出国收益是两个比较突出的问题。

2.1 公派出国留学的服务效率问题

北京大学公派出国留学人员的审核工作主要由北京大学国际合作部承担，而各项资助费用则主要由北京大学研究生院和财务部进行审核和发放，于是留学人员必须分别在研究生院、财务部和国际合作部办理手续。由于这些部门职能不同，工作协调上有时会出现问题。

另一方面，从外交部规定的统办国家及北京大学的出访情况来看，约有 80% 的出访人员持因公护照办理签证需要经由外交部统办。在这些签证的办理过程中，由于需要经过北京大学、教育部、外交部和各国使馆等多个单位，材料在每个环节的审核和办理过程中都需要一定的轮候时间。再加上赴美签证预约面谈周期较长，邀请方无法提供所有材料等客观情况，也会影响到办理出访手续的服务效率。

另外，公派留学人员还需要自己去办理签证、购买机票等相关手续才能完成出国的全部工作。这样，出国人员不仅要面对种种繁杂的程序，而且可能因为不了解相关规定而花费过多的额外时间，增加了不必要的成本。

2.2 公派出国留学工作收益问题

派出效益是公派出国留学工作的核心。随着国际化的深入，各种出国交流机会层出不穷，面对国外优越学术环境和生活条件的竞争，如何保证公派出国人员的回国率是近年来我们不得不关注的一个问题。

我们注意到阻碍公派出国留学人员回国服务的两个最重要因素：一是某些学科领域国外大学或科研机构具有较大的领先地位，留学人员在国外能够更好地从事科学研究；二是一些公派出国人员由于学科等原因在国外生活时间较长，担心不适应回国后的生活。2008 年北京大学公派出国留学统计显示有 19.1% 的人出国留学时限在三年（含）以上。

因此，北京大学还需要采取措施提高回国率。

2.3 公派出国的目的性与计划性问题

随着北京大学的对外联系不断加强，国际化程度日趋加深，学者对外出访和交流的渠道和频率也逐渐增加。在此情况下，许多专项交流的学术项目方兴未艾。这种趋势一方面说明了北京大学公派出国的方式由泛式交流向专项交流转变，交流内容的重心由考察访问向学术交流转变，但另一方面会导致学校的部分校际交流项目参与人数减少，影响到公派出国工作的宏观计划和目的。

三、公派留学工作发展问题的解决方法

3.1 简化出国手续，成立专业性服务部门，提高出国服务效率

北京大学应成立专门的服务中心，由专业人员负责对出国留学人员进行一条龙的财务和各项手续办理服务，而将北京大学国际合作部定位为行政事务中心，专职进行行政管理和服务。对于购买机票、办理保险等具体服务性工作则可以由该服务中心代为办理或者直接外包给从事该项业务的专业性服务公司，由其负责日常运作，北京大学只在总体上进行管理。这些专业化公司在机票、保险等渠道上的商业资源将使其拥有更高的服务效率、更优的服务质量和更低的运作成本及价格。这对于北京大学国际合作部以及外派人员来说都是一项福利增进的改革。

另外，北京大学可以对相关服务人员经过适当培训，利用北京大学的良好国际交流资源，成立管理培训团队，邀请在公派出国留学工作方面成绩突出的国内外大学的相关部门负责人来交流经验。还可以成立各种学科门类的培训班，扩展服务中心工作人员的国际视野和综合能力，提高其办事能力和效率。

3.2 营造良好的文化、学术氛围，增强北京大学对外派人员的"磁力"

在保证出访人员质量和学术交流项目的质量方面，北京大学在管理制度中已经有严格规定，但是在保证外派人员归国以及归国后怎样扩大其出访效益方面还需更细致的规划。

北京大学"思想自由，兼容并包"的治学理念为学术工作提供了良好的土壤，但是怎样利用好这块土壤，将"思想自由，兼容并包"落到实处，让这块

土壤结出最丰硕的果实，还必须学校各部门通力配合，营造良好的文化、学术氛围，牢牢地吸引住外派人员。

同时，在出访人员归国后，安排适量的学术交流，对于一些实用性学科，要求出访人员归国后撰写学术报告和研究计划，并对有价值的研究项目进行宣讲，为其研究项目寻找合适的应用单位牵线搭桥，保证交流成果最大限度地转化为现实生产力。

回顾中国公派留学工作 30 年发展历程，综合当今国内外教育发展情况，中国公派留学工作将在本世纪进入一个高层次、宽领域以及具有国际领导性的新阶段。乘着这股东风，北京大学公派留学工作也将进入一个加速上升阶段。但是，更高层次的发展也就要求更高级别的管理制度、服务体系。因此，探索、改革，将是未来北京大学公派留学工作的主要内容。

参考文献

北京大学教育学院、中山大学高教所　2004　1978 年以来我国公派留学政策的回顾和
　　　　分析，《出国留学工作研究》第 1 期。

曹国兴　2007　见证出国留学工作 30 年，《神州学人》第 7 期。

冯丽芳、陈雪芬　2004　新形势下高校公派留学工作的思考，《黑龙江高教研究》第 2 期。

刘　宁　2006　我校加强国家公派留学管理的几点做法，《北京教育》第 6 期。

章新胜　2008　30 年留学的历程与成就，《神州学人》第 5 期。

三十载风雨留学路　创辉煌未来展宏图

——浅析邓小平同志扩大派遣留学生指示
对我校发展的推动作用

王清源　　林　媛

中国人民大学国际交流处

提　要　在邓小平同志作出"关于扩大派遣留学生"指示30周年之际，本文围绕中国人民大学近十年来在学科、师资、教研、学生等方面的发展历程及巨大变化，对留学人员对此作出的积极贡献进行了回顾和分析，阐述了出国留学工作对于高校发展的重要意义，并对未来如何更好地开展出国留学工作提出了建议。

关键词　出国留学　学科　师资　教研　学生

对于中国人民大学来说，2008年是较为特殊的一年。这一年是国家改革开放30周年，是邓小平同志作出"关于扩大派遣留学生"指示30周年，同时又适逢我校"文革"中被迫停办后复校30周年。从我校复校后的发展历程中可以看出，以上三个"30周年"息息相关，留学人员对复校后的建设的巨大推动作用显而易见。

1998年，在纪念邓小平同志做出"关于扩大派遣留学生"指示20周年之际，我校曾就留学人员对学校教学和科研的推动进行过系统的总结。本文将主要着眼于最近10年来学校在学科、师资、教研、学生等四个方面的发展变化，特别是对留学归国人员对此作出的贡献进行回顾和分析，以此来纪念邓小平同志在30年前作出的重要指示。

一、出国留学填补学科建设空白

1．理学院的创建与发展

我校是一所以人文社会科学为特色的综合性研究型重点高校。进入 21 世纪以来，学校在原有的数学、信息、计算机等理科专业的基础上，于 2002 年开始筹建理学院，这一举措随即引起了国内极大的关注，并吸引了众多从海外学成归国的学者，经过大家共同的努力，最终化学系和物理系分别于 2004 年和 2005 年相继成立。这一理科专业设置上的突破性进展，有利于校园内实现文科思维方式与理工科思维方式的融合，形成人文素养与科学精神相结合的校园氛围，是与我校"主干的文科、精干的理工科"的学科发展体系息息相关的。应该说，理学院的创建，得益于邓小平同志扩大派遣留学生的指示，而留学归国人员在此创建过程中也发挥了基础性的作用。

作为我校理学院下属组建的第一个系，化学系目前共有 25 名教员，其中 24 人获得海外博士学位，比例数高达 96%。这支充满了国际化气息的师资队伍，在短短几年内，就取得了令人振奋的成绩。从 2005 年起，化学系连续两年的国家自然科学基金获准率位于全国高校和科研院所的前列；2006 年获批项目达到 7 个，资助总金额 188 万元，平均项目资助金额为 26.86 万元，占我校 2006 年国家自然科学基金资助总金额的四分之一以上。受资助项目涉及物理化学、有机化学、高分子化学和无机化学等学术领域，且各项目负责人均为走在科学研究前沿的年轻学者。化学系建设的功能分子与材料动态结构研究中心也具有国际领先水平。毋庸置疑，师资队伍在教学、科研上的先进水平，有助于学生的培养和全面发展。2007 年化学系本科生首次参加"挑战杯"首都大学生课外学术科技作品竞赛，即获得 4 个奖项，实现了人大理工科获得"挑战杯"奖励的历史性突破。此外值得一提的是，今年是化学系招收的第一届本科生的毕业之年，在 20 名毕业生中，有 4 人被保送至北京大学直接攻读博士学位，2 人继续在本校攻读硕士学位，5 人将赴美国、法国攻读研究生学位，1 人已被中国科学院化学所录取，攻读博士学位，其他 8 名学生也都陆续找到了满意的毕业出路。

我校物理系目前共有 23 名教师，其中 11 人获海外博士学位。系主任王孝群教授毕业于意大利国际高等研究院，获凝聚态物理博士学位，并先后在日本东京工业大学物理系、德国马普物理复杂系统研究所和瑞士材料物理数值计算研究所从事凝聚态物理与计算凝聚态物理的前沿研究工作，2000年回国。自2003年6月，王教授开始参与我校物理系的筹建工作，并通过对中国科学院相关研究所、内地及香港的十几个著名物理系进行深入调研，系统地提出了在国内建设一个与国际接轨、高水平研究型物理系的整体规划与实施方案。在获得学校组织的专家论证通过后，他于2005年1月开始负责物理系的建设工作，同年9月被任命为物理系首届系主任。

王孝群教授带领着这支年轻的队伍，在短短的几年内，一方面借鉴国外著名物理系的结构规模和国内物理系建设方面的经验教训，另一方面兼顾人才培养和一级学科所需要的临界体量，形成了六个专业团队，研究方向涉及理论物理、凝聚态物性研究、原子分子物理与光学通讯、计算物理方法及其应用、材料计算与物质模拟和交叉学科（统计、生物、金融、信息物理）。

自建系以来短短的3年间，整个物理研究团队取得了一系列令人欣喜的成果：在《自然物理》上发表重要学术论文1篇，并被《美国物理新闻周刊》专门评述报道；在物理最顶级期刊《物理评论快报》上发表论文11篇；在其他SCI收录期刊上发表论文约40篇；在国内教学期刊或会议上发表论文5篇。

值得称道的是，曾在香港浸会大学非线性研究中心和新加坡国立大学物理系工作、目前执教于我校物理系的王雷教授和新加坡国立大学物理系的李保文教授在《物理评论快报》上所发表的一篇题为"Thermal logic gates: Computation with phonons"的论文，其中的重要研究结果被美国物理学会列入 *Physics News in 2007*，并被多家媒体以多种语言转载或报道。此外，先后在意大利和澳大利亚多个研究所和大学从事博士后工作和访问的胡辉教授，于2006年加入我校物理系。他和他的合作者在冷原子研究领域获重大进展的科研成果在英国出版的国际物理类权威刊物 *Nature Physics* 期刊上发表。该期刊是国际上最权威的物理类刊物，一般只发表具有突破性的国际前沿实验工作，此成果的发表是我国科研工作者首次在该期刊上发表理论文章。目前我校物理系已基本建成了一个凝聚态物性研究实验室，该实验室以凝聚态物质的基本性质和规律为研究对象，以晶体生长、结构表征和物性探索为主要研究内容，以研制新材料与新结构和发现新的物理现象为宗旨，所拥有的设备在国际本领域内几乎是当今最先进的，这些设备之间的关联性在国内也几乎是独一无二的。

2．艺术学院

在上个世纪后 20 年的发展过程中，学校一方面重点发展人文、社会等已有的优势学科，另一方面探索建立这一领域新的专业。艺术是大文化建设的有机组成部分，承担着传承中国优秀文化、弘扬中华悠久文明以及推广国际间文化交流的重要职责。因此，作为一所拥有人文特色的高校，创立艺术学院是十分有必要的。

秉承这一理念，我校于 1999 年成立了"中国人民大学徐悲鸿艺术学院"（现更名为"艺术学院"），为以人文社科领域见长的校园氛围增添了一份艺术色彩。著名画家徐悲鸿先生的长子徐庆平教授出任该学院院长。

徐庆平教授于 1981 年至 1985 年由国家派遣赴法担任联合国教科文组织官员，并通过半工半读的方式，于 1985 年获巴黎索邦大学美术学博士学位。1987 年回国后，他投身于教育事业，教授外国美术史，兢兢业业，诲人不倦，培养了一大批品学兼优的学生，并于 1999 年筹办和创立了中国人民大学徐悲鸿艺术学院，担任院长至今。

目前，艺术学院共有 55 名教员，包括 12 名在德国、日本、比利时等国的著名学府获得学位的教师。学院设立了绘画系、艺术设计系、音乐表演系、基础部、徐悲鸿艺术研究院、东方艺术研究所、文化创意产业研发中心，招收绘画专业、艺术设计专业、音乐表演专业的本科生；艺术学、美术学、设计艺术学的硕士研究生；同时还招收美学专业的博士研究生。徐庆平教授和学院的全体同仁们共同努力，已形成了审美理论和审美实践相结合、纯艺术和实用艺术相结合、专业艺术教育和艺术素质教育相结合的办学特色。

3．新兴的交叉学科——商务外交

商务外交是一门首创于美国的新兴交叉学科，主要研究二战以后的国际贸易体系、贸易谈判等，是与 WTO 紧密相关的学科。受经济发展的客观影响，在上个世纪的高等教育中，国内对于商务领域的研究较为有限，亟待发展。作为中美富布莱特项目的受益者，我校经济学院青年教师程大为于 1998 年赴美留学，先后在斯坦福大学和蒙特雷国际问题研究院学习，获美国蒙特雷国际问题研究院商务外交硕士学位。学成回国后，在中国入世谈判的大环境下，程大为副教授又被教育部派到日内瓦 WTO 总部学习深造，为未来中国高等院校开设类似的专业奠定了良好的知识基础，她本人也于 2002 年被学校提升为副教授。进入 21 世纪以后，程大为副教授在我校经济学院国际经济与贸易系开设了《商务外交》课程，并于 2004 年出版了国内第一本《商务外交》教材。事实上，该教材也是全球第一本正规的针对该专业的大学本科教材。

自 2000 年至今，程大为教授多次受国外政府、高校等机构邀请，赴海外交流、讲学，并于 2001 年被北京 WTO 事务中心聘为首席专家，负责为北京市入世后过渡期的经贸政策提供建议。程教授认为，公派出国留学为她搭建了国际交流的平台，提供了在最前沿、最国际化的阵地上锻炼自身的机会，是其人生道路上的一个重要发展契机。

二、出国留学加强了师资队伍建设

高校的未来与师资队伍的发展紧密相关，而一流的师资既可以结合国内教育事业的实际情况，又能够放眼世界，借鉴海外先进经验，以推动教学和科研工作的展开。近 10 年来，我校师资力量正朝着专业化、国际化的方向稳步发展，这也得益于对邓小平同志关于扩大派遣留学生指示的贯彻实施。

作为新中国建立学位制度以来第一位民法博士学位获得者，现任我校法学院院长王利明教授曾于 1988 年赴美国密执安大学进修，并于 1998 赴美国哈佛大学深造，回国后，他于 2000 年发起组建我校民商事法律科学研究中心，大力发展我校在民商法学领域的科研实力，该中心于当年被教育部确认为民商法学科唯一的教育部人文社会科学重点研究基地。在 2002 年第二次国家重点学科评审中，该中心下属的民商法学学科以满分再次被评为全国唯一的民法学国家级重点学科，成绩名列全国法学类重点学科第一名。

作为一名优秀的法学家代表，公派留学归国后，自 2001 年起，王利明教授参与了被称为我国民法"奠基石"的《物权法》草案起草工作，他先后多次为中共中央政治局和全国人大常委会做法制讲座，直接向共和国的最高决策者表达自己的见解。2002 年 8 月，王利明教授担任第九届全国人大常委会法制讲座主讲人，介绍了物权的概念和对制定物权法的一些看法。2004 年 4 月，他为第十届全国人大常委会讲授企业破产法律制度，并在中共中央政治局进行第 12 次集体学习期间，就法制建设与完善社会主义市场经济体制等问题向中央领导汇报了个人体会。2007 年 3 月 16 日，十届全国人大五次会议高票通过了《物权法》。一个星期后，中共中央政治局组织集体学习，王利明教授就制定和实施物权法的若干问题为中央领导同志作了讲解，并针对物权法的实施提出了个人建议。

留学回国后，王利明教授凭借其渊博的法学知识、丰富的教研经历、勤恳的为人态度，得到了政界、学界的一致好评，并获得了一系列殊荣。他是九届、十届、十一届全国人大代表，曾获"中国有突出贡献的博士学位获得者"、第一届"十大杰出青年法学家"、教育部"高校青年教师奖"、第一届"中韩青年学术奖"等奖励。2005 年受聘"长江学者奖励计划特聘教授"，2006 年被评为"中国十大教育英才"，2007 年被授予十大年度法治人物、年度法制新闻人物、首届中国杰出社会科学家等称号。

作为经济学领域的一位知名学者，我校经济学院黄卫平教授于 1985 年毕业留校任教，同年 11 月，经国家公派，黄教授赴意大利经济发展研究院进修留学，为期两年。黄教授认为，在意留学的经历不仅使其感受到了西方先进的经济学教学模式，也增长了见识，使自身得到很好的发展和提升。1987 年 5 月学成回国后，在本领域学术前辈们的带领下，黄教授在校内开设了国际经济学、发展经济学课程，并与学校的有关经济学领域学者形成了一支发展经济学梯队，努力将欧洲的发展经济学流派与马克思主义经济学、中国经济发展相结合，促进了我校在中国发展经济学领域的成长和提升，为这一学科在中国的发展作出了不容忽视的贡献，我校亦随之成为国内中国发展经济学两个重要的教学、科研基地之一。

1993 年 9 月至 1994 年 9 月，黄卫平教授再次通过中美政府合作项目赴美国斯坦福大学经济学系访学，担任富布赖特高级访问学者。回国后，黄教授多次参与中国政府关于经济前沿问题的讨论。他曾应邀在中南海参加由前总理朱镕基主持的关于金融改革的会议，由前国务委员、副总理吴仪主持的关于加入世界贸易组织的讨论。2005 年 5 月 31 日，他还为中央政治局作了关于"经济全球化与国际贸易新特点"的报告。由于在专业领域内表现突出，黄教授曾获邀在凤凰卫视大讲堂讲授"经济全球化与面临 21 世纪的世界经济"，在中央电视台十套百家讲坛开讲。在科研方面，黄教授也承担了一系列重量级的项目，包括中央财经小组的"开放与经济安全的委托项目"、"世界银行项目"、"国家十一五规划"前期研究项目、"非典后中国经济滞后影响研究项目"、"中国参加区域经济一体化研究项目"、"中国改革开放 30 周年开放经验研究项目"等等。

三、出国留学加快了教学、科研的改革与创新

1. 教学改革

中国人民大学以人文社会科学为特色，始终坚持与时俱进的办学方针，注重通过教学改革提高教学质量，达到教学相长的目标。自上世纪 80 年代起特别是新世纪以来，越来越多的留学人员学成归国并到我校工作，为我校教育模式的不断创新、为中国特色和国际先进知识的有机融合贡献着力量。

知名法学专家朱文奇教授目前担任着我校刑事法律科学研究中心国际刑法研究所、国际人道法研究所、欧洲法研究所三个所的所长，他曾于 1982—1988 年在法国和美国留学，1987 年 3 月在法国巴黎大学获"国际法"博士学位，其博士论文"中国与联合国"被评为 1986—1987 年度巴黎大学最佳论文，并于 1987 年 4 月—1988 年 12 月先后在美国和法国高等社会科学院进行博士后课题研究。1994 年至 2001 年，朱教授在荷兰海牙的联合国前南斯拉夫国际刑事法庭工作。七年任职期间，朱教授先后任总检察长办公室法律顾问和上诉检察官，是联合国前南斯拉夫和卢旺达两个国际刑事法庭总检察长办公室中唯一的中国籍检察官，也是新中国成立以来第一位在联合国司法机构出庭辩论的我国法律专家。

2002 年到我校工作后，朱教授致力于学术研究。丰富的海外留学和工作经历使其脱颖而出，迅速成为我校法学院的中坚力量，并在 2003 年首次将 JESSUP 国际法模拟法庭竞赛引入中国，该竞赛是以美国哥伦比亚大学著名的国际法教授、曾在国际法庭任职的 Philip C. JESSUP 命名的。在其推动下，我校法学院先后承办了 JESSUP 国际法模拟法庭竞赛中国赛区第一届和第四届的选拔赛。

2007 年，在朱教授的指导下，我校法学院组队赴深圳大学参加第五届 JESSUP 选拔赛，在全国 26 所高校代表队中获得第一名，并代表中国赴美国华盛顿参加 2007 年 JESSUP 国际法模拟法庭全球总决赛。

朱教授希望通过引入这一赛事，为中国带来一种新的教学方法和新的教学思路，加强学生对课程内容的独立思考，增加师生之间的交流互动。事实证明，通过 JESSUP 国际法模拟法庭大赛，学生能进一步培养将理论与实际相结合的能力，运用国际法的具体规则"审判"现实生活中发生的案例，对未来在法学领域的深造或职业发展发挥着不容忽视的作用。

2．科研创新

休闲经济是经济学的一个新兴领域。至上个世纪末，我国国内针对该领域的研究仍为空白，直至本世纪初才有了零的突破。我校经济学教授王琪延老师便是这一研究领域的知名专家，海外留学、交流的经历为其在本专业领域的突破打下了良好的基础。

王琪延教授于1983年在我校毕业后留校任教，于1989年10月通过世界银行贷款项目赴日本一桥大学留学，之后又曾多次赴日本知名大学任教或学术交流。归国后，王教授致力于休闲经济学的研究，经学校批准，他于2004年组建了中国休闲经济研究中心，并担任中心主任，该中心是全国第一家也是至今唯一一家研究休闲经济的学术研究机构，此外，他本人也分别在2006年、2008年被推选为世界休闲组织中国分会副会长，担任国际休闲产业协会副主席等职务。

中国休闲经济研究中心成立后，王教授先后撰写了《休闲经济》、《中国人生活时间分配》、《中国经济结构研究》(日文)、《世界名牌企业用人之道》等书籍20余部，在国内外如 *ERINA REPORT*（环日本海经济研究所报告）、*JESN*（东北亚经济科学）、《管理世界》、《统计研究》等刊物上发表论文200余篇。此外，王教授还主持或参与了国家"九五"社科重点规划项目《中国国际竞争力研究》、北京市"十五"社科重点规划项目《首都休闲经济研究》、教育部重大项目《统计学在新闻、法律、伦理、政治、文献计量中的应用》等，并承担了北京、辽宁省铁岭以及成都、无锡等城市休闲经济发展规划项目，为城市休闲经济发展献计献策，并被邀请做客中央电视台《百家讲坛》，讲授《用时间锻造人生资本》。

四、出国留学丰富了学生成长历程，提高了学生的综合素质

邓小平同志在1978年作出了关于扩大派遣留学生的指示，迄今已经30年了。从20世纪末到21世纪初，随着中国经济的快速发展、综合国力的日益提高，越来越多的学生通过政府项目及校院际交流项目公派出国，或留学或进修或实习，受益匪浅。学生出国学习目前业已成为学校国际化的重要标志，也是全球化发展的必然趋势，应当予以充分的重视。在新世纪全球化的背景下，我校受益于公派

出国项目的学生人数呈逐年增长趋势，尤其是在近两年，公派出国出现了喜人的局面。

近年来，随着国家对公派项目的日益重视以及中外政府合作项目的增加，学生公派出国项目及种类均呈现出多样化的特征。在国家的支持下，学生可选择赴海外攻读学位、参加中外联合培养、短期交流或参加实习项目。所有这些，不仅丰富了学生的派出途径，为学生提供了更多的出国深造的机会，拓宽了公派的受益面，而且也调动了广大学生参与派出的积极性，丰富了学生成长历程。在此仅以我校参与的"欧洲法培训项目"和"中国大学生赴英国实习项目"为例。

我校法学院在教学和科研上拥有雄厚的实力，在海内外享有盛誉，是"欧洲法培训项目"的积极参与者和受益者。1995年在北京举办的第七次世界反贪大会期间，应我国政府邀请参加大会的巴黎第一大学著名教授戴尔玛斯院士和欧盟有关负责人倡议由我校法学院选拔一批青年教师和硕士研究生赴欧洲进行欧洲法律的学习和实习，以促进中欧法律方面的交流与合作，同年我校即有12名师生成功申请赴法学习，该项目是由欧盟委员会和法国政府资助，法国驻华使馆、法国巴黎第一大学联合承办的。项目迄今已实施八期，我校先后有63人成功申请。"欧洲法培训项目"是首次在高校青年师生中设立的旨在促进中欧法律交流的一种尝试，对我国法学教育方式以及法律文化的交流发展具有十分重要的意义。我校参加此项目的学生归国后表示，通过8个月紧张而艰苦的学习和实习，他们不仅系统地学习了欧盟法和欧洲人权法两套欧洲法律体系，为日后从事欧洲法的研究与实务搜集了第一手的宝贵资料，而且了解了欧洲文化，并向国外友人传播中国文化、宣传中国的法制建设成果。公派出国的经历，拓宽了的视野，丰富了的阅历，是学员们成长道路上难以忘怀的一段历程。

"中国大学生赴英国实习项目"是中英两国教育部共同资助的项目，项目选拔对象为本科四年级学生和硕士研究生。录取者将享受中英政府提供的经济支持，在英国的著名金融管理、人力资源、新闻媒体机构如汇丰银行、渣打银行等进行实习，为期4—12个月。该项目自2006年启动，至今共开展了5次。第一期项目全国总共有46名优秀学生赴英实习，其中我校11名，被录取人数居各校之首，占总录取人数的24%。作为首批参加此赴英实习项目的我校新闻学院学生郭平回国后表示，此项目是公派出国形式上的一种创新。她认为，实习不同于读书，可以接触更为广阔的人和事，而不局限于校园，能真正地接触英国社会，了解英国的现状。此外，在人生最为宝贵的青年时代，能有机会赴海外实习，为回国后的职业选择也打下了良好的基础。目前远在法国留学的我校财金学院毕业生马文畅说，今年暑期她将前往伦敦做另一份实习。她感慨道，2006年公派赴英国实习的经历对其毕业后在欧洲学习、寻找工作机会和与人交往都起到了重要作用。对她来说，该项目为其打开了一扇门，是出国留学的起点，也是确立事业方向的起点。新闻学院参与此项目的李杰同学则认为，赴英实习项目对其学业有很大的推动作用。他在短短5个月中了解了很多在国内无法获知的信息，包括英国的社会文化多方面，对伦敦这个城市有了感性的认识，认识了来自很多高校非常优秀的同学。

以上仅是众多留学人员为社会、为我校发展做出贡献事迹中的几例，此类事迹还有很多很多。总之，过去10年间学校跨越式的大发展，留学归国人员的贡献及推动作用显而易见，这一切也使我们深刻体会到邓小平同志关于"扩大派遣留学生"指示的重要意义。与此同时，我们也清楚地意识到，在经历了30年的实践和不断的创新后，出国留学工作在新世纪的发展依然任重而道远，留学工作呈现出了新的形势，提出了新的问题。如何提高公派出国留学工作的质量，为归国人员创造发挥所长的舞台，进一步推动出国留学工作的有效开展，是未来需要我们继续关注和思考的问题。在新的形势下全面做好出国留学工作，是对邓小平同志30年前指示的最好贯彻。

实践篇

创学生国际交流平台　促国际化人才培养

黄　葵　　庞志荣

北京大学国际合作部

提　要　随着世界经济全球化程度的加深，中国对高素质、国际化新型人才的需求量也越来越大。在此趋势下，北京大学在搭建学生国际交流平台方面作出了努力和探索，进行了多方面的有益尝试，广泛开展国际交流活动，并收到了较好的效果，项目种类与参与人数不断增加便可体现。目前，北京大学已经同世界多所知名大学建立了全方位、多层次、实质性的校际交流与合作关系，并且开展"大学主题日"、"国际文化节"等活动，为广大校内学生提供了国际交流的机会。

关键词　对外交流　多样化　校内平台

一、国际学术交流加强的需要
——创办学生国际交流平台的起因

在当今世界经济全球化的背景下，中国正处在加速推进市场化、工业化、现代化和国际化进程的重要时期，需要高等院校在人才培养的方式上面向国际化，也就是培养国际化的创新人才。

针对这一紧迫的需要，十六大报告明确地提出"为了造就一大批拔尖创新人才，以适应我国现代化建设的需要，为全面建设小康社会提供人才支持，我们必须创建有利于创新的教育体制"。我国政府大力支持公派留学计划，本着"打破封闭、开创局面"的精神派遣出国留学人员，有数据显示从 1996 年至今，通过国家留学基金委已向世界 100 多个国家和地区公派出国留学人员 22031 人。从这 10 年不断壮大的归国留学人员来看，我国国家公派出国留学工作取得了举世瞩目的成就，个人收益和社会效益得到良好体现，同时对高校本身的国际影响力起到越来越深远的作用。

毋庸置疑，如今我国的高等教育越来越受到世界各国的关注，作为国内一流的大学，北京大学的国际影响力也在逐步提升。决定一所大学的国际影响力的因素是多方面的、综合性的，其中，除了国家综合实力的提升，国际交流与合作的深度和广度也是决定大学国际影响力的重要因素之一，同时综合国力的提高也是国际交流的基础。

北京大学正是抓住了这个契机，拓展了国际交流的渠道，尤其是加强了在校学生的国际交流平台的建设。从世界一流大学的办学经验来看，学生出国交流比例都在 30% 以上，例如，斯坦福大学、哈佛大学等世界一流高校学生的出国交流的比例高达 35% — 45%，而北京大学虽然每年约有 33% 的毕业生赴海外留学、进修，但对大多数在校学生来说，大部分人还不具备自费出国留学的条件，并且现阶段国家公派留学的选拔范围（除小语种外）涉及在校学生的交流机会甚少，学生在读期间赴国外交流的机会只有 5% 左右，与世界一流大学的在校生出国交流的比例相比仍有很大的差距。为了缩小这种差距，扩大学生出国交流的比例，北京大学国际合作部于 2003 年成立了 EAP 办公室，积极创造条件，拓宽国外学习和交流的项目，构建多形式、多层次的学生赴国外交流的平台，在较短的时间内，已取得了显著的成果。

迄今为止，北京大学与世界上 50 个国家的 200 余所著名大学建立了全方位、多层次、实质性的校际交流与合作关系。近三年来，共派出赴海外参加交流、进修的师生达 15000 人次。其中在校学生和毕业生达 4000 多人次，学生出访的比例不断上升。仅以 2005 年第三季度为例，出访人员中学生出访人次比第二季度大幅增加，达 300 多人次，增加了 62%，占第三季度出访人次的 35%。

通过观察表 1，比较 2005 年前三个季度与 2004 年前三个季度人员出访的情况，可以看到本科生出访的增长率为 152.3%，硕士生为 20%，博士生增长了

113.4%，平均增长了 78.2%。学生国际交流人数的激增引导着我校国际合作部的工作人员创办一套合理、健全的体系以提高工作效率，从而更好地促进我校学生国际交流项目的发展。

表 1　2005 年前三个季度与 2004 年前三个季度人员出访对比

数量　　人员类别　年份	本科生	硕士生	博士生	教师
2004 年 1–3 季度	107	195	97	1897
2005 年 1–3 季度	270	234	207	1923

二、创建多元化学生国际交流平台
——学生国际交流平台的主要形式

高等学校作为创造知识、培养人才的所在，历来也是国际人才竞争与交流的重要舞台。人才国际化的世界潮流既给我们带来了挑战，也带来了机遇。面对 21 世纪的人才竞争，我们应该以更宽广的视野、更广博的胸怀、更长远的眼光来做好出国留学工作，疏通各种交流渠道，努力搭建多种形式的国际交流平台。

2.1　校际双向长期性的学生交流项目

北京大学与世界多所知名大学设立了校际交流项目，为期半年至一年，其中包括美国哈佛大学、耶鲁大学、德国慕尼黑大学、佛莱堡大学、柏林自由大学、杜塞多尔大学、瑞典乌布萨拉大学、澳大利亚墨尔本大学、日本东京大学和早稻田大学、丹麦哥本哈根大学等著名学校的学生交流项目。北大学生在法国巴黎高等师范学校交流的同时，还在该校教授汉语课程，为校际交流学生开展了新的合作形式。

2004 年 9 月开始，斯坦福大学每年派 200 多名学生来北大学习，由北大和斯坦福的教员联合教授英文课程，包括经济、文化、社会科学等领域。同时北大师生也到这些名校进行访问考察、合作研究，利用一流大学先进的教学理念、科研成果和精良的实验室设备，做到了强强合作，优势互补，资源共享，大大促进了北京大学教育国际化的进程。

2.2 暑期学生交流项目

开发暑期交流项目，不仅不会打乱学生的课程学习安排，而且可以利用假期时间，开拓学生的国际视野，增强学生参与国际交流的能力。

2004 年 7 月开设了中国—欧盟奥地利暑期学校项目"中国—欧盟奥地利暑期学校"，由奥地利萨尔斯堡大学、欧亚太平洋（大学）网络主办，并得到欧盟的支持。此项目旨在通过两国大学学生近距离交流，共同探讨，相互认识和体验中奥两国的社会文化，增进彼此的友谊，为中奥未来合作以及中奥关系改善奠定良好的基础。暑期学校首创的"学生牵头，学校支持"的模式填补了国内高校在民间国际交流领域的空白，开创中国大学以学生牵头、与世界名校开展学术文化互访的新领域。

2005 年我校参加暑期学校交流的共 31 名学生，其中研究生占三分之一，其余为本科生。领队教师 4 人。全团共 35 人，在维也纳和萨尔斯堡参加奥地利方开设的经济学方面的讲座，此外还前往法国和比利时等国家参观和学习。学生们通过参加暑期学校更是受益匪浅。光华管理学院的张玉臻同学在总结中写道："中国欧盟奥地利暑期学校之行给予我们的不仅是学术文化自然风景的馈赠，更带给我们一种异域文化的冲击和全新思维模式和视野的开拓。"这也代表了 30 多名学员的心声。此次活动对两校间学术和文化交流有着巨大的影响。第一，通过课堂教学，学到很多关于欧洲经济、政治、管理、欧中关系和跨文化沟通合作的新知识。第二，通过英语授课、讨论和当地日常参观、生活，同学们的跨文化交流和外语能力都有不同程度的提高。第三，通过教学和参观，对欧洲的历史、现状、自然和文化遗产有了很深刻了解，国际视野大为开阔，亲身感受到全球化现代化的进程正在加快。同学们对欧洲的国际组织、政府结构和普通人民的生活都有了直接的观察和体验，在教育国际化的大趋势中前进了一步。第四，团队精神和组织纪律性得到了锻炼。

与此同时，北大学生赴耶鲁大学参加其暑期班项目。该项目是北大与耶鲁校长在 2005 年 4 月签署的"北京大学—耶鲁大学本科生合作协议"的一部分。根据协议，北京大学每年派 25 名学生参加耶鲁大学暑期学校，耶鲁大学也将派出

20 名本科生来北大进行为期一个月的学习。两校对该项目都给予了特别重视。今年 6 月 26 日首批赴耶鲁大学参加暑期学校有 25 人。在耶鲁学习期间，北大的学生除完成英语学习计划外，同耶鲁的师生以及参加此项目的其他国家的师生进行了广泛的交流，此外还完成了关于住宿学院制度、耶鲁校园建筑特色、英语教学方式比较等方面的研究报告。

2.3 学生社团交流项目

北大的学生社团组织丰富多彩，形式多样，我们为社团的国际交流创造了条件和渠道。为此国际合作部制订计划并提供经费，成立专门的团体组织承办各种大型交流活动，其中如 SICA 成立多年，除组织安排校内留学生各种活动晚会外，还承办政府推动的交流计划。

北京大学学生交流协会（SICA— Students' International Communication Association）成立于 1997 年，是中国高校中第一个专门从事国际交流活动的学生社团。协会自成立以来，曾参与美国总统克林顿、加拿大总理克雷蒂安、韩国总统金大中、埃及总统穆巴拉克等国家元首访问北大的接待和采访工作；曾接待多批来自美国、荷兰、日本等国家以及香港、台湾地区的大学生代表团和研修班，也应邀赴香港和台湾进行交流考察。在这些重大的外事活动中，SICA 同学给人们留下了美好的印象，也得到了学校领导的赞扬。

SICA 在成立 8 年间，充分利用自身优势和资源，成功举办了第一届"北大—哈佛大学学生交流营活动"和"北大—斯坦福大学亚洲论坛活动"；享誉海外的模拟联合国活动，赴海外参加世界模拟联合国会议，并成立模拟联合国全球领袖培养项目；丹麦政府资助成立哥本哈根青年论坛；惠普公司资助设立北大—曼隆学生交流项目；世界银行共资助 10 名北大学生赴北京分部和华盛顿办公室分别进行为期一个月的实习，等等。其中北大—哈佛大学学生交流营活动是北大与哈佛之间的第一次由学生社团主办，以双方交换访问代表团的形式进行的交流活动。哈佛大学派出"哈佛亚洲计划"学生代表团一行 21 人，对北京大学进行了为期一周的访问。2005 年 2 月，哈佛会议在哈佛大学召开。北京大学组成代表团参与了在哈佛大学为期一周的回访，为首届互访画上圆满句号。活动在全国范围以及哈佛大学校内引起了强烈反响，包括中央电视台、新浪教育、新京报、北京周报等共计 20 余家主流媒体，从不同的角度对活动进行了报道。此次活动定位之高，各类媒体支持的量度、深度、广度，以及国内外关注的人数之众，都属全国高校学生活动之最。

在整个过程中，社团的主要任务包括邀请政界领导、企业领袖及学术名家与学生开展各种关于中国现状、发展趋势及中美关系的学术交流、宣传活动，从而加深了学生与公众对两国间政治、经济、文化等方面的认识。2005 年 3 月 28 日—4 月 4 日，第二届哈佛北大交流营春季会议在北京大学如期举行。本届活动在首届基础上进一步探索新的模式，12 位哈佛代表住进北大学生的家中，与北大教师家庭构成 SICA 学习社区。以零距离的方式体验当代北京普通老百姓的家庭生活，学习汉语，认识中国的艺术、音乐、文学、宗教、贸易、政治、社会等各个方面，并与同年龄的中国青少年朝夕相伴、建立友谊，课余与接待家庭一起参与社区的生活，与中国各行业的人士往来共处，充分感受中国和谐的社会与灿烂的文化。此次会议主题更加明确，流程更加成熟、正规和完善，得到广大学生以及北京大学国际合作部的肯定和支持。2006 年 2 月，预计 10 名北大代表将赴美参加哈佛会议，目前选拔工作正在紧锣密鼓的筹备中，已得到校内外学生、社团、媒体的广泛关注。

在日益增多的学生间国际交流合作中，学生社团展示了中国大学生的风采，树立了中国学生的崭新形象，同时也把中国的悠久文化和现代化发展带到世界各个角落。

三、补充完善学生国际交流平台
——学生国际交流平台的辅助形式

在促进走出国门的同时，强化"引进来"的战略，在"引进来"的过程中，尽可能创造学生在校园内的国际交流的平台。近三年来，到访的国外代表团约 500 多个，外宾人数超过 6 万人；接收 80 多个国家 12000 名左右的留学生；共接收长期专家约 200 名，短期专家近 1000 名，有十多位诺贝尔奖得主来访，除此之外，北京大学还开拓多方面的渠道，作为学生国际交流平台的辅助项目，补充完善这一机制。

3.1 "大学主题日" 系列活动

自 2001 年成功举办"莫斯科大学日"活动以来，北大已成功举办了十多个世界知名高校的"大学主题日"，包括莫斯科大学日、剑桥大学日、莱顿大学日、耶鲁大学日、巴黎高师日、牛津大学日、巴黎高科日、斯坦福大学日和康奈尔大学日、早稻田大学日。在总结历年大学日活动的基础上，其规模也在不断扩大。例如"北京大学柏林自由 / 洪堡大学日"在以前学术报告和圆桌会议的基础上，增加了许多新的元素。这是 2001 年开始举办"主题大学日"活动以来首次举行德国高校大学日活动，也是首次由两所大学联合举办该活动。此次大学日系列活动包括：三校联合新闻发布会，柏林自由与洪堡大学两校校长的公开演讲，随行教授在各相关院系举办学术讲座，柏林自由与洪堡大学联合教育展，以及德意志学术交流中心资助北大德国研究中心项目启动仪式。随着德国教育展的开幕，丰富翔实的图片和文字将使北大师生进一步了解两所高校的历史、现状和学科优势。柏林自由大学还在教育展上为广大师生安排了机器人模拟足球赛，以展示该校在人工智能领域取得的先进成果。丰富多彩的大学日活动，构建了双方互动和相互了解的平台，同时深化了三方的学术交流，并对下一步的合作提出了建议，为今后交流工作的开展奠定了良好的基础。来访代表团成员通过大学主题日活动，在北大举办介绍各学科领域最新研究成果的专题演讲，并寻求与北京大学在多方面的实质性合作。

3.2 "国际文化节" 品牌活动

北京大学第二届国际文化节在继承首届文化节成功经验的基础上，也加入了许多新的元素。2005 年的国际文化节，以"海纳百川，共襄文明"、"青春的北大 世界的青年"为主题，以"秉承北大兼容并包传统，促进中外文明交融；立足中华民族复兴伟业，培养青年国际视野；丰富北大国际交流内涵，创建世界一流大学"为宗旨，力求塑造一个中外学生之间的交流融合平台，进一步推动北大的国际化进程。

文化节当天，来自世界 68 个国家和地区的学生以"节日"为主题，在北大的百年纪念堂前精心设置了 60 个展台，进行为期一天的国际文化展。以翔实丰富的文字、图片、影音、实物等资料，生动有趣、多种多样的现场活动和游戏，向人们全方位地展示了各地的人文风情。与画展毗邻的，是第二届文化节的又一特色展览——外国留学生书法作品展。来自奥地利维也纳大学和斯洛文尼亚高校的学生，以这一独特方式，表达了自己对中国文化的浓厚兴趣和深深的热爱。他们当中的很多人甚至从未来过中国，但在他们书法作品的字里行间，却凝聚着真挚的中国情缘。此外文化节还首次采取了现场直播的方式，通过北大电视台和校园网，向师生们同步展现文化节的盛况。许多留学生在国际文化节过后还意犹未尽，纷纷表示明年国际文化节他们会准备得更充分，节目会更精彩。就像伊朗留学生代表孟娜在开幕式发言时所说的那样，"我们留学生现在就已经期待明年国际文化节的到来"。

通过文化节，展示各国文化多彩的舞台，加深了中外学生对彼此不同文化的了解，增强了沟通和理解，对培养学生的世界眼光和国际理解力具有深远的意义。该项活动以新颖的方式对传播各国文化、增进各国留学生感情、促进各国学生交流等方面起到了很好的推动作用。

在日益频繁的国际交往中，北京大学学生通过不同的形式展示自己的才华和自信，向外界展现了全新的中国形象，不断缩短了北大学生与世界一流大学学生在国际视野、外语能力、专业知识结构、文化素养、国际交往能力、管理能力等多方面的距离，并为学校的国际交流发挥着重要作用。

以派遣教师出国留学为途径　加快北语国际化发展进程

赵　旻

北京语言大学

提　要　教育国际化是目前高等教育发展面临的新要求，而派遣教师
出国留学是加快高校国际化进程的有效途径。高等学校要充
分认识到派遣教师出国留学进修的重要性，在外派教师选拔
过程中要紧密结合学校的学科建设和教师专业发展，并处理
好学校建设的长远利益与暂时付出等各种关系。

关键词　教育国际化　高校教师　出国留学

217

　　教育市场的完善和发展对高等学校的人才培养规格、课程体系建设提出了更高的要求，对师资队伍建设水平提出了更高的标准；对学校的教育教学质量也将更多地以国际水准来衡量。教育市场的完善和发展的一个显著特点就是开放性和国际化，教育国际化发展带动了人才建设的多样化，拓展了人才创业的空间。骨干教师出国留学是人才建设的重要途径，做好这项工作，对于推进高等学校国际化意义非常深远。

一、做好留学工作是教育国际化发展的客观需要

　　教育国际化归根到底是实现"人"的国际化。中国在经济全球化和入世后面临的最大挑战不是来自外部的竞争，而是我们缺少通晓国际规则的人才。这个认识，是对高等教育发展提出的新要求，也是对人才建设和培养提出的新要求。在

经济全球化浪潮的推动下，高等教育的国际性变得越来越突出，越来越重要。由此产生了日趋明显的高等教育国际化趋势：大规模的出国留学热潮，建立跨国教育机构开展合作办学，国际间的学术交流科研合作更加紧密；各国教育政策更加开放，高等教育的发展逐步走出封闭、静止的状态，等等。人才建设在高等教育国际化发展中是一项重要的内容，加快人才国际流动和派遣教师出国进修学习成为高校人才队伍建设的重要任务。人才国际化呈现一种开放、动态发展的特点，要实现的目标也是多元的，包括人才流动、人才结构、人才培养、人才管理等都要具有国际视野。教师队伍结构国际化是教育国际化的主要体现。国际名校的教师队伍中，外国教师一般都超过了 50％，有的达到了 80％。以高等教育发展比较快的香港地区大学的师资构成为例，国际化程度非常高。香港的大学师资在上世纪 70 年代前主要依赖英国，此后逐渐扩大招聘范围，凭借优厚的待遇与优越的工作条件，从世界各地招聘了数以千计的教师，绝大部分是来自海外的华籍教师和留学回归人员。目前，香港各大学的外籍教师已愈 40％。香港大学 2002 年校内教师中，56％为本地学者，44％为境外人才；香港中文大学外籍教师也超过了 30％。香港科技大学现职教师中，35％是从外国留学返回的香港人，25％是到过国外留学的内地人，12％是到过国外留学的台湾人，他们全部持有博士学位，来自北美和欧亚，或在著名的科技工业实验室里做过高层次的研究。

认识派遣教师出国留学或进修学习的重要性，必须从高等教育国际化发展的视角出发，才能把这项工作提升为一种战略。北京语言大学从自身的任务和学科特色出发，确定了建设国际型高水平大学的办学目标，国际化成为学校突出的办学特色。在北语的校园里各国学生构成了和谐的国际大家庭，多元文化背景衍生了特殊的校园生态。所以，学校在育人、学科建设、师资队伍建设等方面必须考虑国际背景。北语一直把出国留学作为提高教师综合素质、优化师资队伍结构、适应学校国际化发展的重要手段，在与国外学校的交流合作中积极开拓教师出国学习的方式，培养教师的国际化视野。到 2005 年，学校已经与美国、日本、英国、法国的 10 余所大学建立了派遣教师研修的校际合作协议，每年通过国家公派、学校公派、自寻资金等途径出国进修的教师超过教师总数的 6％。越来越多的教师把从国外学习到的先进教学科研理念、国际运作规则运用到了他们的教学科研工作中，大大地提高了我校教师的业务水平。

二、教师派遣要紧密结合学校的学科建设和教师专业发展

在学校的国际化发展战略中，注重观念更新和制度借鉴，把学校、学科和个人的发展放到国际参照系中进行比较和检验，学习国外先进管理制度，更多地为教师交流和人才培养创造良好的氛围，不断提高学校的科研能力和综合实力。

我校在加强教师派遣工作中，制定了中青年骨干教师出国培养计划，在选拔、管理、使用等方面进一步规范。学校根据师资队伍建设的需要，每年拨出专款120万元，按比例与国家留学基金委联合资助或学校全额资助优秀人才和青年骨干教师出国研修。采取多种方式加强学校教师的外语培训工作，并出台扶持和激励政策保证教师外语水平的提高，为出国派出做好准备。派出人员向学校人事部门及科研管理部门提交详细的学习和研究计划，提高出国研修的效果。学校为派出人员建立专门的管理档案，派出人员出国前与学校签订协议；出国研修期间，每半年向学校做一次书面学习汇报；回国后，派出人员至少举办一次与学习内容有关的学术报告。

我校严格出国留学的选拔程序，突出出国留学的学习实效，对公派访问学者选派工作进行大胆创新。学校重点支持三类人员出国学习。一是选拔在职攻读博士学位的人员出国完成博士论文。我们向合作学校美国加州州立大学长滩分校、日本东京大学、爱知大学先后选派了8名在职攻读博士学位的青年教师，他们都取得了满意的学习成果。选派在职攻读博士学位教师出国进修，使出国留学的目的性更强，出国留学教师学习更加主动积极，自始至终充满紧迫感，提高了出国留学的效率，很大程度上弥补了国家公派访问学者学习任务不明确的不足，提高了国家公派留学的效益和吸引力。这种选派方式为青年教师的培养提供了一个新的模式，为提高博士生培养质量开辟了一条新的途径。二是支持学科带头人和中青年骨干教师出国学习。学校根据留学基金委的选拔要求和学校人才队伍建设需要，采取个人申请、所在二级单位推荐、专家评审、学校审批上报的程序，选拔推荐优秀人员出国学习；学校还与留学基金委签订了1:1配套支持项目，根据学科建设和队伍培养需求，按需选派。三是支持具有科研潜力和培养前途的教师直接出国攻读博士学位，认真贯彻周济部长提出的"三个一流"的精神，把派遣留学与国家人才战略有机结合，提高人才队伍建设的后劲。学校在教师极为紧缺的情况下，近几年每年都派出了2—3位教师出国攻读博士学位。

三、在教师派遣中注意处理好几个关系

选派教师出国学习，除了增加经费成本之外，学校还要付出昂贵的人力成本，可以说在这个问题上确实有长远收益和近期效益相比照的问题。从学校建设的长远利益出发，暂时的付出是必要的，但一定要处理好相互的关系，从而取得更大的教育实效。

第一，教育国际化和教育本土化的关系。这是一个认识问题。教育国际化对于提高我国高等教育的现代化水平，扩大教育市场，促进教育体制的变革与创新提供了有利条件；教育国际化也对高等学校现行的办学体制、运行机制、专业结构、管理方式以及教育资源、教育目标价值取向等形成挑战，因为从目前中国大学的办学实力来看，不仅在学科建设、教学与研究水平上与发达国家有差距，而且在管理水平上的差距也很大，走国际化发展道路是非常必要的。要加快我国高等教育融入国际社会的进程，高校必须通过不断加深与国际知名大学的合作交流，树立适应经济全球化的教育观念，借鉴世界高水平大学通行的办学机制和运行模式，实施"请进来，走出去"更加开放的战略，才能建立起现代大学管理制度，促进学校的可持续发展。教育国际化是一个方向和趋势，不管我们承认与否都必须加入这个洪流之中。

高等教育国际化的交流维度不是单方向的，是一种互动的发展，在国际化进程中，最重要的是保持立足本土、面向世界的一种态度。国际化发展战略的确立，其出发点和落脚点都是围绕着发展本国高等教育，从而促进经济、政治、文化的进步，从客观上促进整个人类文明的发展。所以，教育的发展必须符合办学主体自身的客观规律，要保持自己的特色和文化内涵，在不断吸收、完善、积累的过程中走向成熟，可见，教育国际化最核心的是借鉴、交流，而不是代替和照搬。

第二，处理好出国留学工作正效益与负效益的关系。由于目前我国的国力和教育水平所限，还不能拿出充裕的资金吸引更多的国际人才，出国留学成为教育国际化和培养人才的重要工程。如何来评价这项工作的效益也是很关键的问题。从留学规律和培养水平来说，一般还是从发展中国家派往发达国家的居多，发达国家高等教育在国际化中处于优势地位，大量向国外输出教育资源，既开发了国内剩余的智力资源，又向发展中国家传播了思想理念，在这一过程中取得文化收益和人才收益。对于中国的高等学校来说，在教育国际化过程中既有积极影响也存在消极因素。积极作用表现在，扩大学校的国际化开放程度，弥补智力资源不足和匮乏，促进文化交流。消极因素是，优秀人才可能大量流失，人才流失会带来队伍不稳定的后果；本土文化受到挑战，部分教育市场必须开放。以北语为例，这几年我们派出的教师中有三位攻读博士学位的教师没有回国或回国后选择了其他高校，但这不能改变学校派出教师的既定政策。在出国留学工作这个问题上，应该站得更高一些，思路也要更开阔一些。

第三，处理好教师紧缺与教师队伍长远建设的关系。培养和使用始终是教师队伍建设中一个主要矛盾，由于办学成本的问题，学校不可能超出学生规模而建设庞大的教师队伍，一般高校的生师比都比较高，教师整体来说是紧缺的，处理好培养与使用的关系是高校人才建设的重要课题。北京语言大学属语言类院校，学生小班上课，教师课时量大，抽出教师出国学习培养，就面临怎样解决任课教师紧缺的问题。在这样的背景下，学校采取适当外聘教师、返聘退休教师的办法解决师资的短缺问题；还从教师队伍长远建设出发，设立流动编制（相对稳定的外聘教师）、每年增加接收新毕业生名额，扩大教师队伍，留出人才培养空间，抽出一定数量的教师出国学习进修。我们认为教师队伍建设必须着眼于长远，要进行必要的投入。

做好教师出国留学工作，是加快我国高等教育融入国际社会的重要途径之一，也是教师扩大国际视野、了解最新国际科研动态、教育发展状况的最佳选择。我们要认真贯彻"三个一流"的方针，从学校的发展需要出发，坚持教师培养"走出去"战略，为学校教育的国际化发展拓宽渠道。

参考文献 ●——

康　健　2005　浅议经济全球化与高等教育国际化，《设计艺术（山东工艺美术学院
　　　　学报）》第 1 期。

何　斌　2005　香港高等教育国际化现状分析，《比较教育研究》第 1 期。

独具特色的北大教育国际交流

张　健[1]　　庞志荣[2]

[1] 北京大学图书馆　[2] 北京大学国际合作部

提　要　国际合作与交流是一个大学国际化的重要标志，本文以北京
　　　　大学为例，从内容、分类、特点等多个角度全面介绍、分析
　　　　了独具特色的北京大学教育国际交流。

关键词　北京大学　国际交流

北京大学早在"十五"计划初期制定的发展规划总体目标里就提出：经过几个五年计划和奋斗，把北大建设成一所综合性、研究型的国际一流大学。作为国际性、开放性的大学，北京大学历来重视国际交流与合作，其外事活动在国内高校中规模较大、层次较高。

目前，北京大学已与世界上 49 个国家的 200 余所著名大学建立了校际交流关系。近三年来，到访的国外代表团约 500 多个，外宾人数超过 6 万人。接收了 80 多个国家的 1.2 万多名外国留学生。在邀请海外专家到北大授课方面，共接收长期专家约 200 名，短期专家近 1000 名。在校领导的大力支持和关怀下，每年的外专经费保证在近 500 万元人民币。同时，这三年来共派出赴海外参加交流、进修的师生达 15000 人次。

与北京大学进行校际交流的学校涵盖了世界主要国家中最知名的大学。近三年间，来访的校长代表团近 300 个，约占代表团总数的五分之三，更有 10 多位诺贝尔奖得主来访北大。报考北大的长期外国留学生（学位生）近 4000 人，居全国高校之首。北京大学在国际交流日趋活跃的今天，越来越多地出现在世界的

舞台上，其国际交流与合作的特色也越来越鲜明：

第一，世界名校纷纷在北大设立分校。因为随着中国国力的不断增强和国际地位的不断提高，众多世界名校越来越意识到中国的重要性，在其教育过程中不断激励其学生加强对中国的了解和研究；同时，中国的文化、历史和现状也吸引越来越多的海外学生申请到中国学习和交流。在这种大环境下世界知名大学纷纷在北大成立分校，创造良好的交流平台并选派学生到北大学习，与北大师生直接交流，加深了相互间的了解。同时这些项目也为北大师生提供了与一流大学先进教学、科研直接接轨的平台，促进了北大教育国际化的程度。目前此类项目包括：美国斯坦福大学成立北大分校——从 2004 年 9 月开始，斯坦福大学每年将派 200 多名学生来北大学习，由北大和斯坦福的教员联合教授英文课程，包括经济、文化、社会科学等领域。与此同时加州大学—北大国际学习联合中心、英国伦敦政治经济学院—北大暑期学校、北大—日本早稻田大学科学教研联合中心等重点交流项目纷纷开展。美国康奈尔大学和乔治亚理工学院也均希望在北大分别设立东亚研究项目和联合工程学教育项目。

第二，北大在校学生海外学习项目蓬勃发展。从出国数据统计来看，近年来，北大每年有约三分之一毕业生赴海外留学进修，而在校学生赴海外交流学习的机会和比例都比较少。与世界知名大学相比，北大只有 5% 的在校学生有过海外学习的经历。与斯坦福大学、哈佛大学 35%—45% 的出国比例相距甚远。为了培养国际化人才，创造在校学生海外交流机会，北京大学国际合作部于 2003 年成立了留学海外项目办公室，并把 2004 年作为北大学生海外交流年，积极创造条件，拓展海外学习项目。目前海外学习项目主要可以分为校际学生交流项目、暑期学校项目及学生社团的对外交流项目。

校际学生交流项目 北大与世界多所知名大学每年交换 1—2 名学生，为期半年至一年。其中包括美国哈佛大学、耶鲁大学、德国慕尼黑大学、佛莱堡大学、柏林自由大学、杜塞多尔夫大学、瑞典乌布萨拉大学、澳大利亚墨尔本大学、日本东京大学和早稻田大学。在法国巴黎高等师范学校中，北大交流学生同时在该校教授汉语课程，为校际交流学生开展了新的合作形式。

暑期学校项目 2004 年 7 月开设了"中国—欧盟奥地利暑期学校"，该项目由奥地利萨尔斯堡大学、欧亚太平洋（大学）网络主办，并得到欧盟的支持，今年已是第四届。北大是第三次参加，共选拔了 32 名本科生和研究生参加该团，于 7 月 7 日从北京出发，抵达奥地利后，在维也纳和萨尔斯堡参加奥地利方面开设的经济学方面的讲座，此外还前往法国和比利时等国家参观和学习。此次活动对两校间学术和文化交流有着巨大的影响。与此同时，北大学生赴耶鲁大学参加其暑期班项目也紧锣密鼓地开展起来。该项目是北大与耶鲁校长在 2005 年 4 月签署的"北京大学—耶鲁大学本科生合作协议"的一部分。根据协议，北京大学每年将派 25 名学生参加耶鲁大学暑期学校，耶鲁大学也将派出 20 名本科生来北大进行为期一个月的学习。这在耶鲁大学的历史上是很少有的举动。两校对该项目都给予了特别重视。2005 年 6 月 26 日首批赴耶鲁大学参加暑期学校的 25 人已赴该校学习。

学生社团的对外交流项目　北大积极为学生社团创造对外交流的条件和环境。学生国际交流协会成功举办了第一届"北大—哈佛大学学生交流营活动"和"北大—斯坦福大学亚洲论坛活动"。享誉海外的模拟联合国活动还赴海外参加世界模拟联合国会议，并成立模拟联合国全球领袖培养项目。

和国外政府、企业、跨国公司的合作项目　日本文部省、日本国际教育协会和日本学术振兴会分别在北大设立奖学金和建立中日据点大学项目以鼓励两国师生的校际交流与合作。2004 年 5 月，由丹麦政府资助成立哥本哈根青年论坛，惠普公司资助设立北大—曼隆学生交流项目。2003—2004 年度，世界银行共资助 10 名北大学生赴北京分部和华盛顿办公室分别进行为期一个月的实习。

第三，联合博士生培养项目不断发展。北大分别与莫斯科大学、日内瓦大学、鲁汶大学、早稻田大学、耶鲁大学和巴黎多所大学在不同学科领域建立了联合博士生培养项目。

第四，联合实验室与跨学科研究中心日益增加。北大分别在巴西、澳大利亚、日本、韩国、印度、希腊、意大利、德国、巴黎等国家和地区建立了 20 余所涉外研究中心。另外，北大还与耶鲁大学、摩托罗拉公司、因特尔、IBM 公司等高校、跨国企业和研究机构成立了 14 所联合实验室。

第五，独特的"大学主题日"系列活动。自 2001 年成功举办了"莫斯科大学日"活动以来，北大已成功举办了 8 个世界知名高校的"大学主题日"，包括莫斯科大学日、剑桥大学日、莱顿大学日、耶鲁大学日、巴黎高师日、牛津大学日和斯坦福大学日。来访代表团成员通过大学主题日活动，在北大举办介绍各学科领域最新研究成果的专题演讲，并寻求双方在多方面的实质性合作。

第六，文献资源方面国际联系发展显著。北大文献资源主要单位——图书馆的馆际互借发展很快，为全校读者提供面向国内外的院校图书馆或文献提供机构——如国家图书馆、中国高校人文社会科学文献中心（CASHL）、国家科技图书文献中心（NSTL）、香港大学图书馆、香港科技大学图书馆、匹兹堡大学图书馆、哈佛大学图书馆、美国俄亥俄州的联机图书馆中心（OCLC）、英国不列颠图书馆文献提供中心(BLDSC)、美国 UMI 公司、清华大学图书馆、中国科技信息所等请求提供原文文献复制及原文传递服务。其文献共享和传递的数量和质量均居全国高校图书馆首位。

第七，推出"国际文化节"品牌活动。2004 年 4 月，第一届国际文化节在北大成功举办。该项活动以新颖的方式在传播各国文化、增进各国留学生感情、促进各国学生交流等方面起到了很好的推动作用。

在当今知识经济起主导作用的时代，独具特色的北大教育国际交流在建设世界一流大学的进程中必将发挥更大的作用。

关于国家公派联合培养博士生留学效益的初步分析和探讨

——以"国家建设高水平大学公派研究生项目"为例

何　峰　　胡晓阳　　贾爱英

北京大学研究生院培养办公室

提　要　国家公派留学是出国留学工作的重要组成部分，自"国家建设高水平大学公派研究生项目"启动后，国内高校在读博士生以"联合培养"的方式赴国外一流大学学习和研究成为高层次国际化人才培养的重要模式，并取得了积极的成效。本文以北京大学的国家公派联合培养博士生为研究样本，归纳和总结其留学期间的主要学业活动和取得的留学效益，并进行初步分析和探讨。

关键词　国家公派　联合培养　效益

教育对外开放是我国改革开放基本国策的重要组成部分，在推动经济建设、教育进步、科技创新和对外关系发展等方面均具有重要的意义。留学工作是落实"科教兴国"、"人才强国"和"构建创新型国家"战略的重要组成部分，自 1978 年邓小平同志对出国留学工作作出重要指示以来，出国留学蓬勃发展，掀起了中国历史上最大的出国留学潮。据统计，从 1978 年到 2008 年底，我国各类出国留学人员总数达 139.15 万人，年度出国留学规模由 1978 年的 860 人发展到 2007 年的 14.45 万人，30 年扩大 168 倍，国家公派出国留学和自费出国留学两类形式均实现了快速发展[①]。

[①]　相关数据引自http://finance.ifeng.com/roll/20090930/1300126.shtml。

随着全球化的发展，当今世界各国在人才、科技、知识领域的竞争日趋激烈，世界各国在高等教育发展中都特别强调国际化的人才培养战略（刘军明，2008）。为配合我国新时期国家重大发展战略，培养一批具有全球视野和国际竞争力、能够提升我国自主创新能力的拔尖创新人才，国家留学基金管理委员会于2006年11月启动了"国家建设高水平大学公派研究生项目"，目的是通过国际化的途径，改革和完善人才培养模式，促进一流大学的建设，计划2007—2011年每年选派5000人出国联合培养和攻读博士学位。在该项目的资助下，大批国内在读博士研究生以联合培养的形式，到国外一流大学和研究机构访问学习和开展研究，博士研究生的中外联合培养真正成为我国高等学校博士生培养工作中的重要议题。

在"国家建设高水平大学公派研究生项目"的支持下，北京大学2007—2009年共计派出600余名在读博士研究生，以联合培养的身份，赴世界30多个发达国家的知名高校和科研院所，师从一流导师和专家学习并开展研究工作，覆盖文、理、工、医、社科等各个学科领域，在科学研究、人才培养、交流合作等各方面已初见成效。本文以北京大学在该项目支持下国家公派出国联合培养并已回国的160名博士研究生（其中理工科82人，人文社科78人）为样本，通过对调查问卷数据的统计分析和对留学人员撰写留学报告的整理归纳，对其留学期间的学业活动、学术进展等相关方面进行总结，作为对留学效益进行初步衡量和分析的基本维度，在此基础上总结国家公派出国留学联合培养对人才培养和科学研究的影响及作用，并就进一步提高公派留学效益、做好公派留学工作提出相关的政策性建议。

一、联合培养博士生留学期间的主要学业活动

博士研究生的联合培养，主要表现为：以导师或研究团队之间已建立的学术交流与科研合作关系、共同的学术兴趣和研究领域为基础，博士研究生在双方导师的共同指导下进行博士学位论文和课题的研究工作，并根据研究的需要和双方的特点及条件，博士生在读期间到对方院校进行课程学习、资料收集、课题研究、学术研讨等相关研究活动，完成学位论文后最终获得本校博士学位或联合培养双方院校共同授予的博士学位。"国家建设高水平大学公派研究生项目"启动

后，在读博士研究生以联合培养的方式，成建制、大规模、有针对性地派出到国外知名大学和科研机构，师从知名学者和专家，开展学习和研究，其在外期间的学业活动呈现多样性的特点。根据调查，联合培养博士生留学期间的主要学业活动有以下几方面：

1.1 课程学习

大多数公派出国的博士生利用联合培养的机会旁听或选修了外方学校的相关课程，课程类别主要集中于专业前沿课程、研究方法和学术规范类课程、语言学习和训练（主要是科技论文写作）类课程。国外高校特别是美国高校的博士生课程体系比较完善，对博士生在其专业领域内基础理论的掌握和研究方法的训练发挥了重要的作用。联合培养博士生通过课程学习，直接得到国外高校尤其是世界一流大学的学术培养，在理论知识、研究方法、学术视野、专业意识等方面得到了比较好的体验和训练。

根据问卷调查，80%的联合培养博士生留学期间旁听了外方院校的有关专业课程，平均每人旁听课程3门，16.25%的博士生选修了外方院校的课程并获得了学分[②]。通过课程学习，认为收获很大或比较大的比例达到75.63%，在对国外高校课程的评价方面，84.38%认为总体情况为"好"。课程学习的收获则主要体现在增长知识、扩大学术交流范围、体验教学环境、训练思维习惯、拓展研究领域、学习研究方法等方面。

1.2 课题研究

课题研究是联合培养博士生留学期间的中心任务，利用在国外的学习机会开展研究工作，为完成博士学业打下坚实的基础。对于大多数人文、社科类博士生而言，主要是利用国外的文献资料和资源，通过与外方导师的交流讨论，确定并不断完善博士学位论文的研究选题和研究设计，进入到具体研究和论文撰写阶段。对于大多数理工科博士生而言，结合博士学位论文的实际需要，积极参与外

---

② 博士生如在国外选修课程并获得学分，则涉及需要交纳学费的问题，因此选修课程的博士生比例较小，这也与50%以上的联合培养博士生在美国留学有关，美国高校的博士生教育在课程训练方面的规范性和严格性特点更为突出。

方导师的研究课题，参加所在实验室或课题组的研讨会，这是一种非常重要的学术参与形式，直接促进了研究的进展，并从中得到研究方法及技术、科研意识、治学态度、科研思维能力等多方面的熏陶和培养。

调查统计显示：33.75%的博士生留学期间直接开展了与博士学位论文完全一致的研究工作；35.63%的博士生利用国外文献、设备、方法、技术，拓展和充实原定的博士学位论文研究；14.37%的博士生通过文献收集和参与研究，明确和确定了博士学位论文的选题及内容；6.87%的博士生开展其他相关课题研究，调整或改变了原定的博士学位论文选题及内容；9.38%的博士生在外的研究工作与博士学位本身关联不是很紧密，主要是学习新方法、新技术，并扩展本人的研究领域和学术兴趣。

1.3 学术交流

国外一流大学开放的学术环境，使联合培养博士生有更多的机会和渠道参与学术会议、学术讨论等各种学术交流形式，通过与相关研究领域专家、学者的互动交流，展示自身的研究成果，审视研究过程和结果，拓展学术联系，也锻炼和提升了与学术同行进行交流与沟通的能力，并学会如何在学术活动中搜寻机会、挖掘资源，培养综合学术能力，为未来的学术发展和职业发展打下基础。

以参加学术会议为例，通过调查发现，76.88%的联合培养博士生在留学期间参加了本专业领域的国际性学术会议，其中：40%为专业领域顶尖会议，24.38%为专业领域规格较高会议，12.5%为一般会议。通过大会主题发言、大会一般报告和宣读论文、分组口头报告、张贴论文、出席和旁听会议、参与研讨等多种形式，在展示研究成果、扩大交流合作、扩展学术视野、发表科研论文等方面取得了不小的收获。

外方导师的指导和互动交流对于联合培养博士生的科研进展具有最直接的影响。例如：美国著名的中国史专家、美国人文科学院院士、加州大学尔湾分校彭慕兰教授每周固定两个小时，与其指导的一名北大历史系联合培养博士生面谈交流讨论相关问题，对该博士生开展研究起到极大的指导作用。留学期间，86.25%的联合培养博士生与外方导师通过电子邮件、电话、面谈等渠道保持了密切的沟通和联系，其中：96.38%是通过面谈的方式，平均每周面谈次数为2.32次；47.5%参与了外方导师的课题，开展合作研究，平均每人参与的合作研究课题数量为 2 项；64.38% 在研究中与外方的合作情况良好。同时，76.88% 与外方其他人员保持了密切的交流和讨论，78.13% 的博士生认为收获大，效果良好。合作的成果体现在完成课题研究、共同发表论文、拓展合作深度等方面，从更高层次的中外合作角度来看，在科学研究上取得重要成果、表现出优秀潜质的博士生，在符合相关规定的前提下，还可以申请外方院校的博士学位或获得双方院校共同授予的联合博士学位，从而将中外双方院校的合作层次提升至一个新的高度。

1.4 其他活动

在国外联合培养期间，博士生还参加其他各类活动，如我驻外使领馆组织的活动、中国留学人员的集体活动、留学院校的文艺体育等各类活动，展现中国公派留学生的良好形象。2008 年我国发生了南方地区冰冻灾害、四川汶川大地震等多项重大事件，主办了北京奥运会，在外的公派留学生积极参与赈灾活动、奥运火炬传递等，在经历和参与的同时，他们从不同的视角观察和分析这些重大历史事件，91.3% 的联合培养博士生认为更强烈地体会到国家认同和民族感情，丰富了自身思考问题的方法和角度，并更加自觉地维护国家主权和民族利益，从而对博士生自身的科研态度、思维方式、人生目标等产生了更积极的影响。

二、博士生中外联合培养的影响和效益

大规模的国内高校在读博士研究生，在国家留学基金的资助下到国外知名高校进行联合培养，对我国博士生教育的发展产生了积极的影响，在培养质量、研究水平、规范管理等诸多方面取得了明显的效益，并将继续发挥长期的影响。概括地说，主要可以归纳为以下几个方面：

2.1 研究能力的全面提升——研究质量的提高和高水平的论文发表

在联合培养的过程中，博士生通过参与学术活动，利用双方学校和导师在学术思想、理念和方法、资源和环境、交流平台等方面的不同优势，科学研究的视野得以开阔，研究能力和研究水平得以提高，其中，发表高水平论文是最直接的成果体现。在一流大学、一流学者的指导下，联合培养博士生更容易将其所取得的研究进展转化为实际的学术成果，在高水平的学术期刊上发表科研论文。由于所处一流学术环境，从论文选题、研究成果、写作规范、语言组织、投稿审核等各个环节上，联合培养博士生都获得了一定优势，也易于得到国际同行的认可。

在外学习和研究期间，48.8%的联合培养博士生发表了科研论文或论文已被接收即将发表，在外留学期间发表 SCI 论文的平均影响因子为 2.42，其中发表论文最多者在一年联合培养期间总计发表 12 篇科研论文，包括第一作者的论文 10 篇，12 篇论文中 SCI 收录 10 篇，平均影响因子达到了 4.3，其中有 8 篇为第一作者，取得了丰富的科研成果，在其所在专业领域内已经达到了比较高的科学研究水平，获得了外方导师和同行的充分认可。此外，留学期间，未发表论文的博士生，绝大多数均取得了良好的研究进展，撰写论文、修改完善、完成投稿，还有将所取得研究成果向所在国家申请专利等，因此实际取得的研究成果更多、更丰富。

2.2 接受规范的学术训练——研究方法和治学态度的培养

联合培养博士生在外留学期间，通过课程学习、参与研究课题、参加学术活动等多种形式和渠道，亲身体验并接受国外一流大学博士生教育的规范化培养，扩大学术视野，提升理论知识，训练学术意识，培养科学态度，使博士生对科学研究有了更深刻、更全面的认识，逐步培养未来研究者所应具备的基本科学素养和责任。试举三例：

（1）一位从加拿大多伦多大学联合培养留学回来的博士生，在回国总结中讲述其留学收获时提到："科学研究最核心的其实不是技术和手段，而是科学问题，如何剥茧抽丝地探询现象背后的实质，或者是一针见血地击中问题的核心，这些才是真正要学习的科研思维方式。"

（2）一位在美国麻萨诸塞大学从事合作研究的博士生描述了这样一番情形："论文写作中碰到一些困难，被导师接二连三地批评和数落，期间甚至有几次重大的情绪波动，投稿后收到审稿人的评论，我自己觉得不是文章重点的东西，审稿人却提出了问题，需要作更多的分析，我心里极为抵触。有一位老师告诉我，越是骂你骂得厉害的人，日后你会发现对你的成长和帮助就越大，虽然你可能闹情绪，觉得备受打击，这是对做科学研究的人心境和素养的一种磨砺和考验。导师也一直提醒我要克服研究过程中的情绪波动问题，养成处变不惊的心态。"

（3）一位国家公派至西班牙巴伦西亚大学从事合作研究的博士生在谈到其工作体会时说道："做研究时应该戒除浮躁的态度；追求文章的数量纵然很重要，可是应该对每篇论文都应该非常重视；不能轻易否定或者用一些不是很肯定的词来表达自己认为对的工作，应该不厌其烦地给别人解释自己的想法是什么，而不是一味接受别人的。"

2.3 为未来学术发展奠定基础——国际学术交流平台的建立

在国外一流大学的学习和研究经历，使博士生获得了充分的国际交往机会，参与各类学术交流活动，展示自身的研究成果，反思自身的研究工作，与国外专家和同行建立起学术联系，培养自身的综合学术能力，为未来的合作与交流打下基础。以北大工学院博士生组织的"演化动力学博士研究生国际研讨会"为例，从美国哈佛大学和加拿大不列颠哥伦比亚大学留学回来的联合培养博士生，在国外学习研究期间与所在学校和实验室的同行建立了稳定的学术联系，在"北京大学研究生国际学术交流基金"的资助下，组织并举办"演化动力学博士生国际学术研讨会"，邀请外方院校的有关专家、研究人员和在读博士生到北大共同参与研讨，深化双方合作，并由此建立起长期的学术交流平台和研讨合作机制，这是通过博士生联合培养建立起双方稳定学术联系的直接效果之一。

2.4 综合素质的提高——未来创新型领导人才的基础

联合培养博士生在外留学期间，面临国内外各种压力和国外多元性环境的影响，必须不断反思、调整自我、适应环境、实现目标，"中外联合培养"使其既有立足国情的本土性又有面向世界的开放性，综合素质得到明显提高。作为国家公派留学生，在国外多元文化的环境中，学会用更多的视角认识世界、思考中国，例如台湾问题、西藏问题、宗教问题等是在外留学时随时可能面临的考验，2007—2008 年间，奥运火炬传递受阻、四川汶川大地震、南方地区冰冻灾害等一系列突发事件，使留学生更深刻地体会到个人发展和学术成长与国家、民族命运的关系，提升了责任感和使命感，激励其努力成为创新型的拔尖人才和学术领军人物。

2.5 合作与发展的深入——中外联合培养的长远效应

通过"联合培养"形式派出博士生，直接的效益是博士生本人学术水平、科研能力和综合素质的提高，同时，联合培养博士生也成为了中外导师及所在研究团队之间联系与交流的纽带。通过博士生的研究工作，将双方各自的优势结合起来，在完成自身研究的同时，往往还能协商并发掘双方进一步合作的契合点，为双方导师、研究团队之间未来的深入合作打下基础。对于一些新兴学科或交叉学科，通过博士生的联合培养，无论从研究内容、理念、技术、方法，还是团队管理模式等其他方面，其受益是全方位的，对自身研究团队建设具有长远的效益。联合培养博士生作为中外交流的桥梁，促进了双方合作平台的建设和发展，而这将成为未来推动科学发展的动力，在一流大学的建设中发挥长效的作用。

三、进一步提高国家公派留学效益的政策建议

博士研究生的培养质量对于提升我国整体创新能力和国际竞争力具有重要意义，自"国家建设高水平大学公派研究生项目"启动后，国内高校在读博士生以"联合培养"的方式赴国外一流大学研修学习已取得了积极的成效，同时也反映出一些问题。为进一步提高国家公派联合培养的留学效益，本文在分析和研究的基础上，提出以下三方面建议。

3.1 结合"创建世界一流大学"总体目标，进一步提高选派质量

学科建设是"创建世界一流大学"的中心任务，人才培养是"创建世界一流大学"的基本载体。不同的学科存在不同的特点，其自身发展状况也各不相同，根据学科特点，确定派出目的是保障效益的前提，结合学科建设和学校发展的内在需要，国际化的培养才能最终落实到博士生培养质量和学科建设水平的提高，才能推动"创建世界一流大学"总体目标的实现。

例如，理工科实验科学，一般中外双方具有相同的研究兴趣和领域，或者使用相同的研究方法，课题组之间可能已建立起紧密的合作，在实验方法、仪器、设备和研究理念等方面双方则各有优劣；对于社会科学而言，研究者关注同样或相似的社会现象，其研究对象所处的国家或背景不同，可能使用相同的研究方

法；对于人文学科来讲，更多的是借助对方的研究视角和文献资料。因此，派出前应该明确，通过联合培养对博士生自身的学术成长和所在学科和团队的发展发挥何种作用，是着眼于直接的研究成果的取得，还是研究方法的学习和先进设备的使用，或者是自身团队知识和人员结构的补充，在此基础上选拔优秀博士生，根据其自身特点，切实做好诸如制定详细的研究计划、建立双方导师的有效沟通机制等一系列的准备工作。

结合不同学科的特点，明确联合培养的目的，更有针对性、有质量地选派博士生出国学习，对于提高联合培养的留学效益有着直接的影响，从而实现培养高层次人才、促进中外交流、提高科研水平、推动学科发展等多方面的综合效益。

3.2 建立和完善配套机制，为进一步提高留学效益提供保障

以国家公派形式派遣留学生出国学习，是一项复杂的系统性工作，因此，需要面向国家公派留学生，建立和完善相关配套机制，从而为留学效益的保证及进一步提高提供有力的外部保障。

例如，现行的国家公派留学资助标准自 2003 年实行至今，与当前国家公派留学生在外留学的实际生活需要已有一定差距，在调查中，96.86% 的联合培养博士生认为与当地平均生活水平相比处于中等及以下水平。随着我国政治、经济、文化各项事业蓬勃发展，综合国力明显提高，应考虑适当提高国家公派留学的资助标准，为留学生在外的学习和生活提供更好的经济保障，保证其安心学习、专心研究。

另一方面，留学生在外学习期间面临来自各方面的压力和影响，心理健康和安全教育的问题需要得到足够的重视。近年来，公派留学生在外人身和财产安全、心理方面出现问题的现象已经屡见不鲜，这就需要派出高校和我驻外使领馆进一步加强对公派留学生的安全教育，尤其是在身心健康方面应建立有效的应对和引导机制，保障其在外学习和研究工作顺利开展，从而保证国家公派的留学效益。

同时，结合留学人员归国后的学习、科研和工作，在毕业生就业、人才规划和使用等方面应创造更有利的环境，可考虑设立国家公派留学生回国科研经费专项支持等多种形式和渠道，建立和完善激励机制，保证公派留学效益的长期可持续发挥。

3.3 探索制度创新，深化国际交流与合作

高等教育的国际化是当前世界教育发展的趋势，"国家建设高水平大学公派研究生项目"实施以后，我国的研究生教育国际化从规模和质量上都得到了迅速的发展，高层次人才培养的国际化模式逐步向培养目标、管理模式、学位制度等深层次方向推进，探讨并发展"联合博士学位"、"双博士学位"等高等教育领域的新事物，以及与此相关的发展理念、培养模式和制度建设。

通过联合培养的模式，双方导师、课题组、学校的双边合作不断深入，可考虑建立专项基金用于支持双方导师的学术交流与合作，进一步拓展博士生联合培养的内涵及类型。加强制度研究，探索制度创新，进一步深化国际合作，既是保证和提高国家公派留学效益的重要途径，也是今后国家公派留学工作的主要任务之一。

参考文献

陈学飞 2003 《留学教育的成本与收益：我国改革开放以来公派留学效益研究》，北京：教育科学出版社。

刘军明 2008 发达国家高等教育国际化政策的发展，复旦大学 2008 年硕士学位论文。

皮特·斯科特 2009 《高等教育全球化——理论与政策》，北京大学出版社。

田　玲 2003 《中国高等教育对外交流现象研究——北京大学与清华大学个案分析》，北京：民族出版社。

国际合作项目是培养国际型人才的一条高效、低耗的人才培养途径

倪立红　　张学琴　　李　莉

中国农业大学国际合作与交流处

提　要　在加速建设世界一流农业大学的进程中，发展国际合作项目
对于国际型人才的培养具有重要意义。本文分析了国际合作
项目的几个重要特点，详细介绍了中国农业大学几个重要的
国际合作项目在学校国际型人才培养方面发挥的重要作用，
同时分析了国际型人才的培养反过来又促进了学校国际合作
项目的更好开展。

关键词　国际合作项目　国际型人才　人才培养

国际合作项目与人才培养有着密切的关系，二者相互促进、相互依存。国际合作项目的开展培养了大批科学技术人才，而人才的培养又将会促进国际合作项目的开展。

一、国际合作项目的特点

1.1 国际性

国际合作项目在人才培养上有其自身的特点。何为项目？项目是在一定期限、一定范围内完成的某一项任务，并达到预定的目标，包括工业项目、农业项

目、科学技术研究项目等等。具体范围可以涉及各个领域，规模有大有小，经费有多有少，按项目的实际需求程度及社会的财力而定。不管是哪一个领域的项目，项目的共同点就是它的时间性和任务性，所以每一个参加项目的成员都必须具有极大的责任感和使命感，国际合作项目也不例外。每一个参加项目的成员在完成分配给自己的任务的同时，既为完成项目作出了贡献，也提高了自己，培养了自己。国际合作项目是超越国家，与其他国家合作共同完成的项目，或者是国际组织确定的项目，项目本身具有国际性，是合作双方共同关心的、具有国际水平的研究课题，其研究的内容直接与国际接轨。

1.2 集体性

项目无论大小，均需要多个领域、多个方面专业人才的交叉合作，尤其是大的合作项目。一个大项目往往包含着若干个子课题，实行责任制，每一个小组完成一个部分，最后各部分衔接组装在一起，就完成了预定的任务，达到了预期的目标。在完成项目的过程中，每个人的聪明才智得到充分的展示和最大限度的发挥。

1.3 创造性

科研项目的性质决定它不是重复前人做过的工作和简单的学习，科研是一种创造性的工作，需要不断地创新。所以每个参加科研工作的人员必须不断学习最先进的科学技术。新世纪伊始，国家自然科学基金委为了完善科研人才资助体系而设立的创新研究群体科学基金，是在已有的青年科学基金、国家杰出青年科学基金、海外青年学者合作研究基金的基础上，选拔以优秀青年学者为学术带头人，具有创新能力和团结协作精神，人员结构合理的研究集体给予资助。我校以陶澍教授为带头人的这个研究群体名列全国首批入选的6个群体之中，他们将获得国家自然科学基金委360万元的经费支持。

我校广大留学回国人员获得的这些成果说明，对广大留学回国人员，尤其是尖子人才在科技创新中的骨干作用要予以充分重视。学技术和实验方法并运用在工作中，才能使研究达到预期的效果，具有先进的水平。学习新知识、改造自我是参加项目的工作人员的必修课。因此，参与并完成国际合作项目，可以培养和造就一大批理论与实践结合的人才。

二、国际合作项目推动我校人才培养

改革开放后，我校抓住一切机会加强与国际联系，先后与 38 个国家和地区的学校和科研院所建立了校际联系，争取到多个国家合作项目，为学校的建设和人才培养开创了一条新的路子。现在我校中青年教授、副教授极大部分是在国外获得博士学位的，而这些人中有相当一部分是我校通过国际合作项目培养的。例如中德合作项目、农业遥感合作项目、中加合作项目等等。

2.1 中德合作项目

我校与德国霍恩海姆大学于 1984—1994 年的二期项目合作为我校培养了 21 名博士。50 多位教师在德进修学习，140 多位教师赴德短期合作研究。德国政府为该项目提供 1660 万马克。经费用于 14 个农业应用课题的合作研究、人员培训、"综合农业发展中心"(CIAD) 的建立等。项目执行期间，德方的专家学者来华讲学 159 人次。德国专家学者及德 GTZ 官员来校指导 200 余次。德国霍恩海姆大学校长、经济学家莱施教授在项目执行期间来校讲学 22 次，在 1980 年农大举办的有全国 100 多位教师参加的"生产经济培训班"上，他在我国第一次系统地从农业经济角度讲述了市场经济理论，为我国农业领域实行经济改革的社会主义市场经济播下种子。他为我国培养了 7 名博士。该校植物营养学专家、国际植物营养协会主席马施纳尔教授 12 次来校访问，亲自讲学。中德合作项目由于他的积极协调、组织，二期项目均得到正常运作、圆满完成。他为我国培养了近百名科研人员，其中有我校的 5 名博士和十几名科研人员。莱施教授和马施纳尔教授均为我国作出了极大的贡献，二人均获中国政府授予的"友谊奖"。中德 CIAD 合作项目经中德专家评估，一致认为取得巨大成功，收到极大的效益，项目为我校及全国培养了大量的人才，为我校创建了 11 个现代化的实验室、两个新的专业，新建和装备了"综合农业发展中心"，大大改善了我校的教学、科研环境，为我校的人才培养、教学科研水平的提高起了巨大作用。该项目还在农村推出了 25 项新技术，为推广新技术举办的 222 次培训班培训 2 万余人。

在 CIAD 项目合作的基础上，1998 年 11 月获得德国教育科研部（BMBF）批准正式开始实施"华北平原作物高产及高生产力条件下环境可承受的持续农业研究"（1998—2003）合作项目，进入中德合作的第三期。本项目设 8 个课题，涉及 9 个专业研究方向，建立了一个占耕地 258 亩的综合试验场，在试验场连续四年进行了作物生产和蔬菜生产的超大区试验。项目期间召开中德双边学术讨论会 8 次。专家人员互访交流达 118 人次，其中：中方研究生赴德学习交流 26 人次，技术人员和教授访问德国 24 人次；德方研究生来华合作研究 24 人次，技术人员和教授来华访问 44 人次。另外，4 位德方专家和 6 位博士生长期在华工作。项目共培养中、德双方博士生 22 人，硕士生 11 人，博士后 2 人，不少在项目中工作过的博士生、博士后现已成为中国农业大学或其他单位的学术骨干。共发表科研论文 100 余篇，其中 SCI 论文 30 余篇。2004 年德国霍恩海姆大学的李比希教授获中国政府授予的"友谊奖"。

2004 年中德国际教育科研合作项目"华北平原集约化作物生产体系中资源的可持续利用"的签署，预示着中德项目又迈入第四期合作。项目共在华北平原设立了 3 个试验基地，分别位于北京的东北旺乡、河北的吴桥县和河北的曲周县，代表华北平原的北、中、南部。到目前为止，三个试验基地的试验工作全面展开。项目执行期间专家人员互访交流达 277 次，其中：中方研究生赴德学习交流 74 人次，技术人员和教授访问德国 31 人次；德方研究生来华合作研究 94 人次，技术人员和教授来华访问 88 人次。项目第一期成功举办 6 期研讨班，其中 4 次在中国举行，两次在德国举行；项目第二期也已举办了 3 期研讨班，两次在德国，1 次在中国。参与项目中德双方博士生共 64 人，其中中方博士生 40 人，博士后 1 人。公开发表论文 33 篇，其中 SCI/EI 论文 19 篇，国内核心期刊论文 11 篇，会议论文 3 篇。中德项目为我校科研教学步入国际化提供了机会。

我校现有中德合作项目 5 个，其中 2009—2013 年"华北平原集约化作物生产体系中资源的可持续利用"项目就是在原来中德合作项目的基础上发展来的。德国基金会（DFG）资助 300 万欧元，该项目在对等的原则下，中方由教育部、农业部、国家自然科学基金委、科技部、国家外专局、北京市科委、北京市自然科学基金委及中国农业大学等部门提供相应配套经费。该项目涉及农学、土壤、植物营养、环保、农药、生态、信息、农经等学科，进行自然科学与经济、政策、社会发展等多学科联合攻关研究，同时集科学研究和人才培养为一体。该项目对我校以上学科的发展及参加项目人员科技水平的提高提供了良好的条件。

2.2 农业遥感合作项目

我校的农业遥感项目是由国际项目发展来的，该项目由联合国粮农组织和国际开发署援助，在 1979—1987 年项目执行期间，邀请 40 多位国际农业遥感专家来讲学和工作，举办了 19 期全国性培训班，为我国培养了 500 多名掌握农业遥感技术的专业人员，为我校装备了具有国际先进水平的遥感实验室。培养的专业人员运用遥感技术在我国农业科学研究中进行资源调查，在土壤动态监测、作物估产、作物生态、农业气象、水土流失、草原规划与利用等方面发挥了有效的作用。

2.3 中加合作项目

1981 年，我校与加拿大圭尔夫大学合作，以机构合作形式列入加拿大国际开发署 (CIDA) 资助，我校有 11 人到该校攻读学位，26 人进修学习，圭尔夫大学有 36 位教授来校讲授 13 门课程，这对改革开放初期我校的建设起到了相当大的促进作用。

三、人才的培养又促进了国际合作项目的开展

项目培养造就了一批新型的人才，他们是国家的未来和希望，他们在项目的执行中丰富了自己，提高了自己的能力和科技水平，已逐渐成为业务骨干和学科带头人。我校资环学院院长张福锁教授就是我校中德合作项目培养的一位博士，现是植物营养学的学科带头人、长江学者。由他牵头的"华北平原作物高产及高生产力条件下环境可承受的持续农业研究"等 9 个项目的新一轮中德合作已顺利开展。我校有 30 多名教授、副教授及科研人员参加该项课题，另外还有 29 名博士生、硕士生也参加了该项目。该项目 9 个子课题负责人中有 6 位是中德合作项目培养的博士。

项目不仅为学校带来巨大的经济效益，也为学校培养了大批有真才实学的人才，由项目培养的人才比直接派往国外学习的人员具更多的优点。首先，项目研究的课题符合中国国情，是我国亟待解决的课题，课题结合我国国情，是我国具有国际水平的研究。参加课题的人员在工作中学习和掌握了该领域国际最先进

的科学技术；其次，由项目派遣出国学习具有明确的目的，有很强的责任感；集体的培养和协议的压力，使他们既能够体会到单位对他们的关心，又能在工作中严格要求自己，努力工作，出色地完成任务。由项目派出的人员大多都能按时回国，且回国后马上投入本职工作，工作成绩出色。

国际合作项目为我校培养了大批高水平的尖子人才，他们善于将自己的科研与国际接轨，国际型人才的成长为学校在国际上声誉的提高和国际合作的进一步开展创造了良好的条件。

开展多样化国际合作项目
培养具有国际视野的应用型人才

李 岩

北京联合大学应用文理学院

提 要 随着高等教育国际化进程的日益加速，国际社会大环境对高等教育的人才培养目标也提出了新的要求，即高校必须以培养具有开阔的国际视野、较强的国际交流能力和国际竞争力的人才为目标之一。实现这一目标可以通过开展国际合作项目、培养国际化师资队伍、引进国外优质教育资源、国内外课程接轨等方式。本文主要探讨如何通过开展国际合作项目这一途径实现人才培养目标，进而促进学科的建设与发展，推动高等教育的国际化进程。

关键词 国际合作 多样化 项目 国际化

随着经济全球化的进程，高等教育国际化也日益加速，内涵也越来越丰富，联合国教科文组织的国际大学联合会把国际化定义为："高等教育国际化是把跨国界和跨文化的观念和氛围与大学的教学工作、科研工作和社会服务等主要功能相结合的过程。"（希明，2002）可见，高等教育国际化包含几个层面的含义：一是教学的国际化，可通过合作办学、课程接轨等方式实现；二是科研的国际化，可通过学术交流、课题合作等方式实现；三是社会服务的国际化，主要指高等教育培养的人才应具有开阔的国际视野、较强的国际交流能力和国际竞争能力，以适应高等教育国际化新的需要，从而更好地为社会服务。如何培养具有国际化视野的人才？北京联合大学应用文理学院主要通过开展多种形式的国际合作项目来实施。

一、我院国际合作项目的形式及成效

在当今教育国际化的时代，要想与国际接轨，高校必须探索多样化的国际合作项目。近年来，我院大力开展国际交流与合作工作，先后与新西兰、韩国、美国、英国、瑞士、法国等国外大学开展国际合作教育项目，建立了校际合作关系，注重从不同的层次、以多种方式开展国际合作项目，培养具有国际视野的应用型人才。

1. 校际交流项目

在教育国际化激烈的竞争时代，各国高校纷纷开展校际交流项目，给学生提供出国学习的机会，提高学生的综合能力。为了使我院学生在大学期间有海外学习的经历，提高国际竞争力，我们积极开展校际交流项目，每年选派学生赴港澳台地区或国外进修学习，时间为一个学期或一年。如派国际金融与财务学系优秀学生赴瑞士苏黎世经济贸易大学攻读金融管理专业，该校拥有全瑞士最大的职业研究管理体系，而今我院派去的几名学生都已顺利毕业，并在当地找到了理想的职业。

法国英赛克商学院每年接收我院 2 至 5 名四年级的学生前往学习一年，这些学生享有全额奖学金，主要是选修英文授课的课程，成绩合格者该校颁发第二学位。我院学生还可到韩国建国大学、台湾云林科技大学、香港岭南大学等大学进行一个学期的交流学习。

通过开展校际交流项目，学生了解了先进的教育理念、学习了不同领域的文化知识，开阔了专业学习的视野，通过和不同国家的学生在一起学习交流，也逐渐提高了学生的国际交流能力。

2. 海外学期项目

为了提升我院学生的英语水平，我院每年派学生出国培训英语，主要利用寒暑假期间，到国外大学进行为期 12 周的语言培训（包括部分专业课），通过该校结业考试，我院承认其学分，认可其成绩。我院与英国剑桥地区学院、新西兰林肯大学、美国特拉华州立大学开展该项目的合作。

通过专门的语言培训，学生的英语水平大为提高，为今后的职业规划打下了良好的基础，很多学生参加完这个项目后都选择了赴海外留学。

3. 带薪实习项目

2009 年我院开始开展学生赴美国带薪实习项目，学生在美国的企业进行实习，同时获得一定的薪资以支付生活费用，减轻了家长的负担。第一年只有 6 名学生参加该项目，感觉收获很大。学生回来后，将自己的亲身经历、收获介绍给其他同学，激发了同学们参与该项目的兴趣，2010 年，我院有 20 多名学生参加该项目。

通过该项目，来自世界各地的大学生能够深入了解国外文化，锻炼了独立生活和解决问题的能力，增强了国际交往能力，提高了社会认知能力，并在纯粹的语言环境中提升了英语听说能力。

4. 夏令营项目

为了使学生在短期内既能了解国外文化，又能学习英语，我们开展了夏令营项目，短短的两三周，同学们收获很大，既强化了语言，又实地了解了国外文化。一些平时对英语"羞于启齿"的同学，通过学习及与外国教师面对面的不断交流，逐渐改正了学习英语的不正确态度。通过与外国人的英语交流，同学们从最开始的紧张、不敢说、说不清，到放松、追着说、表意明确，增强了自身英语在实际交流和应用中的自信心，提高了英语学习的兴趣和口语水平。

5. 硕士项目

我院的研究生工作刚刚进步，目前只有历史系和生物系有招收研究生的资格，为了给学生们更多的深造机会，我们与英国、美国、加拿大的一些大学进行合作，培养更多的高学历人才。

我院与英国罗伯特·哥顿大学签署了两校教育合作备忘录。该校建于 1750 年，坐落于阿伯丁，拥有近万名学生，它以优质的教学和研究而著称。凡我院本科毕业生获得学士学位者，英语通过雅思 6.5 分，或通过英方教师的考试及面试，均可进入该校攻读硕士学位，研究生专业不受本科专业的限制。学生在英国一年可拿到硕士学位，毕业后可有两年的工作签证，每人均可申请到 1000 英镑的奖学金。我院目前已有新闻传播系、广告系、国际金融与财务学系等 30 余名学生到该校学习，多数同学成绩优异，有的同学完成学业后在当地工作，如外语系 2001 级 1 名学生在苏格兰皇家银行工作。

我院还与加拿大蒙克顿大学、加拿大安大略理工大学、美国北帕克大学、瑞典林雪平大学等建立友好合作关系，我院的学生都可前往攻读研究生。

通过开展以上国际合作项目，不仅提高了学生的外语水平、学历层次、培养质量，也提升了我院的办学层次，培养了具有国际视野的应用型人才。

二、落实国际合作项目的有效途径

我们通过不同渠道建立了多种形式的国际合作项目，但是如何使国际合作项目落到实处，使项目广为人知，并且使学生主动参与，从而达到培养人才的目的？我们认为，必须深入落实开展国际合作项目的有效途径。

1. 引导学生，强化意识

我们充分利用互联网、电子邮件、宣传栏等资源，向学生宣传国际合作项目，尤其是在新生入学教育阶段，就对其开展国际合作项目的介绍，使其树立参与国际合作项目的意识，并为之作好准备。目标明确后，学生们就会关注项目动态，积极加强外语的学习，提高自己的竞争力，当参加国际合作项目面试时，能够得心应手，获得选拔资格。

2. 制度保障，政策支持

我们出台一系列规章制度，以使国际合作项目有章可循，如《北京联合大学应用文理学院交流生管理规定》、《北京联合大学应用文理学院国际合作项目管理办法》等。通过制度的建立，加强对参与国际合作项目学生的管理，责权明确。

为了鼓励品学兼优的学生积极参与到国际合作项目中来，学校特别拨出专项经费，支持优秀学生出国留学，为他们提供奖学金，解决学生的后顾之忧。

为了减轻学生在国外的学习压力，我们给予学生一些政策支持，如学生由于在国外学习，不能参加毕业论文答辩，我们采取网上答辩的形式。再如，学生由于参加了国际合作项目，不能参加毕业专业实习，我们认同他在国外进行的实习，可以进行学分互认。

3. 积极引智，提高竞争力

高等教育的新形势要求我们必须不断引进国外优秀智力资源以促进我国先进的生产力的发展，要求我们大力引进国外优质教育资源、先进的教育内容、方法与管理经验，提高教学水平和教育质量，增强教育的整体实力和市场竞争力，提高学生的国际竞争力。

我们有效利用外专、外教资源，请他们为学生开设语言培训课、英美文化课等，使学生在提高外语水平的同时，对国外的文化、风俗等有一定的了解，增强国际竞争力，以便出国时尽快适应国外环境，更快更早地投入到学习之中。

4. 激励机制，齐抓共进

为使国际合作项目能够深入落实，我们采取激励机制，对于宣传国际合作项目效果好、参加国际合作项目人数较多的系进行表彰与奖励。如新闻传播系动员学生将国际合作项目介绍做成宣传片，在课间播放，使学生们充分了解项目，耳濡目染，师生共同参与，从而使出国留学人数逐年上升。

三、对实施国际合作项目的展望

高等教育国际化的要素是：学生流动、课程、国际学生、教师交流、国际合作开发项目及研究（许青云，2008），其中，国际合作项目的开发与实践是实现高等教育国际化的重要因素。

今后，为更好地开展国际合作项目，我们还需下大力度，如实行课程国际化教学改革，以一部分课程为重点，引入国际先进教育理念和质量观，采用国际先进的教育方法，逐步达到国际化标准；根据学生需求，加强对学生外语的培训，开设语言培训班、雅思强化班等；进一步做好交流学生的规划、监督与评价工作，尤其是项目结束后的质量跟踪与成果调研；建设国际化教师团队，"拥有国际知识和国际意识的教师才能培养出具有世界意识、全球观念以及掌握世界科学知识的国际人才"。(穆旭，2008) 我们要有计划地派教师出国进修，提高业务水平，更好地培养具有国际视野的应用型人才。

中国要在全球化中占有一席之位，人才的支撑是必不可少的，正如温家宝总理所说："国运兴衰系于教育，只有一流的教育，才有一流的人才，才能建设一流的国家"。人才的培养是国家核心竞争力的关键因素之一，国际竞争愈来愈体现为知识和人才的竞争，当务之急是要造就一大批具有"国际意识、国际知识、国际交往能力、国际竞争力的人才队伍"(荣毅钟，2009)，积极拓展国际合作项目有利于使学生理解多元文化，在国际文化交流中充分沟通思想、创造知识，从国际社会的广阔视角出发判断事情，成长为具有"全球意识和国际视野的人才"(刘国福，2008)。

参考文献

刘国福　2008　大学国际化探讨，《太平洋学报》第 2 期。

穆　旭　2008　关于推进高校国际化进程若干问题的思考，《沈阳教育学院学报》第 2 期。

荣毅钟　2009　新时期高校外事管理工作改革探析，《广西民族大学学报》第 11 期。

希　明　2002　高等教育国际化问题探析，《社科纵横》第 8 期。

许青云　2008　加拿大高等教育国际化的思考与启迪，《河南大学学报》第 5 期。

浅谈中央民族大学出国留学工作

赖力静

中央民族大学人事处

提　要　有计划地选派教师出国留学，有利于借助发达国家雄厚的科
技力量和经费资助，促进我国高校师资队伍学术水平的提高。
因此，做好出国留学工作至关重要。本文从中央民族大学出
国留学工作实际出发，在分析学校出国留学工作不足的基础
上，提出了完善中央民族大学出国留学工作的建议，以期对
日后中央民族大学的出国留学工作有所裨益。

关键词　出国留学　师资队伍　考核管理机制　激励机制

随着全球化进程的加速推进，高等教育的国际化已经成为当代高等教育发展的潮流。在这个趋势的推动下，各国的高等院校都希望通过不断拓宽校际合作与交流的渠道，提高师资队伍的国际化水平。因此，努力做好师资队伍的出国留学选派工作，对优化学校师资队伍的整体水平、提高师资队伍的整体素质至关重要。本文结合中央民族大学出国留学工作的实际情况，谈点体会和认识。

一、中央民族大学出国留学工作现状

1.1 中央民族大学出国工作预期目标

中央民族大学是国家民族事务委员会直属的综合性重点大学，是全国唯一

进入国家"211 工程"和"985 工程"的民族高等院校，在我国高等教育体系和民族团结进步事业中具有十分重要的地位。为更好地推动人才强校战略，加强中央民族大学教师队伍建设，特别是青年骨干教师队伍的建设，加大青年骨干教师赴国外高水平大学研修的力度，中央民族大学在认真研究学校的办学传统、专业特色、师资队伍现状等情况的基础上，确定选拔教师出国留学所要达到的预期目标，即培养一批具有一定创新能力和发展潜力的骨干教师，大力提升教师队伍整体水平和中央民族大学办学的核心竞争力，为民族高等教育的发展提供实力雄厚的中坚力量。

1.2 中央民族大学出国留学工作的配套措施

为了加强中央民族大学出国留学工作的顺利开展，我校从多方面为教师提供出国留学的各项便利设施和条件。

第一，提供机会让教师提高英语水平，为出国留学奠定坚实基础。为加强"青年骨干教师出国研修项目"教师的英语水平，使其能在国外更好地展开学术交流与合作，我校不仅鼓励他们参加全国外语水平考试（WSK）和教育部指定的出国留学人员的相关语种培训，还提供机会让他们报名参加学校的双语教学师资班。截至 2009 年，中央民族大学双语教学师资班已经连续开设了 6 期，共 112 人次参加培训，培养了一批具备双语授课能力和资格的优秀教师。通过"青年骨干教师出国研修项目"与双语教学师资培训项目结合，青年骨干教师们不仅巩固和提高了英语水平，为出国访学作好充分准备，同时也为归国后从事双语课程教学打下良好的基础。

第二，为出国留学提供经费支持，保障出国留学的正常运行。以国家留学基金管理委员会的青年骨干教师出国研修项目为例，从 2005 年至 2009 年，我校为教师提供经费共计 615.66 万元。

第三，学校在政策上向参加"青年骨干教师出国研修项目"的教师倾斜，对派出人员出国期间的工资及各种福利待遇按在职人员对待，体现了鼓励青年骨干教师出国进行学术交流合作，鼓励青年骨干教师赴国外知名大学丰富其学术阅历、拓宽其学术视野的管理思想。通过政策上激励，从而促使广大教师和教学管理人员乐于从教、积极主动提高教学科研水平，在全校形成尊重人才和重视学术的良好氛围。

1.3 中央民族大学历年出国留学工作成绩

中央民族大学在国家相关部门的支持下，根据各学科发展的需要，根据师资队伍建设的需要，通过各种渠道，择优选派了中青年骨干教师以高级访问学者、访问学者等形式出国访学进修。从 2005 年至 2009 年，中央民族大学公派出国项目共派出 218 位留学人员。其中正高职称的有 35 人，副高职称约有 40 人，博士导师 2 人，曾担任校级领导 2 人，院系中层领导 10 人，现担任校级领导 1 人，院系中层领导 30 人。在这 5 年时间里，学校资助有学术研究潜力的中青年骨干教师赴国外名校交流进修，不仅提高了教师的英语水平，更提高了教师的理论素养和科研水平，同时也为归国后从事双语课程教学打下良好的基础。通过鼓励青年骨干教师赴国外知名大学访学深造，丰富其学术阅历、拓宽其学术视野的管理思想，必将推动民族高等教育的发展，促进我校师资队伍教育教学水平和学术科研水平的提高。

二、中央民族大学出国留学情况存在的问题

目前，我校的出国留学工作为我校中青年骨干教师队伍素质的提高、业务的增强提供了很好的平台。但是也存在一些问题。主要表现在以下几个方面：

2.1 对出国留学工作的整体规划尚有欠缺

目前，我校出国留学工作主要是以国家留学基金管理委员会开展的出国访学项目为主，其他校际合作项目为辅。由于缺乏对出国留学工作的整体规划，出国留学工作的开展主要是几个零散的点，而没有形成完整的体系。比如对每年要选派多少教师、达到怎样的出国访学效果等问题还缺乏清晰的认识。

出国留学选派工作不是一项简单孤立的工作，它是高校师资队伍建设的基础。夯实了基础，才有发展后劲。由于从时间安排到内容设计缺乏整体规划和阶段性目标，出国留学选派工作表现出较大的不确定性，致使有的培训流于形式而无实质性的效果。

2.2 出国留学工作缺乏有效的考核管理机制

任何一个系统，只有通过信息反馈才能实现有效的控制，从而达到预期目的，提高效益。目前，各高校都制定并实施了对教师出国访学的规划，但大部分高校对师资队伍的培养和提高缺乏定期考评机制，"重培训形式，轻培训实质"，对如何加快中青年教师的成长缺乏科学指标和强有力的措施，出国留学培养工作还存在一定的盲目性和自发性。

由于缺乏有效的监管和沟通机制，对出国的中青年骨干教师进行有效管理和监控的难度较大，不利于学校及时了解中青年骨干教师出国的研究成果和学术收获，也不利于学校发现出国选派管理中存在的疏漏和不足。

2.3 缺乏对教师出国访学的激励机制

随着学校的不断扩招以及教学管理和科研管理的规范化，大部分教师由于担负着繁重的教学、科研任务而无暇顾及自身的培训和提高。另外，出国访学与职称评审、工资待遇缺乏有效的制度衔接，由于参加培训影响教学和科研任务，可能会对教师的职称评审和工资待遇造成影响，极大地影响了教师参加培训的积极性。

三、完善中央民族大学出国留学工作的建议

3.1 加强对出国留学工作的整体规划

基于出国留学工作的重要性，学校应把阶段性计划和长期发展规划有机结合起来，克服短期行为，建立对出国留学工作的整体规划和长效的出国留学遴选机制，使高校教师在出国访学的过程中得以拓展学术视野，并不断发挥外部效应促进学校发展。

具体而言，学校应将出国留学工作紧紧镶嵌于学校的整体发展规划。在制定出国留学工作的规划时，注意从专业建设、人才队伍建设和学科发展情况等情况综合考虑。学校应以长远的战略眼光，加强对出国留学工作在师资队伍建设中的重要作用的认识，将培训出国留学工作规范化、制度化。

3.2 建立长效的出国留学的考核管理机制

建立长效的出国留学的考核管理机制既有利于提高培训的质量，也给日后的出国留学工作奠定了基础。由学院负责与学院派出教师定期联系，学院定期向人事处师资部门汇报学院派出人员的总体留学情况和访学效果。出国人员回国后，对出国访学人员的考核方式主要有访谈、问卷、书面总结，从宏观与微观、定性与定量、全面与局部等不同角度进行了解，以获得对出国访学效果的全面认识。通过考核确定具体的出国访学项目的内容是否有价值，这样对于以后选择出国留学项目和遴选接受培训人员工作都具有很好的参考价值和指导意义。

3.3 建立并健全教师出国留学的激励机制

学校应采用优惠政策鼓励和支持全校教师参加各类出国留学，将出国留学的收效作为职称评聘、评优评奖等重要依据。对于出国留学期间有重大学术成果和科研成果的教师，给予全校表彰和奖励，使中青年骨干教师出国留学从被动行为变为自觉行为。通过一系列的激励机制，适当加压，使教师转变"要我出国留学"的被动心态，树立"我要出国留学"的进取意识，促使之及时更新知识，从而提升全校师资队伍的整体素质。

3.4 加大经费投入力度

目前各种出国留学活动的开展都不同程度地受到经费困难制约。在这种情况下，为确保出国留学活动的顺利开展，加大对中青年骨干教师出国留学培养的经费投入力度至关重要。同时，对出国留学培训的经费做到专款专用，用到实处，并制定科学合理的出国留学培训规划，使出国留学工作更好地开展。

试论主要发达国家的留学政策对我国的启示 [*]

张旭红

首都经济贸易大学对外文化交流学院

提　要　本文主要论述了主要发达国家对发展外国留学生教育的重视及其吸引外国留学生的相关政策。本文从这些国家的奖学金政策及导向、签证政策和居留政策的作用以及其他教育改革政策等入手，分析了其吸引留学的生目的、措施及成效，提出了我国扩大留学生规模与提高留学生层次的三条对策：一是加强与国外的教育合作，二是增强奖学金的引导力度和范围，三是推出相关政策引导企业及其他机构设立奖学金。

关键词　留学政策　奖学金　导向

253

据联合国教科文组织《2006年世界教育数据汇编》统计，截止到2004年，全球出国留学生共有250万人，比1999年增加了41%，全球六大留学目的国，接纳了留学生总数的67%。这6个国家及其接纳留学生的份额分别是：美国(23%)、英国(12%)、德国(11%)、法国(10%)、澳大利亚(7%)和日本(5%)。

学生出国留学，均以学习其先进或独特的课程为目的，然而留学成本、居留条件等却制约着留学选择。留学目的地国家所考虑的，不外乎传播本国文化及理念、吸引人才、增强竞争力，抑或将其视作一项收入。各国有着不尽相同的政

[*]　本文系北京市哲学社会科学规划项目《扩大北京来华留学生规模的策略研究》（项目编号：06BaJY023）的研究成果。

策，却有着大抵相似的做法。本文主要拟从这些国家的奖学金政策及签证政策入手，分析其留学政策。

一、各种奖学金、助学金的设立吸引了留学生

1.1 欧洲国家免学费的国民待遇政策吸引了留学生

欧洲国家的教育对国民是免学费的，对留学生也是免学费的，吸引了外国学生。

在法国，高等教育是免学费的，国际学生也享受同等待遇，学生只需缴纳数额不大的注册费，即学士阶段申请费用是 150 欧元，硕士阶段申请费用是 190 欧元，博士阶段的申请费用 290 欧元，工程学校的申请费是 450 欧元。学生还可以享受政府住房补助，补贴金额一般可达房租的 40% 左右。

德国有近 300 所公立大学，目前很多公立大学仍然免收学费，即使收学费，每学期也只有 500 欧元。

1.2 奖学金的设立降低了留学成本

在这些发达国家，政府、社会团体和高等院校设立了林林总总的奖学金、助学金、研究基金等，降低了留学费用，吸引了越来越多的外国学生前来求学或从事研究工作。

1.2.1 政府奖学金降低了留学成本

政府奖学金指由政府设立、由政府拨款的奖学金。美国的政府奖学金有福布莱特基金、休伯特·H·汉弗莱奖学金、福特基金会国际奖学金等，主要由国会拨款。英国的政府奖学金有英国外交和联邦事务部（FCO）出资的志奋领奖学金、英国贸工部提供经费的英国海外人员工业实习项目 (BOND)、英国大法官事务部资助英国大法官事务部中国青年律师培训项目、英国教育与技术部出资的ORS 奖学金等项目。澳大利亚的政府奖学金计划中包括学习类奋进奖学金、研究生奋进奖学金和亚洲奋进奖学金等项目。另外还有德国的 DAAD 奖学金、日本的文部省奖学金等。

美国国会在 2003 财政年度为福布莱特计划拨款 1.229 亿美元，外国政府为

福布莱特计划提供的直接资金为 2800 万美元。自其于 1946 年前建立以来，有 275000 名"福布莱特人员"参加了该计划，其中 96400 来自美国，其他国家 158600 人。福布莱特计划每年大约为 6000 位新人授予基金，其资助力度之大是显而易见的。该项奖学金计划的资助范围包括工资补助、减免学费、大学住宿等。美国的福特基金会国际奖学金项目，已经进行了 5 年，资助了 22 个国家的大批学者。美国的休伯特·H·汉弗莱奖学金项目提供国际旅费及所需的美国国内旅费、学杂费、书本费、每月生活津贴，并为参加会议、进行实地考察和加入专业团体等专业发展活动提供数额不多的费用。

英国政府的志奋领奖学金用于全部学费、往返英国的机票和全部生活费，有些奖学金获得者还会得到英国外交和联邦事务部的合作伙伴和赞助商的资助；ORS 奖学金，每年有大约 900 名，这个奖学金是用于支付海外学生费和本地学生费之间的差额；英国贸工部提供经费的英国海外人员工业实习项目 (BOND) 提供为期 6 至 12 个月的实习，实习者获得的工资收入可以支付其工作期间的生活费用，同时项目还提供往返英国的机票和签证手续。

日本于 1954 年设立的文部省奖学金，其金额足以解决留学生的学费、生活费。此外，还有其他津贴。所以一经获接纳，取得这项奖学金，俨如日本的"国费生"。学成归国，回程交通费也由文部省提供。

澳大利亚政府计划从 2007 年起，分 5 年拨出 18 亿澳元奖学金给各国申请者。这也是澳大利亚政府第一次大规模提供奖学金给海外学生。这个奖学金当中适合中国学生申请的项目有 6 项，单笔奖学金最高是可以达到 9.5 万澳元。澳大利亚政府奖学金包含了基本学费、生活津贴，甚至还有旅游津贴，有的奖学金项目甚至提供免费英语语言培训课程的机会。

法国政府奖学金项目每年大约资助 22000 名学。另外还有法国优秀学生奖学金，即埃弗尔 (Eiffel) 优秀学生奖、"第一名"优秀学生奖、巴黎医院联合医学院驻院学习外国医生奖学金等等。

1.2.2 民间奖学金降低了留学成本

这些国家的高校、非政府组织均以不同形式提供各种奖学金、助学金、研究基金。英国向海外学生提供的奖学金有上千种之多，有英国各院校专门为其设立的奖学金，有某些大学专门为来自特定国家的学生设立的奖学金，有不分生源、科目或攻读哪种学位而面向所有学生提供的奖学金，有某些机构向学生提供的全额、部分或某个项目的奖学金，也有一些资助项目不负担学费，但可以提供免费住宿。知名高校如牛津大学、剑桥大学等，则会根据学生的优秀程度来衡量是否提供奖学金。每年在英国接受奖学金的学生已经达到 2.1 万人。

在美国等其他国家，情形也基本相似。

二、政府奖学金的导向作用

2.1 大力发展与他国的教育交流，以吸引海外学生

各国政府都在积极促进本国教育的国际化，以吸引外国留学生，目前教育领先的国家，也是通过各种努力才实现了本国的教育国际化。美国奖学金的旗舰项目福布莱特计划建立于 1946 年，其发展目标是"增进美国和其他国家之间的相互了解"，也就是说，政府下大力气发展与他国的教育交流，促进本国教育的国际化。在这个目标的指引下，福布莱特计划已经为 27.5 万名学术成绩优异、领导才干突出的参与者提供机会，到对方国家进行教学、思想交流、协力解决共同面对的问题。一些私人合作机构也在援助计划的管理。

德意志学术交流中心（DAAD），成立于 1925 年，代表德国 231 所高校和 128 个大学生团体，是目前全球最大的教育交流机构之一。中心的主要任务是扶持德国和其他国家大学生、科学家的交换项目以及国际科研项目，并以此来促进德国大学同国外大学的联系。目前已有大约 6.8 万名大学生和科学家接受过 DAAD 的资助，将近 500 名大学教授被派往世界各地授课。

法国政府奖学金项目主要由外交部执行，该部负责对每年大约 2.2 万名奖学金生的资助工作，这些奖学金项目 80% 以上是法国各驻外使馆与各国政府议定合作项目框架内所颁发的奖学金。

德国于 2002 年与中国政府签订了高等教育等值协定，法国有 88 所法国高等商学院于 2006 年获得了中国教育部认证，这无疑又增加了这些国家对中国学生的吸引力。2005 年德国政府提出将外国留学生人数的比例，从在校学生总数的 5% 提高到 10%，即约 28 万人。

由此可见，政府在教育及奖学金方面的政策，已经为这些发达国家吸引到了可观的海外留学生。

2.2 奖学金资助在学习层次上的导向

政府奖学金大多资助海外学生攻读研究生。澳大利亚政府的奖学金计划中包括学习类奋进奖学金、研究生奋进奖学金和亚洲奋进奖学金等项目。其中的研究生奋进奖学金是为赴澳攻读硕士学位的海外学生提供资助，而"亚洲奋进奖学金"则是专门为赴澳攻读研究生或博士学位或者从事短期研究的亚洲学生提供资助。

美国福特基金会、美国国际教育协会国际奖学金项目通常支持入选者攻读硕士学位，也有少数攻读博士学位。美国的汉弗莱项目虽然不是学位项目，但是汉弗莱学者亦要进行为期一年的硕士水平的专业学习以及与其专业需求和兴趣领域直接相关的专业发展活动。

英国志奋领奖学金资助在英国高等教育机构进行研究生课程学习或研究。法国总理德维尔潘明确表示，要尽量选拔那些"最优秀、最适合法国需要"的留学生，法国埃弗尔 (Eiffel) 优秀学生奖学金资助希望来法学习的最好的外国学生，学生层次也是硕士研究生。

日本的奖学金主要是发放给大学本科生和研究院生的。

2.3 奖学金资助在价值观念上的导向

美国福特基金会资助、美国国际教育协会国际奖学金项目入选者所选的学科和领域须符合基金会资助的目标，即促进民主价值观、减少贫困与不公、促进国际合作以及提高人类成就。通过这些奖学金，美国希望受资助者了解并接受其价值观。

美国的汉弗莱项目的目的不是获取学位。但从其学习方式来看，学习一年后，安排在地方、州、全国或驻美国际组织中进行至少为期六个星期的专业发展实习，以期更好地了解其制度，培养对其制度的认知和认可。

英国的志奋奖等政府奖学金则明确表示其资助对象为潜在的未来领导人和决策人，而且年龄须在 26 至 45 岁之间，很显然其目的在于培养亲英势力。每年，来自全世界 150 多个国家的 2300 多名学生被派往英国学习，其中，中国学生最多，有 200 多人。该奖学金 1983 年开始在中国执行，已有 2500 名中国学子赴英国深造。1984 年在印度尼西亚开始执行，已经资助 1000 多人。

法国的奖学金则更多地用于资助优秀学生来法国读书，为此还特别设立了优秀学生奖学金。其目的也是以法国的需要为中心。

2.4 奖学金资助在学科选择上的导向作用

英国志奋领奖在中国优先资助的领域为国际关系、司法/法律、经济/金融、贸易与投资（特别是能源、信息通讯技术、水、健康及金融服务领域）、科技、环境和可持续发展、能源与气候变化、媒体、社会发展（特别是医疗卫生/教育政策/人权/司法改革）。法国如埃弗尔(Eiffel)优秀学生奖学金奖励须是工程学、经济与管理、法律与政治学等三大学科领域的硕士研究生。可见，他们一方面要培养对其友好的国外势力，另一方面也在培养其经济社会发展急需行业的人才。

2.5 奖学金在资助地区上的导向作用

英国的 ORS 奖学金是英国政府专门对非欧盟成员国的学生提供的奖学金，每年有大约 900 个名额。

澳大利亚政府的奖学金计划中的"亚洲奋进奖学金"则是专门为赴澳攻读研究生或博士学位或者从事短期研究的亚洲学生提供资助。

福布莱特计划的资助范围已经覆盖150多个国家，其中51个国家建立了"两国福布莱特管理委员会和基金会"。

三、其他政策发挥的作用

3.1 打工政策不仅使学生增加了工作经验，还缓解了他们的经济压力

《欧洲时报》报道，根据法国新的移民法，学生打工不再需要申请工作许可，凭学生居留证就可工作。此外，以往规定外国学生在第一年学习期间不能打工，而新法则取消了这一限制。此外，英国、美国、澳大利亚、日本等国一直以来就有成熟的允许外国学生打工的相关规定。

3.2 签证及居留政策变化的作用

目前各国签证政策及居留政策都不同程度地发生了变化，考虑到各高校招

生的想法，考虑到与其他国家争夺生源的需要，美国政府放宽了签证限制，如2006年，中美两国教育部门签署了有关联合推进学术交流的备忘录，鼓励更多有意留学美国的中国学生提出申请。目前，申请进入美国攻读研究生的留学生数量不断增加，其中中国学生的数量增长了20%。留美群体也从以往的优秀学生向普通学生转变，奖学金已经不再是获得美国签证的必要条件，美国在中国内地的签证政策正在逐步接近其对台湾和香港的签证政策。

英国推出一系列留学计划。首先，英国政府2006年下半年推出一项新的留学措施，即每年为1000名中国毕业生提供为期一年的工作机会，以鼓励中国学生赴英留学。从2006年5月1日开始，英国政府推出的"研究生一年延签工作计划"，即所有研究生以及紧缺行业的本科生毕业后都可留在英国工作一年。其次，英国政府教育技术部（DFES）部长在2007年3月28日签发了"国际毕业生计划"（IGS），替代原来的"理工科毕业生培养计划"，即从2007年5月1日开始，在英国取得学士或学士以上学位的留学生，毕业后均可在英国停留一年，以便找工作，没有任何成绩的限制。一年后学生可以在符合相关规定的前提下，通过申请技术移民、高技术移民、工作许可、学习或经商等多种方式继续在英国居留。最后，英国首相布莱尔也积极宣传这一政策。可见，这些计划的推行将会大大提高英国留学的整体竞争力。

法国政府针对攻读硕士以上学位的留学生，推出了新移民法，设立了一种多年有效的学生居留许可，即，留学生在法国学习满一年，即可申请多年有效的学生居留证，免去每年都要跑到警察局更换居留证的麻烦。对已完成学业，但希望在回国服务之前能获得一些工作经验的外国留学生，新的移民法还规定可给予六个月不可延长的居留许可。

德国的移民政策吸引留学生。近年来，德国社会由于出现了少子化，政府出台了许多积极吸引人才的移民政策。2006年11月通过的新移民法规定，在德国居留满5—8年以上的外国人，可以在德国申请永久居留。另外，德国还有一项政策就是在中国境内推出等同于德国高校的DSH考试（德福考试），方便了中国留学申请者，完全可以在国内完成德语的学习。

3.3 相关措施吸引留学生

3.3.1 学制缩短吸引更多留学生

英国二年制本科正在试行，将可以大大减轻留学生的资金压力。英国目前已有 5 所院校在试行"二年制"。如果一切顺利，英国将有更多本科院校加入"二年制"的行列。用两年时间完成三年的课程，在一定程度上提高了英国学士学位的含金量和本科毕业生的就业竞争力。

3.3.2 德国的高等教育改革吸引留学生

为吸引外国留学生，德国许多高校配合现阶段的高等学校改革，对教学内容和课程设置作了前所未有的改进。设立了大量用英语或英语和德语双语授课的国际课程。此外，学生现在既可以攻读传统的德国学位，也可以在一些高校攻读新设立的与其他国家趋同的"学士"学位和"硕士"(Master) 学位。获得这些学位后，学生可以继续攻读博士学位。

四、中国扩大留学生规模与提高留学生层次的对策

4.1 加强与他国的教育合作

中国政府在教育领域须继续加强与各国在多方面多领域的合作与交流，通过合作与交流，更多地参与到国际教育组织中，与各国政府及相关机构签署相关合作协议书，使中国的教育更为其他国家了解并认可，通过各种合作与交流，使各国人民加深对中国和中国人民的了解和信任，从而激发他们了解中国并来到中国留学的热情。比如，中法交流年的举办，就让更多的法国人看到了中国，想了解中国，于是来到了中国。

高楼大厦、硬件设施设备固然重要，但是办教育，教师是核心，因此，还须通过合作交流，让更多的教师走出去，学习考察国外先进的教学内容和教学手段。美国当初设立福布莱特基金，一个重要的原因就是要使其教育国际化，一个重要的措施就是把美国人送到欧洲去学习。

即使没有奖学金，来中国留学在费用上仍然有优势，中国的学费和生活费都相当便宜。因此，中国的高等教育还须进行宣传，让世界认识中国的高等教育。

4.2 增强奖学金的引导力度和范围

从地区上讲，我国的政府奖学金目前主要向第三世界国家提供，2006 年中非论坛后，又向非洲各国增加了 2000 个名额，具有援助的意义，同时也是为了继续发展我国与这些国家的友好关系。在发达国家，也有一些对中国十分友好、希望学习具有中国特色学科的人士，随着我国经济社会文化的不断发展以及我国在国际事务中发挥越来越大的作用，我们也应考虑设立相关奖学金，鼓励他们来中国学习，这样，一方面可以满足他们的需求，另一方面也可帮助扩大我国的留学生规模。

从学科上讲，目前来中国学习经济、历史、文化者居多，学习理工类专业者相对较少。我们应该考虑，在我国相对领先且具特色的专业和领域设立奖学金；从留学生层次上讲，我们要鼓励更多的学生攻读专业课程，而不是只参加汉语语言的学习，因此，相关奖学金的设立会起到一定的引导和调节作用。

4.3 推出相关政策引导企业及其他机构设立奖学金

目前，有些企业开始向国内贫困学生提供助学金，政府还应该出台相关政策，鼓励他们对留学生提供奖学金。调动起全社会的积极性，将十分有助于扩大我国留学生规模并提高其层次。

同时应进一步完善留学生的打工、住宿等相关管理政策，一方面会直接增加对留学生的吸引力，另一方面会让留学生更容易接受，从而间接但是实质性地增强对留学生的吸引力。

我国扩大留学生规模和层次，最关键的还是要提高我们的教育质量和办学水平。

首都经贸大学学生国际交流派出项目的实践研究 *

张旭红[1]　　黄立伟[2]

[1] 首都经济贸易大学对外文化交流学院
[2] 首都经济贸易大学党政办公室

提　要　大学生交流派出项目是高校国际交流与合作的重要组成部分。派出项目的顺利实施需要开放的国际教育环境、国外院校的交流平台、学校领导重视和校内相关职能部门的配合。海外派出项目开阔了大学生的视野，增强了其外语交流能力、独立生活能力、就业竞争力等。本文就首都经贸大学近年来学生派出项目的具体实施情况、可借鉴的经验和存在的问题进行了介绍。

关键词　学生派出　国际交流　项目管理

　　开展国际间的学生交流，是学校对外开放和国际化的重要组成部分。学生派出项目，即学校选派在读学生赴国外友好院校学习一至两个学期的项目。学生派出项目的开展，深受学生及家长的欢迎，因为它使学生开阔了视野，提高了独立能力等综合素养，增强了就业竞争力和赴海外继续深造的竞争力。长期以来，首都经贸大学学生出国学习多是通过中介组织而实施的个人行为，其弊端凸显：费用大、对拟去院校不甚了解、学生须执行休学相关管理规定、造成延期毕业等。在国际交流与合作项目越来越活跃的情况下，我校把学生派出项目列为国际交流

*　本文系北京市哲学社会科学规划项目《扩大北京来华留学生规模的策略研究》（项目编号：06BaJY023）的研究成果。

与合作工作的重点，首先在学术基础和国际交流基础比较好的院系进行小规模尝试，取得了试点成功经验后，根据已经与海外院校签署的学生国际交流项目协议，按照项目可靠性、语言及专业收获的吸引力、经济负担程度等分层次启动成规模的派出项目。

一、实施学生国际交流派出项目的环境

1.1 全球开放性环境为学生派出项目提供了良好的条件

1.1.1 国际交流项目的增多为学生派出项目提供了重要前提

首先，我国社会政治经济实力的不断提升，引起了世界各国各界的广泛关注。急切了解中国的强烈愿望、贸易和直接投资的需要，导致很多国家的大学开始设置与中国相关的课程，很多教师和学生都想亲自来中国学习相关课程，这使得我校学生互派项目迅速增多。近两年来，交换学生在我校留学生增长中也占到了很大的权重。学校实施的学生交换项目保证了学分互认，甚至有的还可享受到学费互免的优惠待遇。其次，国际上大学国际化发展的趋势也增加了我校学生派出的机会。很多国家的大学要求有一定比例的国际学生，特别是国际学生要涉及范围广，以便不同国家和地区文化的交融，这种趋势给我校学生派出提供了新的机会。其三，欧洲很多国家的学校要求在读本科学生赴海外学习一年左右，这些学生过去很少会想到中国，如今中国已经成了很多学生的选择；美国等发达国家的有些硕士项目，也要求学生赴海外修得一定学分，这样作为其在中国的接待院校，我校也可以派学生赴这些学校学习一学期或一年。在近年的国际合作与交流洽谈中，我校签署的学生交流项目协议书大幅增加，而且实施顺利。

1.1.2 校领导重视是做好学生派出项目的重要环节

我校把国际化发展作为"十一五"发展规划的主要目标，其中学生国际交流被列为重点内容。在校领导的支持下，实施学生交换项目，学生出国学习的学分、学籍等校内手续办理得到了各部门的配合，顺畅进行。

1.1.3 各国纷纷放宽学生交换条件

亚洲、欧洲的国家先后开放了接收中国大陆留学生的大门，以往存在"签证难"交流障碍的美国也开大了中国大陆留学生的大门，美国驻华使领馆 2007 财政年度给中国大陆颁发了 51546 个学生签证，比 2006 财政年度增加 40%，这个数字几乎是 2004 年的两倍，学生签证的通过率高达 80% 左右。这些都是我校推行学生国际交流（派出）项目的有利条件。

1.2 提高学生就业竞争力的需求

在北大、清华等大校如林的北京，我校既不是"863"院校亦不在"211"行列，学生在就业时处于劣势。要使我校学生具有就业竞争力，必须使他们有专长，那么外语水平及其应用能力、海外学习经历就起到了十分重要的作用。我校是以经济和管理专业为主的财经类院校，会计、税收及金融等应用类学科的很多学生考取了执业证书，似有一技之长，但是学生择业热点在外企，外企录用员工的首选条件是外语。在目前的培养方式下，多数学生的外语属"哑巴外语"，不具有竞争力。因此，能在国外良好的语言环境里锻炼和提高外语水平、积累海外经历对学生实现就业愿望有现实作用。

1.3 独生子女家长欢迎是项目实施的经济基础

首先，随着我国国力的不断增强，大多数家长已经具有一定的经济实力供学生出国深造。通过中介组织出国学习，除费用高外，主要是商业成分大，对所去国家的生活学习条件很不确定，一般家长不愿冒此风险。学校组织的学生派出项目的可靠性，可以满足家长对项目安全性的要求，免除其后顾之忧。其次，我校主要招收北京市考生，大部分学生自理能力差、自立愿望弱，学生通过学校的项目出国学习一段时间，不仅可以锻炼其自立能力和意识，也是学生家长的又一重要期待。

二、初步试点取得良好效果

2.1 招生质量上升

通过学生国际项目的初步试点，我们发现近几年我校不同专业招生分数的高低与该专业该院系的学生交流项目的开展有直接的关联。学生录取分数线高的专业，一般都是国际交流活动比较活跃、学生派出比较多的院系。如我校偏于宏观的经济学专业，不太迎合目前用人单位要得到技能型人才的口味，不属热门专业，但是我校经济学专业录取分数却很高，这与其学生国际交流项目多有很大关系。该学院已经开展了与法国、芬兰、德国、瑞典等国的学生交流项目，本科生在读期间可以出国学习一学期、可以参加海外实习等。此外，经济学院还开展了本科毕业生直接赴国外攻读硕士学位（免学费）的项目。

2.2 学生主动、全方位地锻炼和提高自己的能力

由于我校选拔学生的一条重要标准是学习成绩和外语能力，因此为了参加学生派出项目，学生们更加积极主动地努力学习专业课程和外语。为了进一步提高外语能力，有的学生还参加了社会办学的辅导班，切实提高了外语沟通能力。同时，为了适应出国学习和生活的需要，有的学生还未雨绸缪，主动锻炼独立生活技能，如做饭、做家务等。

2.3 院系和学生参加新项目的积极性高涨

由于试点取得成功，学生派出项目赢得了很好的口碑，新项目报名十分踊跃，在有的院系报名选拔率甚至超过了10∶1。尚未组织学生派出项目的院系大都十分羡慕和跃跃欲试，有的还迫于学生的压力主动寻找合作交流的海外院校。但是，院系间的学生国际交流相关信息的不对称和封锁以及协议不规范等的做法，难以形成国际交流信息共享和让更大范围的学生受益，这也是我们由学校集中组织学生出国学习项目的重要原因之一。

2.4 派遣研究生出国项目收到了扩展效应

众所周知，MBA已经不是商学院的专利，美国一所友好院校邀请我校学生攻读其MBA课程，并免学费、提供助教工作。作为试点，该校先接收了我校1名在读研究生。由于该生勤奋好学、成绩优秀，被推举为该校留学生会主席，因此，该校决定每年接收我校5名在读研究生，这为我校学生交流有吸引力项目开拓了新局面，也促进了我校与美国该校其他方面的合作。

三、学生国际交流项目的实施

学生国际交流项目的具体实施，首先要区分项目类别给予不同的政策对待，制订实施办法，用制度做保障，同时协调好各相关部门的关系，保证学生派出项目在时间上和各环节手续上健康顺畅进行。

3.1 将学生国际交流项目分类推出

我们的学生经济条件不同，要使项目成功率高，就应满足不同经济实力学生出国留学实习的需求，如经济条件好的可去收费较高的国家和学校，如英国和美国的名牌大学；中等经济条件的可选择去费用适中的国家和学校，如免学费的美国大学、低学费并提供助教工作机会的大学；经济条件差些的学生可以选择去菲律宾等生活费用低的国家或日本等实习收入高的项目。具体来讲，我们把已有项目和即将实施项目划分为三个层次：

第一层次为学校直接管理项目，其最大特性为吸引力强。从国别上讲，主要去向是英语国家；从费用上讲，采取免学费或"免学费＋提供助教工作"的方式；从学习内容上讲，有助于取得国际通用的执业资格，如英国、加拿大的注册会计师等，这类项目具有在外开支少、成本低（一年的费用低于9万元）的特点，因而具有很强的吸引力；从管理上讲，这类项目由学校统一管理，面向全校学生申请，采取院系推荐学生、学校最终选拔学生的程序。

第二层次为院系管理项目，具有一定的吸引力，其特点是，或有一定的学费优惠，或像美国按照本州学生收学费[①]，或附有其他优惠交换条件（教师免费听课、对等专业课程、实习项目对口等）。参加这类项目，学生在海外期间有一定开支，成本适中（一年费用大约在10—15万元），对学生有一定吸引力。在管理上，学校允许其在一定范围内召开说明会，具体事宜由院系负责。

第三层次为配合型项目，属一般性项目，其特点是大学排名相对较好、地处大都市等教育资源好，或者通过中介组织办理相关手续，但是要收取相关费用。这些项目总成本较高（1年费用大约在15万元以上），学校和学生对项目了解不够深入，因而存在一定风险。从已执行的项目看，不宜组织说明会，有需求的院

---

① 在美国一般照顾本州学生，其学费明显低于非本州学生，按照本州学费标准意味着对中国大陆留学生相当优惠。

系或个人，学校国际交流部门会积极配合，建立学生国际交流资料库，可查询国外合作单位信息。

3.2 校内相关部门的分工协作

按照派出项目程序需要派出院系选拔、初步推荐候选人，以及学分互认，解答疑问，首先关键部门为各有关院系；办理学籍手续，涉及学生处；学生出国学习国外院校学分认可，各院系拿出培养计划，对应课程的学分互认和在外期间不足学分的补修等问题与教务处协商，涉及教务处；归国学生学位授予涉及研究生处；交纳手续费等为避免乱收费等违规违纪行为，需要财务处配合。

3.3 制度保证

基于我校已开展的学生交流项目实践，为规范项目运作环节，保证公平、公开择优选拔，我们还制订了学生国际交流（派出）项目的实施办法。实施办法的大体内容为:（1）项目范围，限定此制度适用于有交流协议的学生交流（派遣）项目。（2）派出学生选拔标准与程序，体现公开、择优选拔等原则。（3）项目管理。界定了各部门的职责，学生的签署协议、派出人选最终审批权为校国际交流主管校长。（4）费用。为保证交流项目的正常进行，申请留学人员应向学校交纳必要的费用。（5）学校、学生和家长的三方协议书，就在外期间的安全、伤病等风险，界定各方责任和义务。（6）学生申请派遣的详细手续流程图示。

四、学生国际交流项目实施过程中遗留的问题

学生国际交流项目的原则是公开、公正、择优选派，但是，在具体实践当中，在以下几个问题上还值得思考。

4.1 由于我校各院系重视程度上的差异，造成选拔环节仍欠公平

对于由学校统一管理且吸引力强的项目，学生选拔程序的第一环节是通过院系向学生发布相关信息并差额推荐人选。在实施过程中，由于认识上和重视程度的差异，个别院系没有向学生传达项目情况或没有向学生讲清项目情况，造成该院系报名人数甚少或无人报名，无法做到择优选拔。同时院系差额推荐候选人

后，最终确定人选主要考察外语水平，使外语专业的学生在选拔的最后关口明显占优势，显失公平。

4.2 还不能名正言顺收取相关费用

单向学生派出项目会发生选拔费用、咨询费用和国际联系和资料邮寄等费用，即报名费；双向学生交换项目，一般都采取互免学费的做法，换进外国留学生的费用大于派出学生所交部分也要适当收取，即交换项目费；这些费用按照北京市政府有关部门的规定属于不准收取的范畴，有些学校包括我校只好采取变通的办法，如发生费用按照实际发生额凭发票向学生收取。但是，这些只能补偿实际支出的很少部分，在起步阶段出国人数不多时还能补贴填补此成本，以后随出国规模扩展将难以负担。这方面有待于上级主管的正式认可，政策上的实质支持。

4.3 我校国际化程度还有待提高

在学生国际交流具体运行过程中我们发现，有些方面我们的大学还不能满足全球的大学国际化背景下国际交流的需要。如：(1)学科分类，我们在专业上分得过于细。专业及课程名称在学分互认时不容易取得一致，完全可以学习有些国家的跨转学科的课程，如金融与会计。(2)学期安排，我们学年都是秋季开始，没有春季开始的，而要进行春季启动的交流项目就要涉及两个学年的学分认可；在学生归来后还有涉及在有限的时间里进行两个学年选择学分补偿，在我们不是完全学分制的环境下，延长毕业时间的风险很大。(3)语言限制，我校学生的第一外语99%全为英语，第二外语难以达到赴外交流学习的程度。然而，我们与法国、德国、日本、韩国、西班牙等非英语国家大学和相关机构有不少吸引力强的合作项目，尽管有些项目实施的效果很好，但是，补习成本和时间成本都太高。今后不应在招生时限定只招英语考生，特别是世界经济、贸易、资源的重心向非洲等非英语地区转移的趋势下，高校特别是我校这种经济类院校的国际交流与合作的对象也会相应转移，小语种的发展更凸显其重要。(4)学校在师资队伍建设上还须进一步提高。学生交换项目的实施，要求我校用英语开出相关课程，但是，目前我校所开的此类课程与交流项目的要求还相去甚远，因此，培养一支外语好专业精的师资队伍迫在眉睫。(5)学校还宜进一步落实国际化发展，保质保量地开设越来越多的双语课程和用外语开设的专业课程。

要重视留学回国人员在科技创新中的骨干作用

庞志荣[1]   张 健[2]

[1] 北京大学国际合作部 [2] 北京大学图书馆

提 要 在现代大学的发展中，留学回国人员发挥着越来越重要的作
用。本文从多个角度、多个层次分析了留学回国人员在大学
科技创新中的重要作用。

关键词 出国留学 科技创新

269

在科学技术飞速发展、经济日趋全球化的今天，面对世界科技进步和科技
创新的新形势，我国科技教育界既面对着难得的发展机遇，也面临着严峻的挑
战。要实现跨世纪的宏伟发展目标，必须实施科教兴国战略，加速推进科技进步
和创新，为现代化建设不断提供强大的科技支持和发展动力。科技创新能力已经
成为国际经济竞争和综合国力提高的制高点，成为一个国家和民族兴衰成败的关
键所在。高等教育是国家科教兴国战略的重要阵地，高等学校担负着人才培养和
发展科学的重要任务。教育部在实施《面向 21 世纪教育振兴行动计划》中，把
北京大学作为我国创建世界一流大学的重点学校之一，我们深感责任重大。江泽
民同志指出，"实施科教兴国的战略，关键是人才"。实现创建世界一流大学目
标，重中之重，是要下功夫造就一批真正能站在世界科学技术前沿的学术带头
人和尖子人才，培养跨世纪的教师队伍的帅才将才，以他们为核心，加快学科建
设，推进教学和科学研究。北京大学的科学研究工作一直是按照这样的思路开展
的，学校的各级领导非常重视科学研究工作，大力支持广大教师和科技人员投身
科技创新，承担国家重点基础研究项目和重大高新技术研究项目，特别是注意发

挥学有所成的留学回国人员的作用，充分发挥他们在国家重点学科、国家重点实验室以及高层次人才培养基地的知识创新、技术创新中的带头和示范作用。我校大批留学回国人员，是学校科学研究和科技创新的一支生力军。学校在政治和学术上充分信任他们，并放手使用，委以重任，尤其是对他们所在的优势明显、有希望取得突破的学科领域给予重点支持。除此之外，还在工作和生活方面提供良好条件，创造有利于优秀人才脱颖而出的环境和气氛，为他们发挥聪明才智铺路搭桥，使他们在其研究领域尽快建成高水平的创新基地，在知识创新、技术创新和培养创造性人才方面取得突破性进展。在留学回国人员获得回国科研启动基金和学校的资金资助后，便鼓励、支持他们申请承担国家级科研项目和争取国家的经费支持。这些科研项目包括：国家自然科学基金项目、国家重点科技攻关项目（"攻关计划"）、国家基础研究重大关键项目（"攀登计划"）、国家重点基础研究发展规划项目、国家高技术研究发展项目（"863 计划"）等。在这些项目的实施过程中，充分发挥他们的骨干作用，使他们尽快成为进入世界科技前沿领域的学术带头人，成为掌握世界上最新科学技术，具有创新能力的一流顶尖人才，使他们成为能够在世界科技前沿占有一席之地的科技精英。

据不完全统计，改革开放二十多年来，我校 1500 多名留学回国人员每人都主持或作为主要参加者完成了 1—2 项上述科研项目。这些年来，我校有 1200 多人曾获得国家或省部级科研成果奖、科技进步奖、发明奖或专利，其中留学回国人员占获奖人数的三分之二以上。1990—2000 年我校理科完成国家"攻关"项目 90 多项，"863"项目 60 多项，国家"攀登"项目 800 多项；文科完成国家、省部级科研项目 1000 多项，获国家和省部级奖 300 多项，这些研究项目和获奖项目中留学回国人员作为主持人约占四分之三以上。

据有关部门统计，2000 年北京大学到校的科研经费超过了 3 亿元人民币，其中理科和应用学科中有 32 位教授负责的科研项目各获得资助超过了 100 万元，总计达 123 亿，占全校科研经费总数的 40%。这 32 位项目负责人均为北京大学相关学科的学术带头人，他们均为留学回国人员。

我校化学与分子工程学院拥有一支研究领域广泛、研究成果突出、老中青相结合的科研队伍，他们有较高的科研水平、严谨的科学作风、良好的团队精神以及基础研究和应用研究相结合的传统。该院现有中国科学院院士 8 人，具有博士学位的教师 115 人。近年来，又聘任了长江特聘教授 6 人，他们都有出国留学的经历。多年来，该学院承担了多项国家基础研究发展规划项目、国家"攀登计划"项目、国家基金委重大和重点项目等，为国家培养了大批优秀的科研人才，取得了许多有重大影响的科研成果。他们不仅注意基础理论与应用基础理论研究，还注意密切联系实际，面向国民经济主战场，开展了大量的应用与开发工作，使科技成果转化为生产力。近年来，他们紧紧抓住国家重点研究项目和有重大应用价值的研究项目，坚持科技创新，科研成果和科研经费大幅度上升，在 SCI 刊物上发表的学术研究论文，从 1993 年的 39 篇增加到 2000 年的 487 篇。科研经费也从 1993 年的不足 400 万元增加到 2000 年的近 2000 万元。该院老一代留学归国学人张青莲院士所在的课题组测定的铟、铱、锑、铈、铕、铒、锗 7 种元素的原子量被国际纯粹与应用化学联合会确定为新的国际标准；中年留学归国学人周其凤院士在国际上首创了甲壳液晶高分子模型，他们分别获得了国家自然科学二、三等奖。年轻的留学回国教授刘忠范几年来在纳米化学、纳米电子学等领域的研究工作中取得了一系列具有国际先进水平的研究成果，在国内外著名学术刊物上发表学术论文 140 多篇，他是国家"攀登计划"中"纳米信息存储技术与材料研究"的首席专家，首批获得国家杰出青年科学基金，并被聘为长江特聘教授。

我校中国经济研究中心现有教师 15 名，全部都是学有所成的留学归国博士，是一个有特色的留洋学者组成的群体。该中心成立几年来，借鉴国际上的现代经济分析方法并结合我国实际，研究中国经济转型中的问题，取得了很多新的理论研究成果。这些在国内外接受了系统严格的经济理论和方法训练、知识功底比较扎实、研究能力比较强的科研人员，几年间完成了联合国发展署、世界银行、国家计委、国家自然科学基金委等有关单位的研究课题 20 多项，许多成果都在政府决策部门和社会上取得了重要影响。同时，他们在经济学领域独到的见解和对中国经济问题深刻的分析受到国内外同行、专家的好评。他们在《美国经济论坛》等国际一流学术刊物上发表论文 14 篇，在国内一流学术刊物上发表论文 136 篇。据美国出版的社会科学引用索引统计，他们有 10 多篇文章被多次引用过。几年来，他们共出版专著 21 部。以中心主任林毅夫教授为主撰写的专著《中国的奇迹：发展战略与经济改革》和《充分信息与国有企业改革》分获北京市哲学社会科学成果一、二等奖，并分别在中国大陆、香港、台湾出版，前者还被国外出版社译成英、日、俄、法、韩、越等多国文字出版。

我校城市与环境学系副主任陶澍教授，毕业于美国堪萨斯大学，是改革开放后我国最早回国的留学博士之一。他曾获得国家杰出青年科学基金，被聘为长江特聘教授。10 多年来，以陶澍教授为带头人形成了一个以应用基础研究为主，含地学、化学、生态学等多学科交叉的创新研究群体。他们的一个特色是综合运用地学、化学、生物学和环境科学的研究方法，将微观机理与宏观过程以及生态效应结合起来进行研究。这个群体的 6 名主要成员，全都有在国外留学的经历，其中 5 人在美国、日本、德国和丹麦获得博士学位。除专业以外，他们也有着良好的数学、计算机和外语方面的功底。这个研究群体在内部团结协作，发扬团队精神，同时与国内外同行保持着密切的联系，跟踪国内外最新学术进展，创造性地开展他们的研究工作。经过几年的努力拼搏，这个群体在环境、生物、地球化学等领域已整体上处于国内领先地位，并在若干领域取得具有国际先进水平的创新成果，如微量污染物结构效应关系、湖泊生态系统等，获得国内外同行的高度评价。新世纪伊始，国家自然科学基金委为了完善科研人才资助体系而设立的创新研究群体科学基金，是在已有的青年科学基金、国家杰出青年科学基金、海外青年学者合作研究基金的基础上，选拔以优秀青年学者为学术带头人、具有创新能力和团结协作精神、人员结构合理的研究集体给予资助。以陶澍教授为带头人的这个研究群体名列全国首批入选的 6 个群体之中，他们将获得国家自然科学基金委 360 万元的经费支持。

我校广大留学回国人员获得的这些成果，既是我校科技人员的光荣，也是我国科技创新能力的展示。他们虽然在不同的领域，从事着不同学科的研究，但他们甘于奉献、勤于钻研、勇于创新的精神都是共同的。这种精神正是中华民族发展和振兴的力量源泉。

当看到广大留学回国人员奋力拼搏，为国家做出重大贡献时，我们感到由衷地高兴。特别是看到通过我们的工作，大批留学回国人员顺利再次、多次出国成行，访问考察、合作研究、学术交流收获颇丰，我们更是倍感欣慰。今后我们一定更加努力工作，爱岗敬业、竭诚服务，使广大教师和科技人员包括留学归国人员有更多的时间、更充沛的精力做好教学科研工作，为国家作出更大的贡献。

中德合作项目与中国农业大学的学科建设

张学琴　　李　莉　　倪立红

中国农业大学国际合作与交流处

提　要　学科建设是建设世界一流农业大学的一个重要指标。本文详
　　　　细介绍了中国农业大学与德国霍恩海姆大学合作的中德合作
　　　　项目在学校学科建设中发挥的重大作用，回顾了中德合作项
　　　　目30年的发展历程，分析了项目持续发展的两个稳固基础，
　　　　详细介绍了中德合作项目合作成果，重点介绍了项目对学校
　　　　人才队伍建设和学科建设的贡献。

关键词　中德合作项目　合作成果　学科建设　人才队伍建设

随着我国改革开放的深入、对外交流的迅速发展，中国农业大学抓住时机，努力加速教学、科研国际化，为争创世界一流的农业大学而努力。学校先后与38个国家和地区的188所著名大学和科研机构建立了友好合作关系，现正在执行的国际科研合作项目有40多项。校内建立了多个国际教育、科研合作机构。其中对学校教学、科研起重大作用的项目有10项。中德综合农业发展项目就是其中最富有成效的合作项目。该项目为我校培养了大批高水平的国际型人才，为我校装备了一批先进的实验室和一个实验基地，新创建了植物营养专业和农村区域发展专业等。中德合作为我校的学科发展起到了积极的推动作用。

一、中德合作项目发展的回顾与展望

1.1 合作历史的回顾

中德项目在长期的合作中坚持贯彻平等、务实、互利和互补的精神，合作项目经费从由德方的全额资助，逐渐走向双方互利、互补共同承担，使两国农业科技合作逐渐建立起稳固的科技合作基础。中德合作至今已有 30 多年的历史，长期的合作强有力地支持了我校的学科建设。2009 年 5 月 4 日，中国农业大学——德国霍恩海姆大学合作 30 周年纪念会、中德科技教育年庆祝会暨可持续土地利用与生态保护国际会议在北京召开。百余位国际、国内知名专家、学者齐聚一堂，共同庆祝中德农业 30 年的成功合作。

1.1.1 由校际合作到政府间的项目合作

1983 年 7 月当时的联邦德国技术合作署派霍恩海姆大学莱斯等教授来北京农业大学，为中德综合农业发展研究建立（CIAD）项目进行可行性商讨，在德国经济合作部、技术合作署和我国当时的经贸部的大力支持下，1984 年 10 月两国政府正式签订了合作协议，由北京农业大学和德国霍恩海姆大学具体执行，合作期限为 1984 年 10 月—1989 年 10 月，德方为该项目提供 860 万马克的合作经费。从此，我校与霍恩海姆大学的校际合作发展到政府间的项目合作，为今后的长期合作奠定了基础。

项目在中德双方的共同努力下，硕果累累。鉴于 CIAD 项目第一期成果，中德两国政府又在此基础上，签订了 1989 年 10 月—1994 年 10 月的第二期合作协议，德国政府提供 800 万马克的合作经费。

1.1.2 平等、务实、互利、互补的长期合作

两期合作项目的丰硕成果引起了中德两国政府的高度重视，经过中德科学家、政府官员和农业技术推广人员的反复研讨，又开展了以粮食高产、资源高效利用和环境保护等多重目标相结合的综合研究，即"中国华北平原作物高产及高生产力条件下环境可承受的可持续农业研究"项目。该课题于 1998 年 11 月开始，德国教育科研部批准，给予德方项目经费 487 万多马克。中方经费得到国家自然科学基金委、外专局等单位给予的资助，从此进入了中德合作的第三阶段。2004年由中国国家教育部和德国基金会（DFG）联合资助的中德国际教育科研项目

"华北平原集约化作物生产体系中资源的可持续利用"的签署，预示着中德合作又迈入了一个新的阶段。该项目分为两期：2004—2008 为第一期，2009—2013 为第二期。

1.2 展望

目前中德第五轮合作，即"华北平原集约化作物生产体系中资源的可持续利用"项目的第二期（2009—2013）正在进行中，第四、第五轮合作以培养高层次人才为目标，该项目得到了我国教育部的支持，它将为我国培养农业国际型人才开辟一条新路。在该项目的第一期合作中，德方出资 300 多万欧元，我国教育部也提供 100 多万元人民币资助该项目。利用我校农业专业在国际联系中的优势，利用德国先进的科学技术，寻找新的合作目标，拓宽合作领域，积极开展对外交流与科技合作，使双方的合作在互惠的条件下发展扩大。在双方合作中扩大我校在国际上的影响，提高国际地位，发展学科建设，为我校争创国际一流农业大学作出了贡献。

二、项目持续发展的稳固基础

改革开放的大环境给我们营建了良好的发展环境，但是能否不失时机地抓住机遇，还要依靠我们的努力。项目和经费是国际合作的外部环境，项目执行得如何，关键是人才，人是完成项目的决定因素。如果说项目和资金是国际合作的外因，人才则是完成项目的内因，二者互相作用，互相促进，互相影响，缺一不可。良好的环境和优秀的人才是我校中德项目合作成功的根本。

2.1 国际合作环境

我国的改革开放政策使国际合作与交流成为可能。在国内，有了国家一系列支持开展国际合作的政策；在国际上，国际社会希望了解中国，与我国合作。国际与国内同时具备了良好的合作氛围。改革开放初期，根据我国科学技术的发展，一方面派人出国留学、请进外国专家，学习国外先进的科学技术，确立我国研究的目标；另一方面，积极寻求国际援助，引进外来科学技术和设备，加速我国科学技术的发展。德国学者和政府也希望在中国寻找到合适的合作伙伴，中德合作项目就是在这样的条件下，在我校专家和德国科学家的积极促成下诞生并顺利发展，从开始的校际合作发展到政府间的合作。德国政府为第一、二、三、四、五期合作项目共提供了科研经费 3423 万马克。

2.2 共同的研究目标

中德两国科学工作者对于科研项目的共同兴趣是项目持续发展的基础。德国是发达国家，而我国是发展中国家，双方在政治、经济、科学技术等各方面存在较大差异，但双方科学家对于世界农业的发展和科学研究有着共同的兴趣。我国改革开放初期，急需人才推广新的技术，研究我国的农业科学，第一、二期合作内容正是根据这一阶段的实际情况提出来的。第三、四、五阶段的合作是在前两期合作的基础上，涉及 21 世纪农业的安全、生态环境等一系列世界农业的重大问题，同时以培养高层次人才为合作目标之一。

中德是农业状况完全不同的两个国家，科学家们从两个完全不同的角度，研究不同农业生产体系中的生产力因素、生态环境问题，并加以系统分析。合作中，中国科学家注意吸收德国的经验，建立适合中国国情现实的各生产力要素综合优化的技术体系，遵循技术体系技术先进、经济合理、环境友好、符合生态平衡的准则，以达到世界农业可持续发展的目标，使农业可持续发展的研究更为全面和完善。

通过剖析中德农业的现状，两国科学家从中寻找共同研究的目标：

● 德国农业：

1. 粮食过剩，需要休闲和稳定；或适当降低产量；

2. 水资源充分；

3. 土地面积充足；

4. 肥料过剩；

5. 农药、除草剂用量逐年减少；

6. 环境污染逐渐减轻。

——出路：稳（减）产，低投入，高效

● 可持续发展中国农业：

1. 粮食不足，需要进一步优化投入、提高产量；

2.水资源极度紧缺；

3.耕地面积逐渐减少；

4.肥料用量大、资源短缺；

5.农药、除草剂用量逐年增加；

6.环境污染加重。

——出路：高产，高投入，高效；可持续发展

三、学术交流与学科发展

人才和设施是学科发展的基础。只有具备高素质的人才和先进的技术设施，才能培养出高水平的人才，创造具有国际水平的科研成果，达到预期的目标，促进学校学科的发展。

3.1 学术交流

双方多种多样的学术交流方式，如出国留学、请进专家、国际会议、培训班、合作研究等，有效地促进了学科建设和发展。中德合作项目几乎涵盖了所有的学术交流方式，形式多，交流面广，涉及我校多学科、多部门，对我校的学科建设发挥了极其重要的作用。

学术交流是在中德项目领导机构组织下进行，该机构负责组织和协调项目各种事项，由一批高素质的国际型科技人才从事项目的研究，完成项目的任务。该项目有一批国际杰出的科学家领导并参与，如：国际著名经济学家、霍恩海姆大学原校长莱斯教授作为德方原项目负责人，在项目执行期间来校讲学近 30 次；霍恩海姆大学现任校长李比希教授作为德方项目负责人多次来我校访问，著名国际植物营养学会主席马施纳尔教授也多次来我校讲课。项目举办各种培训班 200 多次，培训人员两万多人次。

在第一、二期项目执行期间，德方专家来华讲学共 159 次，德国专家和 GTZ 官员来校指导工作达 200 多次，为我国培养了大量农业科技人才。在农村推出 25 项新技术，推广面积达 87 万多公顷。第三期项目有四位德国科学家和六位德国博士生常驻中国农大，与中方研究人员一起工作，德方各课题主持人及主要研究人员每年 3 月和 9 月来中国考察各项试验的进展，讨论下一季作物的试验

计划，同时召开相关学术交流会。中方课题主持人每年冬季到德国与德方课题主持人一起总结本年度工作，讨论下一年的工作计划，每个课题每年均有 1–2 名中方博士生到德国进行为期 3 个月的研究方法培训。项目执行期间人员交流高达 118 人次。项目期间召开中德双边学术讨论会 8 次。第四期项目专家人员互访交流达 277 次，项目成功举办 9 期研讨班，其中 5 次在中国举行，4 次在德国举行。参与项目的中德双方博士生共 64 人，其中中方博士生 40 人，博士后 1 人，德方博士生每年有 6—8 个月在华工作，中方博士生每年去德国工作 4 个月。

3.2 合作成果与学科发展

人才队伍建设和实验室水平是学科发展的标志，二者的顺利发展，体现了合作的成功。

3.2.1 人才建设与学科发展

人才是资源，是各国高科技争夺的对象。人才的水平标志着学科的水平。国际合作项目是培养国际型高科技人才的最佳形式之一。国际合作项目培养的人才有其特有的优势。事实证明，国际合作项目培养的人才，研究工作结合实际，具有较强的团队精神，研究内容和国际接轨，具有国际学术水平。

中德合作项目为我校培养了大量国际型人才，中德项目的第一、二期为我校培养了 21 名博士，他们大部分选择在国内工作。第一、二期合作项目有 50 多名教师赴德合作研究和技术培训 6—18 个月，140 多位教师、博士生短期赴德参加合作研究，现在已是我校各学科的带头人、骨干或各级领导。中德合作项目第三期 9 个子课题中中方的课题主持人 13 人，其中 9 人是由前两期中德项目培养的博士担任。植物营养学张福锁教授也是中德项目培养的博士，现已被选为国际植物营养学会主席，成为国际上该领域的学科带头人。在国外工作的博士也努力为学校作贡献，或定期来校讲课，或参加合作研究等。在第三期合作项目中有 20 多名博士赴德进行为期三个月的课题总结和技术培训，该项目赴德合作交流人员 60 多人次，项目培养中方硕士生 18 人，中德双方博士生 21 人，博士后 2 人次。第四期项目的一个特色就是国际化高水平人才的培养，项目中中德双方各有 5 位和 12 位教授参加，德方投入 9 个博士生、1 个博士后，中方投入 17 个博士生、1 个博士后。项目合作使参加者受益匪浅。

3.2.2 科技成果与学科的发展

中德双方一致认为合作取得了巨大的成功。我校在中德项目中硕果累累。

中德项目第一、二期经费中的 400 万马克为我校建立了 11 个现代化实验室，约 150 万马克建立和装备了"综合农业发展中心"。项目涉及 14 个农业应用课题的合作研究，使 21 个实验室受益，在执行项目中增添了先进的仪器设备，引进了国外先进的科学技术，改造了旧学科，同时培育了新学科。实验室条件得到改善，为我校教学科研的开展、实验水平的提高创造了良好的条件。项目的研究获得国家级奖的成果 3 项（一等奖 1 个，二等奖 2 个），获部级奖的成果 20 项（一等奖 5 个，二等奖 15 个），获奖论文 7 篇（其中特等奖 1 个，一等奖 1 个，二等奖 2 个），国内召开学术会议 108 次，国际学术会议 38 次，国内刊物发表论文 406 篇，国际刊物发表论文 67 篇，出版著作 39 部，译作 12 部，新开 14 门课和两个专业（农村发展专业、植物营养专业），我校农村发展专业的前期就是"中德农业综合发展中心"。

第三期中德项目新建成了 258 亩的东北旺试验基地，德方为试验基地配备了一系列具有国际先进水平的仪器设备，进行了一系列的试验，完成了 9 个子项目的预定目标。发表科研论文 100 余篇，其中 SCI 论文 30 余篇。

第四期中德项目共在华北平原设立了 3 个试验基地，分别位于北京的东北旺乡、河北的吴桥县和河北的曲周县，代表华北平原的北、中、南部。公开发表论文 33 篇，其中 SCI/EI 论文 19 篇，国内核心期刊论文 11 篇，会议论文 3 篇。

国际合作项目的开展提高了我校在国际和国内的声望和地位，我校的国际合作得到了我国政府的承认，我校有 6 位外国专家被中国政府授予"友谊奖"，中德项目的负责人莱斯教授、马施纳尔教授和李比希教授三人均被中国政府授予"友谊奖"。

目前我校作为国家"211 工程"建设重点大学，已经具备了实力较强的师资队伍和相当的教育规模。学校正向着世界一流农业大学的目标迈进。

大事记

（1991—2011）

1991 年

1 3 月 北京大学等七所院校联合向北京地区全体高校发出"关于成立北京市高等学校出国留学工作研究会的倡议书"。

2 7 月 3 日 北京高等学校出国留学工作研究会正式成立大会在北京医科大学隆重举行，来自北京地区 53 所高等院校的代表参加了大会。会议通过了研究会章程草案，选举了常务理事。中国人民大学成为研究会理事长单位，副校长郑杭生教授任第一任理事长。

3 10 月 16 日 研究会在北京医科大学举行报告会。中国国际交流协会秘书长倪孟雄作《在北美从事教育交流和留学工作的体会》的报告，北京市委教育工委副书记徐天民作《考察苏联、波兰的情况》的报告。

4 11 月 20 日 研究会在中国人民大学召开研讨会。北京科技大学外事处处长钟天驹作《近期赴德国、英国了解留学生情况的汇报》。清华大学外事办公室赵淑珍和中国科学院教育局留学人员工作处处长颜永平分别介绍各自单位关于因公出国人员申请换领因私普通护照的做法及体会。与会代表对上述领域的工作进行了研讨。

1992 年

1 1 月 15 日 研究会在北京科技大学举办新春茶话会。全国出国留学工作研究会理事长杨家庆、国家教委留学生司副司长王仲达出席。

2 4 月 22 日 研究会在北京大学召开座谈会。国家教委留学生司政研处处长李振平在会上重点介绍赴日招聘人才和接触留学生情况，北京大学英语系副教授刘意青和《神州学人》编辑部副主任白瑜介绍在外留学人员情况。

3 6 月 13—16 日 研究会在北戴河中国人民大学休养所召开第一届年会暨第二次学术研讨会。有 17 所院校提交了论文。

4 8月11日　研究会与中央国家机关出国留学工作研究会、中国科学院出国留学工作研究会联合在清华大学举办近代留学120周年纪念会，100多位代表和来宾出席大会。全国出国留学工作研究会理事长杨家庆首先致辞。应邀在纪念会上发言的有：北京师范大学教授张守常，中国人民大学教授戴逸，中国科学院学部委员和研究员郭可信，中国人民大学教授王利明，北京大学教授陈章良，北京航空航天大学教授李末。国家教委留学生司副司长李东翔最后作了总结发言。

5 10月16日　研究会在中国青年政治学院召开学习研讨会，主要学习研讨国办（1992）44号文件。国家教委留学生司政研处处长李振平在会上扼要介绍了文件制定的过程、背景和出发点，指出文件主要解决了来去自由、双向选择和探亲三个问题。

6 12月15日　研究会与中央国家机关出国留学工作研究会在北京电影学院联合举办迎新茶话会。

1993年

1 4月15日　研究会在首都师范大学举办报告会。国家教委留学生司政研处张宁作关于赴美招聘留学生情况的报告。

2 6月30日　研究会在北京邮电学院举办报告会。国家教委留学生司政研处处长李振平作了情况通报，着重谈了国办44号文件执行中的问题。全国出国留学工作研究会秘书长范瑞鹤介绍了总会1993年年会准备工作的进行情况。

3 11月2—4日　研究会在昌平中国政法大学召开理事会，60多位代表出席。会议传达了总会成都年会情况，并就学习44号文件和81号文件中遇到的具体问题进行了研讨。国家教委外事司李振平、江波出席会议并讲话，回答了代表们提出的问题。

4 12月7日　研究会在北京外国语学院召开第三次常务理事会议，对1992年度工作进行总结，讨论了新的一年的工作计划。

5 12月29日　研究会在北京医科大学举办新年茶话会，来自北京地区高校的40余名归国博士欢聚一堂，欢度新年。清华大学教授李星博士代表到会的留学人员讲话，国家教委外事司和北京市高教局的领导在大会上讲话。茶话会上留学回国博士发言踊跃，气氛热烈，他们认为：回国报效祖国是每个海外学子的义务，广大归国人员的经历也说明，国内能找到用武之地，能够充分发挥自己的才智。中国国际广播电台于次日播出了此次活动。

1994 年

1 1 月 12 日 研究会和中央国家机关出国留学工作研究会在北京理工大学联合举办新春联谊会。

2 4 月 28 日 研究会在北京航空航天大学召开常务理事会，研究研究会第二届学术年会及换届有关问题。

3 6 月 10—13 日 研究会在江西省庐山召开第二届年会暨换届选举会议，35 个会员理事单位的 46 位代表参加了会议。会议收到论文 20 篇。北京大学、清华大学、北京师范大学、北京邮电大学等 6 所院校的代表作了大会发言。会议选出了研究会新的领导班子并讨论了今后两年的工作设想。

1995 年

1 3 月 15 日 研究会在北京师范大学召开学习研讨会。会议主题为传达 1994 年 5 月 10 日至 16 日国家教委在南京东南大学召开的全国教育外事工作会议精神，做好 1995 年国家公费出国留学人员选派工作。国家教委外事司副司长曹国兴到会并讲话。

2 5 月 16 日 研究会在北京经济学院召开座谈会，30 多所理事院校的 40 余位代表出席。座谈会主要议题为：（一）新形势下的教育外事工作问题；（二）新形势下出国留学工作如何开展问题。清华大学、北京大学、中国人民大学、北京医科大学、北京经济学院的代表分别介绍了教育外事工作改革方面的经验和情况。北京师范大学、北京理工大学等院校代表围绕国家留学基金管理委员会的作用和新措施问题展开了讨论。

3 6 月 8 日 国家留学基金管理委员会在中国人民大学召开座谈会。北京大学、清华大学、中国人民大学、北京师范大学、北京医科大学、北京理工大学、北京航空航天大学、北京外国语大学等院校代表出席。基金委秘书长解其钢、副秘书长江波等到会即席解答座谈中涉及的国家公派出国留学政策方面的问题。

4 10 月 22—26 日 研究会在湖南省张家界市召开第二届第二次理事会会议暨第三届学术会议。会议主要内容为：（一）传达全国出国留学工作研究会山东泰安年会精神；（二）学习研究关于国家公费出国留学选派工作的新政策、新办法，探讨出国留学管理工作的规范化、法制化问题；（三）探讨教育国际合作

与交流的有关热点问题。

1996 年

1 3月29日　研究会在北方交通大学举行报告会，邀请国家基金管理委员会秘书长严美华作报告。报告全面、系统地阐述了国家公费出国留学人员选派办法改革的内容，还重点介绍了"1996年国家公派留学生选派方案"。

2 5月9日　研究会在北京物资学院举行专题讨论会，共分五个研讨专题：（一）1996年国家公费出国留学人员选派办法改革全面试行和出国留学管理工作的规范化、法制化问题；（二）对留学回国人员现状及其作用的分析；（三）关于吸引留学人员回国服务和为国服务问题；（四）对自费留学情况的调查分析；（五）关于新形势下外事工作的改革。

3 11月4—6日　研究会第四届学术年会在昆明召开，同时举办研究会成立五周年庆祝活动，36个理事单位的51位代表参加了会议。会议的研讨主题为：（一）高等学校在实施新的国家公费出国留学选派工作中的作用、取得的经验和遇到的问题；（二）关于新形势下外事工作的改革。

1997 年

1 4月16日　研究会在北京商学院举办报告会。国家教委外事司出国处张宁就1997年初召开的留学回国工作会议和当前留学回国情况作了报告。

2 8月2—3日　研究会在山东省烟台市召开研讨会，主要研讨国家公派与单位公派工作的接轨问题以及在外留学人员的回国问题。

1998 年

1 1月9日　研究会在北京体育大学召开新老理事会交接会，原中国人民大学副校长郑杭生不再担任研究会理事长，由中国人民大学时任副校长袁卫接任。

2 3月11日　研究会各理事单位代表列席中国人民大学社会学系举办的国家教委外事司出国工作处张宁的博士论文答辩会，论文题为《出国留学与中国现代化进程研究》。

3 5月26日　研究会在北京医科大学举办报告会，纪念邓小平同志作出关于派遣留学生指示20周年。教育部外事司副司长曹国兴应邀到会并作报告。

4 10月8—10日　研究会1998年年会在北京市延庆县召开。教育部国际合作与交流司副司长曹国兴出席会议并讲话，就20年来留学工作情况，特别是近几年来留学工作改革情况、存在的问题及今后的对策作了介绍和评价。北京大学、清华大学、中国人民大学等7个理事单位的代表作了大会发言。会议就国家公派与单位公派、回国服务期与护照管理、出国进修与攻读学位以及留学人才资源开发、培养跨世纪创新人才、成组配套派出模式、自费留学等问题进行了热烈的讨论。

1999 年

1 1月7日　研究会在国家气象中心举办新春联谊会。34所理事院校的代表出席。教育部国际司王永达、国家留学基金委江波应邀到会并致辞。

2 4月9日　研究会在北京外国语大学举行报告会。国家留学基金委江波副秘书长应邀在会上作关于新时期出国留学工作的报告。

3 5月21日　研究会在清华大学举行有关留学人才的吸引与开发利用问题小组研讨会。

4 10月4—5日　研究会在四川省成都召开1999年年会。清华大学、北京大学、北京师范大学等6个理事单位的代表在大会上作了发言。会议就留学效益评估、单位公派、违约滞留不归的处理等问题进行了认真的研讨。

2000 年

1 3月18日　因中国人民大学校级领导班子换届，研究会决定理事长由冯俊副校长担任，袁卫不再担任理事长职务。

2 4月26日　研究会举办报告会。北京大学国际合作部交流办主任夏红卫应邀作题为《北京大学骨干赴美考察团观感》的报告，介绍了北大与美国加州伯克利大学进行行政管理人员对口交流的收获和体会。

3 5月16日　研究会在北京科技大学举办报告会，教育部高教司钟秉林司长应邀就我国高等教育改革与发展作专题报告。

4 10月11—13日　研究会在北京市平谷县召开2000年年会，清华大学、北京师范大学、北京理工大学、北京语言大学等单位向大会提交了质量较高的论文。本次年会打破了原有的会议模式，日程安排侧重座谈和交流。《神州学人》

杂志总编辑张双鼓传达了教育部部长务虚会精神及赴日、美、加考察情况，教育部国际司出国处潘晓景处长、国家留学基金委出国事务部杜柯伟主任就有关出国留学政策问题作了发言。

2001 年

① 1 月 9 日　研究会在北京电影学院举行迎新年电影招待会。

② 10 月 15—17 日　研究会在山西省太原与山西省教育厅外事处联合召开北京—山西高校出国留学工作座谈会。双方有 46 所高校的代表出席会议。

③ 12 月 13 日　研究会在北京邮电大学举办研究会成立十周年纪念大会暨新年茶话会，会上公布了研究会优秀论文评选结果，对优秀研究会工作者进行了表彰及颁奖，邀请研究会理事长、中国人民大学副校长冯俊教授作学术报告。

2002 年

① 3 月 29 日　研究会和北京高教学会引进国外智力研究会、外国留学生工作研究会在北京大学联合举办国际形势报告会。

② 4 月 12 日　研究会在清华大学召开全体理事会，布置 2002 年科研计划并按课题分组进行研讨。

③ 5 月 30 日　研究会和引进国外智力研究会、外国留学会工作研究会在中国人民大学再次联合举办学术报告会。特邀北京师范大学王英杰教授作"大学国际化"的专题报告。

④ 6 月 26 日　研究会在北京航空航天大学召开常务理事会议，讨论研究"换届"工作等事宜。

⑤ 10 月 23—25 日　与全国出国留学工作研究会于安徽省黄山共同举办全国出国留学工作研究会 2002 年年会，本研究会全体理事单位参加，同时举行本研究会 2002 年年会。年会上公布了研究会第四届换届情况，通过了对研究会章程修改的意见，邀请冯俊理事长作专题学术报告。

2003 年

① 1 月 9 日　研究会在清华大学美术学院举办 2003 年新春联谊会。

② 8 月 16—18 日　研究会全体理事参加全国出国留学工作研究会在内蒙古

海拉尔举办的 2003 年年会。

3 10 月 23 日　为纪念邓小平同志发表关于扩大派遣留学生的指示 25 周年，进一步提高对出国留学政策的理解和认识，研究会在中央统战部怀柔培训中心举办报告会和学术工作会议。邀请教育部国际司曹国兴司长作"开创出国留学新局面"的专题报告。

2004 年

1 1 月 8 日　研究会在北京语言大学举办 2004 年新年联谊会。冯俊理事长致辞，并回顾总结了 2003 年研究会的工作。北京语言大学曲德林校长致欢迎辞。到会并发言的嘉宾有教育部国际司张宁处长、中国留学服务中心副主任邵巍、国家留学基金委出国事务部杨新育主任等。

2 4 月 8 日　研究会在北京化工大学举办报告会。特邀教育部国际司司长助理张宁作关于出国留学工作形势方面的专题报告。

3 8 月 9—16 日　研究会与新疆教育厅外事处联合举办"北京—新疆高校出国留学工作座谈会"，以加强双方高校的了解、交流与合作。

4 11 月 12—16 日　全国出国留学工作研究会 2004 年年会在福建省厦门召开。研究会全体理事出席了年会。

2005 年

1 1 月 6 日　研究会在北京科技大学举办 2005 年新春联谊会。

2 4 月 21—22 日　研究会在北京市教工休养院举办学术研讨会。邀请国家留学基金委杨新育副秘书长就国家公派留学与"高层次创造性人才培养计划"作专题报告。理事长冯俊出席并讲话，副理事长于倩布置了 2005 年科研工作计划。

3 11 月 9 日　研究会在北京航空航天大学举办座谈会。邀请国家留学基金委秘书长张秀琴就"国家公派出国留学工作的新思路"作专题发言。

4 12 月 24—27 日　全国出国留学工作研究会在海南省三亚市召开 2005 年年会，研究会全体理事出席了年会。

2006 年

1 1 月 10 日　研究会在北京理工大学举办 2005 年科研成果交流暨 2006 年

新春联谊会。北京外国语大学、北京大学、北京语言大学等院校代表作了大会交流发言。北京理工大学学生艺术团在大会上表演了精彩的节目。

2 4月20日　研究会召开第四届常务理事会会议。会议主要研究讨论了理事会的换届及研究会第五届理事会常务理事组成等问题。会议建议，北京语言大学为研究会第五届理事长单位；建议研究会第五届理事会设理事长1人，副理事长12人，并提出了建议名单；建议研究会第五届理事会常务理事由25个理事单位代表组成，并提出了建议名单。

3 5月22日　由研究会主办，河南省教育厅、河南农业大学承办的"庆祝北京高校出国留学研究会成立15周年大会暨北京—河南高校出国留学工作交流会"在河南农业大学举行。教育部国际司出国管理工作处杨晓春处长、教育部留学服务中心邵巍副主任、国家留学基金管理委员会出国部曹士海主任、北京语言大学党委副书记赵旻出席会议。来自北京高校出国留学研究会及河南省近60所高校的80多位代表参加了会议。

会议系统总结回顾了北京高校出国留学工作研究会成立15年来的工作经验。评选出了北京外国语大学郝平、中国人民大学冯俊特别荣誉奖，北京师范大学张奇伟等17名优秀论文奖，北京语言大学许皓等10名优秀学会工作者，清华大学杨庆梅等3名出国留学研究成果奖以及北京高校出国留学工作研究会朱秀芳、北京科技大学刘永才、首都经济贸易大学刘建平3名特别贡献奖。清华大学杨庆梅、中国农业大学张学琴、北京交通大学王翠肖、北京大学庞志荣等先后就对有关国家公派项目的思考、如何处理中外合作办学中出国与不出国的关系、学科带头人的出国研修机制、出国研修与高层次人才培养等主题作了大会主题发言。

会议完成了研究会的换届工作，通过了北京高校出国留学工作研究会第五届理事长、副理事长、秘书长的单位及人选名单。研究会第五届理事长赵旻就第五届理事会的工作等内容作了讲话。

4 8月2—4日　研究会组织会员单位参加中国高教学会出国留学教育管理分会、引进国外智力工作分会的2006年年会。本次年会围绕创新型国家建设和大学国际交流的主题，对国家出国留学政策及引进国外智力政策进行了前瞻性的探讨和研究。原教育部副部长、中国高教学会副会长周远清出席会议并讲话。来自全国的263名代表出席了这次盛会。会议详细内容在《出国留学工作研究》有刊载。

5 **10 月 24 日**　研究会第五届理事会第一次理事长会议在北京语言大学召开。理事长及特邀理事全部出席。研究会赵旻理事长、北京市教委外事处袁礼处长出席会议并讲话。会议主要围绕研究会年度工作计划、研究课题等进行了讨论，会议基本确定了研究会本年度研究课题的范围，还确定了关于副理事长的分工。经审议，会议决定，研究会副理事长、北京理工大学人事处处长于倩继续负责研究会有关科研活动等工作，陈珂担任研究会第五届理事会副秘书长，研究会副理事长、北京航空航天大学国际交流合作处处长马进喜负责研究会会务等有关工作，演扬担任研究会第五届理事会副秘书长，研究会副理事长、北京外国语大学人事处处长刘宁负责研究会对外联系等有关工作，薛维华担任研究会第五届理事会副秘书长。研究会秘书处还就研究会的日常工作向会议作了汇报。

6 **10 月 9 日**　研究会转发了总会和国家留学基金委《关于组织参加"高校管理干部培训项目"的通知》，积极组织会员单位参加赴德国累斯顿工业大学的培训项目。根据全国出国留学工作研究会反馈的消息，北京高校代表是参加此项目的主力。

2007 年

1 **1 月 18—19 日**　研究会召开了 2006 年年会，对 2006 年工作进行了总结，并提出了 2007 年的工作计划。会上还请教育部国际司、国家留学基金委、北京市教委有关领导就出国留学工作作了专题报告。

2 **6 月 9 日**　全国出国留学工作研究会常务理事会暨分会负责人联席会议在中国科学院沈阳金属研究所召开。北京高校分会负责人梁彦民以及前北京高校分会负责人王清源简要介绍了开展分会活动的工作经验，并对如何进一步加强分会的凝聚力、开展学术活动提出了有益的建议，如建立健全的配套组织机构、在骨干成员单位间进行合理的分工、定期开展灵活多样的学术和联谊活动等。

3 **6 月 15 日**　研究会在北京语言大学召开理事长会议，介绍了研究会有关科研工作的进展情况，对研究会 2007 年年会筹备情况进行了通报。

4 **7 月 22—26 日**　在吉林省延吉市延边大学召开"北京高校出国留学工作研究会 2007 年年会暨北京—延边高校出国留学工作交流会"。出席会议的领导和嘉宾有：教育部国际司司长助理兼留学工作处处长张宁，国家留学基金委副秘书长杨新育，中国留学服务中心研究室主任兼回国处处长魏祖钰，全国出国留学

工作研究会副秘书长、《出国留学工作研究》杂志副主编白瑜，东方国际教育交流中心主任亢秀兰，延边大学副校长朴永浩，北京高校出国留学工作研究会理事长、北京语言大学党委副书记赵旻，等等。来自北京 18 所高校的 30 余名留学工作负责同志参加了会议。

⑤ **12 月 15 日** 全国出国留学工作研究会在云南省昆明召开全国出国留学工作研究会 2007 年年会。来自全国国家机关、高校和地方教育行政部门的 100 余名代表出席了本次会议。教育部国际司司长曹国兴、国家留学基金委副秘书长杨新育在上午的大会上作主旨报告。在下午的大会上，教育部教育发展研究中心副主任韩民、北京邮电大学校长林金桐应邀分别作了题为《"十一五规划"与中国高等教育改革》和《国际合作——我们的实践》的大会报告。与会代表对报告人题材不同、风格迥异的报告反响热烈，普遍反映获益匪浅。大会后分四个小组，分别就"配合国家'高层次人才培养计划的实施'，如何进一步做好高层次人才的培养与引进"、"配合'国家建设高水平大学公派研究生'项目的实施，如何进一步做好高水平研究生的选派与管理工作"等四个方面进行了深入的讨论。

本研究会理事单位参加了年会。由于为全国总会的发展作出了突出贡献，本研究会被全国总会评为"优秀工作单位"。

2008 年

① **1 月 22 日** 研究会 2008 年联谊活动在中央民族大学举行。教育部国际司司长助理张宁、国家留学基金委副秘书长杨新育、北京市教委国际合作与交流处处长邱晓平出席会议并致辞。北京语言大学党委副书记、研究会理事长赵旻出席会议并作总结发言。来自北京 32 家理事单位的 40 多位代表参加了活动。

② **3 月 25 日** 北京市教委召开"北京市市属市管院校外事工作座谈研究会"，研究会应邀出席了会议。

2009 年

3 月 21 日 北京市高等教育学会召开第八次会员代表大会，对学会内科研成果、先进集体等进行了表彰。本研究会荣获 2005—2008 年度先进集体称号，北京大学庞志荣、北京理工大学于倩、中国人民大学王清源被授予 2005—2008 年度优秀学会工作者称号。

2010 年

1 1月15日　北京市高等教育学会2010年联谊会在北京体育大学召开。国家留学基金委杨新育副秘书长、教育部留学服务中心巩万副主任等出席了会议。来自北京29家理事单位的35位代表参加了活动。

2 4月8日　在北京语言大学召开了研究会常务理事会，会议讨论了本论文集出版事宜。

3 7月20日—22日　"北京高教学会出国留学工作研究会2010年年会暨北京—鞍山高校出国留学工作交流会"在辽宁省鞍山师范学院召开，来自北京21家理事单位的25位代表参加了会议。

2011 年

11月18日　北京市高等教育学会对学会内科研成果、先进集体等进行了表彰，本研究会荣获2009—2011年度"先进研究会"荣誉称号。

图书在版编目（CIP）数据

出国留学工作理论探索与实践创新 / 北京高教学会
出国留学工作研究会编. — 北京：北京语言大学出版社，
2013.6

ISBN 978-7-5619-3524-8

Ⅰ.①出…　Ⅱ.①北…　Ⅲ.①留学教育—教育工作—
中国—文集　Ⅳ.①G648.9-53

中国版本图书馆 CIP 数据核字（2013）第 122150 号

书　　名：出国留学工作理论探索与实践创新
　　　　　CHUGUO LIUXUE GONGZUO LILUN TANSUO YU SHIJIAN CHUANGXIN
责任印制：汪学发

出版发行：北京语言大学出版社
社　　址：北京市海淀区学院路 15 号　　　邮政编码：100083
网　　址：www.blcup.com
电　　话：发行部　010-82303650 / 3591 / 3651
　　　　　编辑部　010-82303647 / 3592 / 3395
　　　　　读者服务部　010-82303653 / 3908
　　　　　网上订购电话　010-82303668
　　　　　客户服务信箱　service@blcup.com
印　　刷：北京中科印刷有限公司
经　　销：全国新华书店

版　　次：2013 年 6 月第 1 版　　　2013 年 6 月第 1 次印刷
开　　本：787 毫米 ×1092 毫米　1/16　　印张：18.75
字　　数：291 千字
书　　号：ISBN 978-7-5619-3524-8 / G·13099
定　　价：49.00 元

凡有印装质量问题，本社负责调换。电话：010-82303590